U0113664

纵横精华

济世兴邦

格致终为济世
求学皆缘爱国

刘未鸣　刘　剑　主编

中国文史出版社

目录

美国的学士　清朝的进士　香港的博士

—— 纪念詹天佑逝世 90 周年

邵　纯

今年 4 月 24 日是詹天佑逝世 90 周年的纪念日，这位年轻时的游泳健将、棒球能手，才 59 岁就过早地逝世了。他为中国初创的铁路事业甘愿自我牺牲，累死了。对他的早逝，我们格外惋惜和悲伤，至今缅怀着他辉煌的、造福于人民的一生。

一

周恩来说过："詹天佑是中国人的光荣"，这个评价是有充分根据的。由于容闳百折不挠的努力，清政府于 1872—1875 年分四批选派了120 名幼童留学生到美国读书。1881 年美国制定反华法案，这些留学生被迫回国时，只有两个人完成了大学学业——一位是 12 岁赴美国留学的詹天佑，另一位名叫欧阳赓，后来成了外交家。20 岁的詹天佑毕业于美国耶鲁大学雪菲尔得理工学院土木工程系铁路专业，获哲学学士学位。詹天佑回国后遭到腐败的清政府的漠视，被派到福州学习驾驶轮船，后到广州当英文教习，学非所用，备遭冷落，蹉跎七年之久。1887年李鸿章开办"中国铁路公司"，次年詹天佑得以北上直隶，开始从事铁路修筑、管理和科研事业。他投身铁路事业31年，真正做到了鞠躬尽瘁，死而后已。

詹天佑是一位具有很高天赋而又极其勤奋的人，因为成就卓著，他不仅在国内备受称颂，而且饮誉海外，且看他获得的下列成就与荣誉：

1879年（18岁）在美国获耶鲁大学数学奖第一名；

1880年在耶鲁大学再获数学奖；

1894年成为中国被选入英国土木工程师学会第一人；

1904年被中国铁路总公司聘为工程顾问；

1905年被选入欧洲皇家工程师建筑师学会；

1907年被任命为京张铁路总办兼总工程司；

1908年出任邮传部二等顾问官；

1909年被选为美国土木工程师学会会员，英国皇家工商技艺学会会员、英国北方科学与文艺学会会员；

1910年被清政府授予"工科进士"第一名，实为工科状元；

1912年获三等嘉禾章，同年被选为广东中华工程师会首任会长，并被选为英国混凝土学会会员；

1913年被选为中华工程师会首任会长；

1914年被选为中华工业会名誉会长，获二等嘉禾章，被选为英国铁路学会会员；

1915年连任中华工程师会会长（改名为中华工程师学会），出版《新编华英工学字汇》《京张铁路工程纪略》及图册；

1916年获香港大学法学博士学位；

1917 年获交通部名誉奖章，第二次被选为中华工程师学会会长，并任《交通丛报社》名誉社长；

1918 年获二级宝光嘉禾章；

1919 年 4 月 24 日詹天佑逝世后，民国政府决定将他一生的事迹付国史立传，并在八达岭树詹天佑铜像，以示永久的景仰与怀念。

在上述一系列的学位、荣誉和职务中，特别值得一说的是留学美国的詹天佑为什么当了清朝"工科进士"？一位铁路工程师，为什么当了香港大学的"法学博士"？

二

先说"工科进士第一名"的由来。中国自隋朝起实行科举制度，这是此后历代公开选拔人才，充当官员的唯一办法。参加童试（又称府试）合格者为"庠生"，俗称"秀才"；参加三年一次的"乡试"入选者为"举人"；参加殿试入选者为"进士"。科举考试的内容主要是四书五经，会写八股文，书法如何也是考核中的一项。晚清以前中国没有自然科学教育，只认"子曰诗云""之乎者也"。鸦片战争后洋人冲开了"天朝"的大门，中国备受欺凌，为"师夷长技"，曾国藩、张之洞、李鸿章等人发起洋务运动，中国出现了发电、钢铁、机械、造船、铁路、纺织等近代工业，因此需要大量的工程技术人员。然而中国没有近代教育制度，无从培养这方面的人才，出国留学便应运而生。同时，在科举考试中破天荒地设置了"法科举人""理科举人"等名衔。从光绪三十一年（1905 年）起，对回国的留学生进行考试，其中最优秀者授予"进士出身"；考试优等及中等成绩者，授予"举人出身"，并各加某某学科的字样。比如中国近代著名的学者严复，他 1879 年从英国留学回国后，还得参加科举考试，否则不算是正宗的"读书人"，精通英语不如熟悉《论语》。

严复生于 1854 年，比詹天佑年长七岁，他们是同时代的英、美留学生。严复回国后面临"非进士"问题，詹天佑面临同样的问题。詹公是 1881 年回国的，经过 19 年的奋斗，他以蜚声海内外的成就，赢得了无可非议的盛誉，1910 年清政府未经考试就授予了詹天佑"工科进士"第一名。詹天佑还被指定为考核归国留学生的主试官。

最早的铁路于 1825 年 9 月出现在英国。40 年后的 1865 年，英国商人杜兰德在北京宣武门外铺设了一条半公里长的小铁路，行驶小火车，带有商业广告的性质。不料，清政府视其为怪物，谣言四起，被步军统领衙门拆除，只留下了一个稀奇古怪的传说。1876 年，英国人修筑了从上海到吴淞镇的铁路，全长 15 公里。因路轨上轧死了一个人等原因，清政府用 28.5 万两银子收买了这条铁路后拆除。但腐朽的政治力量是无法从根本上阻挡科技发展的，随着洋务运动的进展，在中国兴办铁路事业已势在必行。为了运输煤炭，中国于 1881 年修筑了从唐山到胥各庄的第一条铁路，全长 7.8 公里，因为没有火车头，用骡马拉动车厢。次年，中国工人根据英国工程师金达的图纸，造出了中国历史上第一台蒸汽机车，车身两侧刻上了"龙"的图案。1886 年李鸿章开办"开平铁路公司"，他打算把以唐山为起点的铁路修到山海关以外的东北地区。在这样的背景下，詹天佑得以施展才干。当时 32 岁的詹天佑，一出手就打了一个使洋人都佩服的漂亮仗——英国人喀克司修筑滦河大桥，因河水湍急而失败了，詹天佑义无反顾地接过这个难题，采用"气压沉箱"的技术，出色地完成了用混凝土在河水中筑造桥墩的任务。滦河大桥全长 600 多米，有跨度不同的 17 个孔，这在当时可说是一项高难度的大工程了。此后，詹天佑奔波于山海关内外各地从事修筑铁路工作，硕果累累，声望日隆，逐步成为当时中国最负盛名的工程技术权威。

　　詹天佑最大的成就是1905—1909年负责修筑长达200公里的京张铁路。当时的情况是资金缺少、技术落后、沿途山高河宽。英国人和俄国人都认为中国无力完成这项艰巨的工程，为大捞一笔金钱，英、俄争夺此工程的修筑权，制造了不少麻烦。在这样的背景下，詹天佑毅然决然地肩负起了这个难题，并不准外国人擅自插手这项工程。1906年5月29日詹天佑写信给美国友人布雷肯里奇，请他从芝加哥代购两种规格的钢卷尺八盘，由此可见当时中国的技术设备和工具是何等落后！

　　修筑从北京到张家口的铁路之前，詹天佑于1905年5月10日率领勘测队从丰台出发，爬山越岭，风餐露宿，21天后到达张家口。两天后詹天佑率队返程再勘测，对途中的一山一丘一沟一壑都极认真地测绘记录，同年6月16日詹天佑夜宿北京阜成门，共用了58天出色地完成了全线的勘测任务。进行如此长途的勘测，并无现代的交通工具，逢山路靠双腿，爬山越岭，险象环生；遇平原则骑驴行进。到达张家口那一天，詹天佑率队边测量，边行进，一昼夜走了32里路，其艰辛劳累可想而知。

　　1905年10月2日京张铁路正式开工，1906年1月6日从丰台开始铺轨，詹天佑以创业者的雄心亲自打下了第一颗道钉。京张铁路全线最大的拦路虎是八达岭与怀来河。不能把高山铲平，就得爬山和凿洞；不能把河流填平就必须架桥。火车不可能爬到八达岭的顶峰再滑下来，也不宜从山脚下凿长洞穿山。当年最佳的选择是火车爬到可能的高度再凿洞穿山，因为山是三角形的，从山腰上凿洞比从山脚下凿洞要短。但是，火车爬坡的坡度不能超过33‰，否则不安全。因此詹天佑采用了"之"字形线路的办法，迂回爬坡到设定的高度再凿山洞。京张铁路须穿过居庸关、五桂头、石佛寺、八达岭四座大山，其中最长的八达岭山洞长1091.18米。凿穿这样长的山洞，在当今也是大工程。当时无数人望而生畏，但詹天佑以科学的精神和非凡的勇气向高山开战。

如单向凿进，则越深入越困难。因此，詹天佑不仅采取双向对凿的办法，而且从山顶分段打了两个施工井，直径为 10 米，井深 84 米，这样一来，就可有总共六个工作面同时凿进。经过一年半的奋战，八达岭隧道全线凿通。怀来河大桥全部为钢铁结构，在詹天佑的指挥下，用了半年多的时间铆钉构架成桥。1909 年 9 月 24 日京张铁路全线通车。詹天佑就是用这样出色的成就获得了"工科进士第一名"之誉。京张铁路通车整整 100 年了，那些隧道和其他铁路工程仍安然无恙。

三

1916 年 12 月，香港大学授予詹天佑名誉法学博士学位，并举行了隆重的仪式。詹天佑是铁路专家，为什么被授予法学博士？铁路运输具有"准军事"管理的性质，保证安全运行是铁路运输的头号问题。在中国铁路事业的初创阶段，詹天佑呕心沥血，亲自制定了大量的具有法律性质的制度、规则、章程。如：《司机匠应遵守风闸规则》《风雨雾雪行车特别规则》《南口至康庄遇险救援办法》等，这些卓有成效的法规，对火车的安全运行是至关重要的，所以詹天佑成为法学博士当之无愧。

四

詹天佑是一位热爱祖国的人，一位道德高尚的人，一位非常谦逊的人。他从不夸夸其谈，非说不可的时候，说上几句至关重要的话；非写不可的时候，言简意赅地写出自己的独立见解。1918 年在汉口欧美同学恳谈会上讲话，他号召大家："各出所学，各尽所知，使国家富强，不受外侮，足以自立于地球之上。"这一句话正是他一生的写照。詹天佑不但对自己要求非常严格，对同事、对下属既爱护又严格，可谓良师益友。他为身边的工程技术人员提出了八句"看语"，即贴在墙上时时观看的思想和行为准则。这八句"看语"是：

洁己奉公，不辞劳怨；

勤慎精细，恪守规范；

志趣诚笃，无挟偏私；

明体达用，善于调度。

这八句话，对于现在的一切公职人员仍不失为一个相当高的标准。詹天佑逝世的前一年，公开发表了近 2000 字的《敬告青年工学家》一文，开篇阐述科技兴国的道理，然后向年轻的工程技术人员提出的第一个要求是："精研学术以资发明"；第二个要求是："崇尚道德而高人格"；第三个要求是："循序以进，毋越范围"；第四个要求是："筹划须详，临事以慎。"此文最后说："以上所述，呈仅就修业、进德、守规、处事，而举其大纲，实为青年工学家立身之要则。""天下一家，中国一人，此圣人所以为圣也，望群君其共勉之，不佞有厚望焉。"90 年前詹公的这些谆谆之嘱，至今仍有强烈的现实意义。

詹天佑负责兴办铁路，31 年间经手的钱财不计其数，但他始终做到了清正廉洁，两袖清风，一尘不染。1902 年詹天佑任易新铁路总工程师。这段铁路又叫"西陵铁路"（从新城县高碑店到易县梁各庄，全长43 公里）。此路通行后，慈禧太后乘火车到西陵谒祭。她想不到火车行驶得快捷而又平稳，比坐轿子或马车舒服得多。高兴之余，她决意将车厢内的全部陈设品都奖给詹天佑。慈禧太后以生活奢侈著称，她所乘的车厢内陈设品之丰富和贵重可想而知。詹天佑得知此事后，只取了一个小座钟作为筑路的纪念品（他自幼年时就喜欢拆卸和重新组装钟表），其他物品全部分给了司机张美以及其他铁路员工了。20世纪50年代张美仍健在，他回忆这些往事，对恩师一贯"言不及私"的品德赞不绝口。

詹天佑有"中国工程之父"的美誉，但他从来不事张扬，低调为人，谦虚谨慎。在京张铁路通车的庆典上，以詹天佑的身份必须讲话，无法推辞。他见有众多外国人参加，所以用英语发表了演讲。演讲后，他对身边的友人说："我主办京张铁路，你知道我经历的最大困难是哪件事吗？"友人说："当然是开凿八达岭隧道！"詹天佑笑着说："不对，我刚才致辞演讲比开凿八达岭隧道更困难。"这幽默的自白，既说明詹天佑少说多做的性格，也无意中把日日夜夜的无比辛劳化为笑谈了。

詹天佑，为捍卫中国铁路主权而捐躯

——————

雷风行

詹天佑，作为我国杰出的铁路工程技术专家，早已家喻户晓，但作为一位"五四"运动的先行者，却很少为人所知——1919 年 2 月，詹天佑致电巴黎和会中国代表，反对国际共管中国铁路；3 月抱病远赴哈尔滨、海参崴，参加远东铁路会议，会上据理力争，反对国际监管中国东北铁路，心力交瘁，病倒在维护国家主权斗争第一线。生命垂危时他口授遗嘱，给祖国留下"兴国阜民"的三条建言，呼吁"内扬国光，外杜口实"。

致电巴黎和会，反对国际共管中国铁路

第一次世界大战结束后，中国作为战胜国，由外交总长陆徵祥率团代表中国出席了巴黎和会，并向会议提出三项要求：（一）取消列强在中国的特权；（二）取消日本同袁世凯政府签订的"二十一条"；（三）归还大战期间被日本抢去的德国在山东侵占的各种权利。但是，

巴黎和会对前两项要求根本不予讨论；对第三项要求，日本以北洋政府在 1917 年 9 月曾以换文的形式表示"欣然同意"为由，拒绝归还。

与巴黎和会相呼应，英、美列强正紧锣密鼓筹划"国际共同管理中国铁路"。第一次世界大战结束后，英、美、法诸国趁机提出国际共同经营中国铁路，以钳制日本在华势力的扩展。其方案为：由英、美、法、日等国组成国际银行团，与中国交通部组成国际管理中国铁路委员会，发行债票筹资 1 亿英镑，共同经营中国铁路；而日本在中国南满及山东的铁路、法国在中国云南铁路以及俄国在中国北满等铁路，均交还中国。英、美、法等国拟将这项国际共管中国铁路的议案，提交巴黎和会。

消息传到国内，引起国人的强烈反对。詹天佑长期主持汉粤川铁路修筑，在四国银行团"共管"之下，"需周旋于四国银行团及各总工程师之间，虽有良法善政，颇难意见一致，左右为难，实为进行之梗"。他深知"国际共管"是一条由外国"操纵予夺"的死路，旗帜鲜明地坚决反对，并及时做出反应。

1919 年 2 月下旬，詹天佑以中华工程师学会会长的名义，发出电报，请巴黎中国使馆转中国出席和会的陆徵祥、顾维钧、王正廷、魏宸组等五位专使，严正指出：

> 铁路统一案，前尚得之传闻，近恐演成事实，忧国之士引为亡征。天佑向习路工，久历路事，深知弊害，切痛尤多。

詹天佑在电报中列举"天佑所亲历痛苦欲去未能之事"，揭露了国际共管铁路的四大弊端：由外籍工程师操纵，中国工程师地位"终沉下位"；筑路资金"完全假手外人，靡费必多"；铁路材料投标为外国厂家控制，"名为竞争，实同专卖"；"对待一国易，对待多国难"，"是故我国铁路，若更置诸万国银行团管理之下，则将来用人施工购料，必视汉粤川现状更加束缚"。

电报最后指出：

我国各路，现在皆系单独借款，将来即可单独还款，逐渐收回，徐图统一，为力尚易，倘资本厚集于一团，主权被劫于外力，彼时虽欲收回，自谋统一而不可得，尤不可不虑。

在詹天佑及全国各界爱国人士的反对声中，英、美、法等国提出的国际共管中国铁路的计划，没敢提交巴黎和会讨论。

抱病参加远东铁路会议，维护国家主权

美、英、法等国共管中国铁路受阻，又转而要求联合监管远东铁路。其意义是：利于武装干涉苏联，又可制约日本扩张，还能控制中国东北。

沙俄在第一次世界大战中，原与英、法同属协约国成员，后因 1917 年爆发了十月革命而退出战争。英、美、法各国对新生的苏维埃政权十分恐惧，联合起来对苏联发起武装干涉。日本乘机派兵强行占领中俄合办的中东铁路。日本干涉军司令大谷悍然声称，中国在中东铁路沿线的护路军必须接受他的指挥。

1919 年 1 月，英、美、法、日等国加上中国北洋政府，组建起"协约国联合监管远东铁路委员会"，要接管俄国的西伯利亚铁路，并把中国东北的中东铁路也包括其中。在列强压力下，软弱无能的北洋政府后来又同意接受"国际联合监管"。

1919 年 1 月，"国际联合监管远东铁路委员会"成立，委员由各国派代表担任。委员会由俄国人主持，下设技术部及军事运输部，技术部负责人为美国人斯蒂文，军事运输部由一俄人负责。北洋政府派中国驻俄公使刘景人为监管委员。技术部系由铁路技术专家组成，北洋政府派詹天佑为代表，出任技术部委员。

2 月，詹天佑接到委派时，正在汉口养病。夫人谭菊珍劝詹天佑病好后再赴任，但詹天佑以国事为重，扶病北上，来到北京。

詹天佑的身体素质原是不错的。他自从主持修筑汉粤川铁路后，七年来长期奔波，周旋于四国银行团之间，1918 年 9 月又忙于粤汉铁路武昌至长沙段的通车事宜，过度操劳，健康状况越来越差。从 1918 年秋天起，就患上痢疾，几经治疗未愈。

在北京，詹天佑带病面见北洋政府交通总长曹汝霖，提出自己身体有病，请求改派他人。

曹汝霖对詹天佑改派他人的建议"未在心"。到 2 月 21 日与詹天佑再次见面时，曹汝霖说："你的名字已报联合监管委员会，不好更改。无论如何你先去参加会议，将来身体确实不行再回来。"

曹汝霖两次回绝詹天佑的病假，詹天佑无奈，只好抱病应允前往。1919 年 2 月下旬他在写给二女儿詹蕙颜的信中称：

> 东三省铁路事，明知甚难，是当时已面辞曹总长矣。其时，伊以为我客气，是以未在心。后于二十一日再传见，我将各事及各情形详细一说，他说，现在东三省铁路中国要争回管理，非有曾经当过工程师，并须有外国认为有本事经验之人前往，方免外国推辞不允。无论如何，请我前往一行，如将来因身体不安，即可回来，另派人前往便是等语。我见总长已让至如此，我只可应允前往。

詹天佑向来是个责任心极强的人，况且出席国际联合监管远东铁路会议，事关维护国家主权大事，自己必须在会上据理力争。两次请假未准，詹天佑只得拖着病恹恹的身子，在刚刚从美国耶鲁大学土木工程系毕业归国的次子詹文琮陪同照料下，与中国工程师颜德庆、俞人凤一起，于 2 月底北上哈尔滨，冒着严寒，参加会议。

从哈尔滨到海参崴，气温已低至零下 40℃。出生在南国广州、长期工作在汉口的詹天佑，对这里的严寒天气极不适应，加上饮食不调，他的肠疾日趋严重。

3 月 5 日，国际联合监管远东铁路委员会在海参崴如期召开，头一个月就开了十多次会议。在七国代表参加的会上，詹天佑声明：中国东北铁路是中俄合办的，中国是第一次世界大战的参战国与战胜国，有能力保护该路秩序；中国铁路应由中国人管理，不需要协约国委员会来监督。

英、日等国代表以"贵国政府已同意参加国际联合监管委员会了，现在不是讨论要不要监管，而是讨论如何分工监管的问题"为由，回绝了詹天佑的提议。

在七国代表中，中国代表詹天佑属于反对"国际监管"的少数派。他抱病据理力争，"与各国代表多所折冲"。詹天佑原本就对北洋政府不能把中东铁路争回自管感到不满，加上受不了身边各国列强代表的蛮不讲理，心情极度压抑。

会议期间，詹天佑被技术部推举负责考察车务的工作，来往于海参崴与哈尔滨之间，工作繁忙，加上心情不好，经常失眠。坚持了一个多月后，詹天佑终于病倒了，他将会议工作交给助手颜德庆，在儿子詹文琮护送下，于 4 月 15 日请假离开哈尔滨回到北京。

但是，詹天佑的努力毕竟收到了成果，他抱病忠于职责的精神，也得到美国代表斯蒂文等一些委员的敬重。在詹天佑的据理力争下，会议同意了中国武装护路，从而遏制了日本借口护路强占中东铁路的野心，并争得中国铁路管理人员在中东铁路工作的地位。

临终遗嘱，语不及私

1919 年 4 月 18 日，身染重病的詹天佑回到北京后，在詹文琮的搀扶下，会见了总统徐世昌。在 10 年前，时任邮传部尚书的徐世昌曾在詹天佑陪同下，对已竣工的京张铁路进行验收。徐世昌敬重詹天佑的为人，对京张铁路评价极高。詹天佑向徐世昌简要报告了远东铁路会议情况，陈述了中东铁路应由中国自己管理的主张。他说："我明天先回汉口治病，等病情稍有好转后，我再回哈尔滨参加远东铁路会议。"

徐世昌劝慰詹天佑说："你是个干大事的人，一定要为国惜身，抓紧治病，调养身体，请多保重。"

4 月 20 日，詹天佑回到汉口。21 日，詹天佑住进了汉口仁济医院。不料 24 日清晨醒后詹天佑知自己已"无复生机"，急命家人进见。上午，詹天佑在生命垂危的最后时刻，想的仍是"兴国阜民"的未了心愿。他挣扎着口授遗嘱，让长子詹文珑笔录呈给政府。

在这封千字遗呈中，詹天佑"语不及私"，而是回顾自己一生与抱病远东参会情形，感慨自己"年届六旬，死亦无憾，所恨平生之志未及尽舒"，对最放心不下的三件事留下建议，望政府"采纳"：振奋发扬中华工程师学会，"兴国阜民"，悉基于实业；收回与管理好中东铁路；脚踏实地完成汉粤川铁路修筑。

1919 年 4 月 24 日下午 3 时 10 分，詹天佑因长期腹疾，积劳伤损，以致心力衰竭，在汉口溘然长逝，终年 59 岁。

詹天佑逝世 10 天后的 5 月 4 日，为反抗西方列强在巴黎和会上对中国主权的践踏，数千名北京青年学生涌上街头，高喊"外争国权、内惩国贼"等口号，火烧赵家楼，痛殴章宗祥。全国各省市大中学生罢课响应。6 月 28 日，出席巴黎和会的中国代表团拒绝在"和约"上签字。

1922 年 9 月，随着日军撤走，詹天佑生前反对的"国际联合监管远东铁路委员会"撤销，中国收回了中东铁路主权。

造桥炸桥皆缘爱国

——桥梁专家茅以升往事

钱 凯

早年，杭州人若讲起某件事绝对办不成，便说：除非钱塘江上架大桥。

何故？原因有三。其一，钱塘江是一条凶险的江，上游时有山水暴发，江流汹涌；下游常见海浪涌入，波涛险恶；若遇台风过境，浊浪排空，愈发势不可当；倘提及钱塘江潮，更是令人色变震恐，潮头壁立，势若万马奔腾、排山倒海。其二，自古传说"钱塘江无底"。底自然是有的，可是既极深又有流沙。据测，沙层厚达41米，而且在激流冲刷下变化莫测，给打桩建桥造成极大困难。其三，从来无人胆敢一试。直至20世纪30年代，对在此建桥既欲染指又不知深浅的几个外国人，反以妄言吓唬炎黄子孙：能在钱塘江上造大桥的中国工程师还没出生呢！

然而，1937年10月，一座雄伟的铁路公路两用双层大桥成功地建造起来了，大桥浑如钢铁长虹，壮美地飞架在钱塘江上，亘古天堑顿作通途。

一个黄皮肤的中国工程师的名字震撼了世界铁路桥梁界，他，就是茅以升。

几十年后，海峡彼岸的一位桥梁专家发自肺腑地尊称他为"中华桥魂"。

康乃尔校园冉冉升起的新星

1916 年盛夏，茅以升以全校总成绩第一名毕业于唐山路矿学堂，随即又以第一名的优异成绩考取清华学堂留美官费研究生。金秋时节，茅以升满怀振兴中华的抱负，登上"中华"号海轮，远涉重洋，前往美国。

康乃尔大学是座世界闻名的高等学府，校内聚集着十几个国家的留学生。该校的入学考试极其严格。虽然在国内考上了官费，但如果通不过这里的入学考试，那只有请你另谋高就了。考场里，与那些身高马大、金发碧眼的洋学生相比，茅以升这个中国青年似乎太不起眼了，单薄、瘦削的身子仿佛是个还没长足个头的大孩子，朴素、单调的服装透出几分清寒。然而考卷一发下来，情况整个儿倒了过来，与那些抓耳挠腮、愁眉紧锁的窘态相映成趣的是，这个中国青年像是个纵身跃入大海的渔家子，挥洒自如地遨游在题海的惊涛骇浪之中。

不久，成绩公布在学校大门口，茅以升荣登榜首。校长、教授们意外、惊诧之余，欣喜地预感到一颗工程界的新星将从康乃尔校园冉冉升起。学校为此郑重宣布，今后凡是从茅以升的母校——唐山路矿学堂来的毕业生，可以免试直接进入康乃尔的研究生院。

这是茅以升第一次为中国人争得的荣誉！在茅以升一生经历的 94 度春秋里，曾经无数次为祖国、为炎黄子孙争得荣誉，直到 94 岁那年沉疴在榻时还有过一次殊荣：日本的跨海大桥建成，邀请世界上最著名的几位桥梁专家参加通车盛典，茅以升不但名列其中，而且是日中经济协会理事长诸口昭一先生特地来北京邀请的。

茅以升跨入康乃尔大学研究生院，在桥梁专业刻苦攻读，仅用一年就以优异成绩毕业，并取得了硕士学位。他那超凡的悟性和罕见的勤奋赢得了他的导师贾柯贝教授的青睐。毕业前夕，治学严谨、卓有创见的贾柯贝教授特意邀请茅以升到寓所促膝长谈，恳切地邀请他留校做他的助教。茅以升听此佳音，惊喜不已，能够被学识渊博的系主任点名留在身边，不但是一份许多人求之不得的殊荣，而且等于登上了晋升教授的直达快车。但是，茅以升没有被教授桂冠的迷人光环挡住视线，五年前的那桩往事清晰地浮现在他的脑际：在武昌城头的隆隆炮声中，辛亥革命的浪潮迅速荡涤封建王朝的污泥浊水，在江浙联军总司令部分别担任参谋部次长和秘书部副长的二叔和父亲在攻克南京之役双获战功的喜讯传来，同窗好友中杨杏佛等人投笔从戎的壮举，使得血气方刚的茅以升在教室里再也坐不住了。经母亲明智的教导之后，1912 年秋天，孙中山先生亲临唐山路矿学堂，在他那铿锵惊世的演说中，谆谆告诫学子们：中国革命的成功，绝不仅仅需要一支武装大军，而是同时需要武装和建设这两路大军。在座诸位不必都投身于锋镝之间，在中国广袤的土地上，需要修建无数座桥梁，要修建十万英里的铁路和一百万英里的公路，否则，中国的富强，中华民族在世界列强面前真正地站起来，都是不可能的！从那以后，茅以升暗暗立下誓言：当一个中国的桥梁专家！为了这个誓言，他朝夕苦读，大学四年的总成绩名列全校榜首，其中有一门功课竟获得 120 分；为了这个誓言，他苦战一年就攻下了硕士学位；为了这个誓言，他还必须学到造桥的全部真本领。一个中国青年，能在美国名牌大学当上一名教授，确实光彩非凡，也极其艰难，然而，在时年仅 21 岁的茅以升自己定下理想的标尺上，早已远远地超越了这个高度。

贾柯贝教授理解了茅以升，他并不因为学生的婉言谢绝而生气，反而亲自推荐茅以升到匹兹堡桥梁公司去实习。这个公司无论在桥梁工程的理论上还是实践上，实力都是当时世界一流的。一向崇尚"不论办任何事情都是要最好"的茅以升欣然前往。

白天，茅以升在匹兹堡桥梁公司学习从绘图、设计到钣金、木工、油漆等各工种的造桥所必需的全部实践知识；晚上，他又赶赴卡利基——梅隆理工学院桥梁系去上夜大学，攻读博士学位。

1919 年 9 月，茅以升完成了他的 30 万字的博士论文《桥梁框架之次应力》。这部在理论和实践基础上熬了两百多个不眠之夜完成的著作，不但对次应力进行了深入的分析和研究，提出了自己新的计算方法，而且论述了桁架的选择、跨度的设计、成本的节约等建桥要素，充分体现了一位桥梁设计师如何让材料充分发挥其功能的宝贵素质。10 月，论文被一致通过，并被评价为达到当时的世界学术水平。

"文革"时期，曾有居心叵测的人想从根基上推倒茅以升，便对准了这部博士论文挑骨头。可是，虽然时间已过去了半个世纪，但他们对那深奥的理论，看懂都不易，只得垂头丧气地草草收兵。

1919 年 12 月，获得卡利基——梅隆理工学院首名工学博士的茅以升，满载知识和荣誉，登上海轮，毅然返回自己的祖国。

历经劫难建造钱塘江大桥

1933 年 3 月，时任天津北洋大学教授的茅以升接到时任浙赣铁路局局长的杜镇远的电函：建设厅长曾养甫想推动各方，修建钱塘江大桥，现在时机成熟，拟将此重任，寄诸足下，特托转达，务望即日来杭，面商一切。

不几天，浙江公路局陈体诚又来信力劝："我国铁路桥梁，过去都是由外国人包办的，现在我们自己有造桥机会，千万不可错过。"

两位当年同窗的电函联翩而至，茅以升食寝难安，滚滚思绪在他胸中汹涌澎湃：

为了学到为祖国建造现代化大桥的真本领，他忍痛抛下燕尔新婚的妻子，只身远渡重洋；为了尽快学成回国，每天清晨4点，桌上的闹钟把他叫醒，他匆匆地吃完牛奶、面包，便一溜小跑赶到火车站，嘈杂、拥挤的火车车厢，被他当作学习外语的课堂，他的嘴、耳、眼、手、心同时并用，那震耳欲聋的汽笛声和车轮撞击铁轨声，都无法干扰他的学习；匹兹堡桥梁公司那短暂的工地休息时间，他也从不放弃，刚放下铁锤、油漆刷子，就拿起纸笔，演算夜大学的习题；为了把对学业的每一点体会随时记下来，他强制自己在吃饭时改用左手拿饭勺，让右手好抓笔……

终于学成回国以后，由于种种因素，他除了在大学的黑板上给学生讲造桥、教造桥以外，虽积极争取造桥的机会，但只有过两次。一次是1920年在南京修建下关地区惠民桥的工程中担任过工程顾问，另一次是1928年济南黄河大铁桥大修时参加过设计和施工。但没能实现他建造大桥的宏愿。

朝思夜盼的机遇出现了！茅以升矢志不移：为祖国造出第一座由中国人自己设计建造的现代化大桥！

1933年8月，茅以升辞去北洋大学的教授工作，毅然南下杭州。虽然事先做了充分的思想准备，但真正动手办的时候，困难远远超出茅以升的预料，首先向他压过来的不是工程问题，而是经费问题。建桥工程总预算510万元，单靠浙江省独自承担，是绝对拿不出来的，只有求助铁道部。铁道部认为全国的铁路都应当归他统管，于是部方要把省方挤出去，部、省之间摩擦不断。铁道部的钱是向外国银行借的，外国银行要以钱塘江桥作抵押；而浙江省向国内银行借款，也要以大桥作抵押，这就又产生了部方与外国银行的矛盾、省方与国内银行的矛盾。虽然最后裁定，把建成后的大桥按借款多少比例分别抵押，但这几对矛盾自始至终存在着，搅得茅以升这个搞工程的人无法安宁。

茅以升到杭州后，发现美国桥梁专家华德尔已作了一套钱塘江大桥的工程设计，一问方知，这是曾养甫的策略，因为华德尔是当时铁道部的顾问，叫他设计，就不会反对浙江建桥，还可利用他的招牌筹款。茅以升到任后，立即率领中国工程师们日夜工作，很快搞出新设计。两相比较，美方设计是单层联合桥，中间铁路，两边公路，公路两边为人行道，造价758万元；中方设计是双层桥，上层为公路，下层为铁道，造价510万元，中方设计以其多种优点全面胜过美方设计。但开始时只敢说是根据华德尔设计"略予修改"，后来经费有了着落，才敢公开宣布"完全是中国人自行设计的"。

1935年4月6日，大桥正式开工。

头一个难题是打桩。要把长长的木桩打进厚达41米的泥沙层，使木桩牢牢站在江底岩层上才算成功。特制的打桩船刚驶进杭州湾，就在狂风巨浪中触礁沉没了，于是又赶制第二艘。然而，在茫茫江面上要准确打进预定位置十分困难，加之江心泥沙层硬度很大，打桩极为艰难，一天只能打下一根。全桥在江心有九个桥墩，共要打下1440根桩，照此进度，岂不误了工期？这时，由于翻了一艘打桩船，工程进展又缓慢，社会上闲言碎语就多起来了，中外银行也为借款能否收回担心。浙江省建设厅长曾养甫因此受到上层的训斥和压力，他便把茅以升找去，声色俱厉地说："桥不成功，你得跳钱塘江！我也跟你后头跳！"

茅以升的夫人戴传蕙早年因产后失调，留下脑疾，其后不时复发，经及时诊治均能较快康复。岂料在此紧要时期，她脑疾再度复发，且病情比以往严重，茅以升不得不抽出时间和精力延医诊治，并参加护理，这无异于雪上加霜，弄得茅以升为公事、私事疲于奔命，寝食俱废。

就在这时，茅以升的母亲以年将古稀之躯，从南京赶到杭州，帮助茅以升主持家政以稍解后顾之忧，并对他说了一番很有道理的话：

"唐僧取经，八十一难；唐臣（茅以升的字）造桥，也要八十一难。只要有孙悟空，有那如意金箍棒，就一定能渡过难关！"

茅以升听了，心领神会，全体建桥工程技术人员和工人团结一心为国造桥，这不就是孙悟空吗？掌握科学，利用自然力来克服自然界的障碍，这就是我们的如意金箍棒！

他特制了江上测量器材，解决了木桩定位问题。他以水治沙，用高压水枪冲开江底坚硬的泥沙层，打桩难题迎刃而解，一昼夜打下 30 根，巧渡打桩关。

面临抗日战争随时可能全面爆发的局势，大桥的施工必须加快。茅以升采取水上部分与水下部分齐头并进、日夜赶工的措施，水下建桥墩，水上的桥身钢梁就在陆上施工，大大加快了施工速度。

闯过打桩难关后，茅以升又采用"沉箱法"克服了水流湍急以在水下施工的难关；采用"浮运法"，利用江潮涨落巧妙地解决了把几百吨重的巨大钢梁运到江心，并准确安装在桥墩上的难题。由于综合了全体工程技术人员的智慧，80 多个重大难题先后被一一克服。

1937 年 7 月 7 日，抗日战争爆发，而这时正是工程的最紧张阶段。日军把钱塘江大桥当作重要战略目标，多次狂轰滥炸。虽然有高射炮部队的保卫，但施工时牺牲是不可避免的。8 月 14 日，茅以升正在水下几十米的第六号沉箱里工作，突然电灯熄灭，他叫大家沉着镇定，半小时以后，电灯恢复光明，而高压空气却始终没有停。等他上来后，才知道日机刚刚进行轰炸，机房的工人冒着生命危险坚守江边岗位，继续供气，只是因灯火管制关掉了电闸。

强烈的爱国心、超凡的智慧和巨大的牺牲换来了成功的喜悦，1937年9月26日，铁路桥通车，一列列满载战时物资的列车从大桥上飞驰而过。钱江大桥铁路桥在国家危难关头提前通车，及时缓解了交通线上的燃眉之急，为支援上海保卫战做出了直接的巨大贡献。其后又在很短时间里从沪杭线撤出大量重要设备，据确凿资料显示，单是炸桥前夕的12月22日这一天，就撤出机车300多台、客货车2000辆，数以千万元计的物资抢运过了江。单从经济价值讲，就远远超过了建桥花费的500多万元。

造桥是爱国，炸桥也是爱国

11月17日，公路桥正式开通。公路桥虽然已竣工一个多月，但考虑到防空，迟迟未开放。浙江省政府考虑到上海战事爆发后，每天乘船渡江逃难的多达数万人，决定立即开放钱塘江大桥公路桥。这一天从早到晚，大桥上拥挤得水泄不通，是钱塘江上从未有过的最大规模的一次南渡。还有很多杭州人故意在桥上来回，尝尝"两脚跨过钱塘江"的滋味。

然而，几十万过桥的人谁也不知道，他们脚下的大桥已经埋好了数以吨计的炸药！

那还是在头一天（16日）下午，一位神秘的不速之客突然来找茅以升，这个人就是南京工兵学校的爆破专家，奉最高军事当局之命，率部来执行炸毁钱塘江大桥的任务！茅以升看完对方出示的密令后，只觉天旋地转、心痛欲裂。作为桥梁专家，他对军事失利时大桥必须炸毁的前景早已明了，而且在建造时早就在关键部位预留下埋设炸药的洞穴，但这一天的到来未免太快了，才不到三个月的时间呀！他和数万桥工几年的心血结晶没来得及施展效益就要毁之一旦。他泪花莹莹、心痛如绞地说："这真比亲手杀死自己的儿子还要残忍百倍！"

然而深明大义的茅以升还是沉重地点了头，造桥是爱国，炸桥也是爱国！但他坚持一条，不到日军临近，不准起爆。

在他的指导下，埋放炸药的工作忙碌了一个通宵。炸药、引线、雷管全部埋放到位。17日起，过桥列车一律不准在过桥时加煤添火，以防落下明火，并严加保密，避免造成过桥群众的惊恐。

12月23日下午1时，日军先头部队逼近富阳，爆破人员不得不接通炸药与起爆器之间的100多根引线，然后，无数难民扶老携幼，如潮水般过桥逃难，使炸桥之举迟迟不忍动手。下午5时，日军骑兵扬起的尘烟已临近桥头，于是断然禁止行人，一声轰然巨响，烟尘冲天，大桥被六处炸断！

如果把茅以升一生不平凡的经历比作一部气势磅礴的交响乐，那么这炸桥的巨响，当是催人泪下的绝唱。

12月25日，茅以升悲愤之余，挥毫写下《别钱塘》三首：

> 钱塘江上大桥横，
>
> 众志成城万马奔；
>
> 突破难关八十一，
>
> 惊涛投险学唐僧。
>
> 天堑茫茫连沃焦，
>
> 秦皇何事不安桥；
>
> 安桥岂是干戈事，

同轨同文无浪潮。

斗地风云突变色，
炸桥挥泪断通途；
"五行缺火"真来火，
不复原桥不丈夫。

"五行缺火"四字的来历是：在建桥的日日夜夜，茅以升百忙之中，总不忘为同人们调剂一下情绪，他与留美时同学罗英相濡以沫，时有诗文唱和。有次在他倡议下，罗英想出一征求下联的上联，因"钱塘江桥"四字偏旁为金、土、水、木，上联为：钱塘江桥五行缺火，一时竟无佳对。

茅以升挥泪炸桥后，即辗转西去，开始了他的八年抗战生涯。然而，他对钱塘江大桥的独特情感是任何力量也斩不断的，他始终想着，一旦抗战结束，他做的第一件事便是去修桥！

抗战胜利后，自重庆到沪、宁的飞机票极为紧张，茅以升好不容易弄到一张机票，于 1946 年 2 月置家小于不顾，单身自渝飞沪。在上海国际饭店下榻后，立即组织工程班子，开赴杭州，投入钱塘江桥的抢修工程。

1949 年 5 月 3 日，杭州解放。茅以升不久听说，国民党汤恩伯部在撤离前又把钱塘江桥炸得遍体鳞伤，于是又一次带领桥梁工程人员来到杭州，历尽艰难，对大桥进行了认真彻底的翻修。

经过翻修后的钱塘江大桥，带着两次战争留下的巨创，历经 50 多个春秋，依然雄伟壮观、傲然屹立。尤其在新中国成立后的几十年中，作为浙江南北铁路、公路交通的枢纽，仍在担负繁重的运输使命，仅

1982—1987 年的五年中，在钱塘江大桥上就通过了货物 2 亿多吨、旅客 5694 万人次，日均通过汽车 8000 辆。

1985 年，90 岁高龄的茅以升亲自到钱塘江大桥视察。考虑到为适应东南沿海经济建设的飞速发展，他特地向中央提出建造第二座钱塘江大桥的建议，并被采纳。

在迎接第二座钱塘江大桥建造的日子里，杭州档案馆迎来了一位尊贵的客人，茅以升给他们送来了一份珍贵礼物——14 只大木箱。

自 1937 年起，这些箱子一直被茅以升带在身边，熏灼着战争年代的炮火硝烟，浸透了万里内迁办学途中的风雪泥水。打开伤痕累累的箱盖，呈现在人们眼前的是保存完好的历史见证：当年建造钱塘江大桥时的水文、地质、气象、设计、施工及竣工的全部资料，有测量的原始记录，有各项统计表格，有成套蓝图，有工程记录影片和照片的底版。这是茅老和以他为首的工程技术人员智慧和经验的结晶，更是无法用金钱估价的历史档案。

这批资料在四化建设中很快发挥了作用。仅杭州科技人员在勘察钱塘江水文、气象、地质情况时，就因使用了这批资料，为国家节省了十多万元的费用。

钱塘江大桥建成的意义不仅仅是为国防和国民经济做出了贡献，它作为爱国主义教育的活教材，还教育了几代中国人。为我国核科学和核工业立下不朽功勋的钱学森，在他的回忆录中，有一段简朴真挚的文字，读来令人振奋：

1955 年 10 月 8 日我终于回到了解放了的祖国——中国共产党领导的中华人民共和国。10 月中旬从广州乘火车经南昌、杭州到上海，这时钱塘江大桥已在茅以升先生指导下修复通车。列车过桥是凌晨，在朦胧曙色中我把头贴在车窗，第一次亲眼看到了茅以升先生设计建造的现代化大桥，心情十分激动！目睹这一雄伟的工程，我深深认识到：中国人民是伟大的人民，中国共产党是伟大的党！……

带着这个思想，两个月后，我在黑龙江省哈尔滨参观中国人民解放军军事工程学院，受到院长陈赓大将接见时，他问我：中国人搞导弹行不行？我就以十分肯定的语气回答说：外国人能干的，中国人为什么不能干？

曾经信奉科技救国之路

茅以升一生的经历，从某种意义上说，是我国近现代爱国知识分子成长过程的缩影。

1907年5月，革命志士徐锡麟、秋瑾相继被捕遭残杀，茅以升闻之，愤而剪去长辫，以示抗议。

1909年，沪宁、沪杭两条铁路被外资控制的消息传开，国人大哗，纷纷开展捐款赎路运动。茅以升激于爱国热诚，认捐百元巨款（当时住校生全学期伙食费仅12元）。

辛亥革命时，15岁的茅以升欲投笔从戎以报国，后经母训，特别是听孙中山先生关于中国革命需要武装斗争和建设两支大军的教导后，下定决心，走科技救国之路。

1920年他获博士学位后返国，尽管国内军阀混战、民不聊生，一片破败景象，但是他毫不动摇科技救国的信念。他先后在多所大学任教，为贫穷落后的祖国培养了一批又一批工程技术人才。

抗日战争初期，唐山交大师生因校园被日军铁蹄践踏，被迫流亡各地。老校长茅以升这时刚刚挥泪炸断他亲手建成的钱塘江大桥，闻知此情，迅即把巨大悲痛压在心底，为了给在血与火的灾难中飘摇的中华民族培养人才，给不愿接受奴化教育的海外学子提供就学深造的机会，他在尚无任命的情况下，置个人毁誉、得失于不顾，振臂一呼，在各大城市报纸上刊登《茅以升博士招生启事》，并四处张贴。第一张被日机投弹炸毁，第二张马上又贴了出来……流亡各地的师生见报后奔走相告，迅速聚拢在他的身边，唐山交大在战火中新生了！复课了！由此可见茅以升在师生中的崇高威望和凝聚力。

因日军的步步入侵，茅以升不得不率领全校师生一次次内迁，由武汉至湘潭，至湘乡，越过风雪漫天、泥泞不堪的云贵群岭，抵达山区小县城平越。每到一处，立即借房上课。

经桂林时，敌机狂轰滥炸，不少学生行李付之一炬，茅以升让家属挤在一起，抽出离杭州前已受损失的自家行李，送给学生以避风寒。在平越县建校时，他把借到的好房子先给教授、学生住宿，自己一家三代蜗居旧屋；反动军警要来抓进步学生，他以在铁道部门的威望，调来铁路警察，日夜守住校门，不准外人入校。1947 年 6 月，特务带着黑名单要抓上海交大进步学生，茅以升连夜通知这些学生，并特意为他们办好转学证明，以便他们有地方投奔。

正因为茅以升如此对待学生，所以，他的学生们不仅把他当作可敬的师长，同时，也视为可亲的朋友。1949 年 10 月，茅以升受命第四次执掌唐山铁道学院，11 月，当他赴唐山视事时，全院师生倾校出迎，排满了自火车站至学校的三里长街。

抗战时期，很多有志深造的工程技术人员谋生无路、报国无门，茅以升创办了中国桥梁公司，一面组织这些人学习、研究桥梁的设计和施工，一面顶住责难，派人经营商业，用收入作为这批人的生活费用，聊解无米之炊，为祖国保存并培训了一大批桥梁工程技术人员。解放战争时期，金融混乱，民不聊生，茅以升任劳任怨，想方设法，继续维持着这批人。当时，门外是买卖"袁大头"的喧嚣，而室内却在专心研讨桥梁技术，有人冷嘲这是"闭门造车、纸上谈兵"，可他矢志不移。新中国成立后，他培育和维持的这批科技骨干成为祖国建设大型桥梁的前驱和中坚。仅国内而言，在他直接或间接培养教育下脱颖而出的科技栋梁就有：武汉长江大桥总工程师汪菊潜、南京长江大桥总工程师梅旸春及副总工程师刘曾达、郑州黄河大桥总工程师赵燧章、铁道部大桥局总工程师王序森、世界跨度最长的云南长虹石拱桥总工程师赵守恒、南昌赣江大桥总工程师戴尔滨、上海市原副市长赵祖康、铁道部大桥局副总工程师瞿懋宁、水利部副部长冯寅、北京工业大学校长陈明绍等。在茅以升的身边，已经形成了一个中国近现代桥梁专家的群体。

抗战胜利后，国民党反动派压制民主，发动内战，实行白色恐怖。面对残酷的现实，茅以升逐步认识到，仅仅靠科学技术不能救中国，只有在中国共产党的领导下，实行人民革命，推翻国民党反动统治，中国才有出路。

1947 年 6 月，国民党政府教育部因上海交通大学学生搞民主运动，打算开除进步学生 90 余人，请茅以升任校长去解决学潮。茅以升组织了校务整理委员会，采取一些应付措施，保护了进步学生。

1949 年 5 月 15 日，蒋介石派人用轿车把称病住院的茅以升"请"到上海金神父路 118 号，要他出任上海市政府秘书长，以维持人心紊乱的上海局面。茅以升不卑不亢地以"胃疾需治疗"加以推搪，蒋介石见谈不通，只好"送客"。

这时，中共地下组织通过上海科学工作者协会找到茅以升，请他办好两件大事：一是有进步学生 300 多人被捕，关押在龙华监狱，急需设法营救；二是据可靠情报，国民党军队在撤离前可能要炸毁电厂、自来水厂及一些重要工厂，急需设法尽力阻止，以为人民保存大上海。

当时陈良担任国民党上海市长，其妻李佩娣与茅以升是留美时的同学，陈良曾多次通过李佩娣请茅以升出任秘书长，茅并未答应。茅以升在中共地下组织找过他以后，深明大义，迅即与李佩娣联系，要她把两项要求向陈良提出，并以此为出任秘书长的交换条件。

5月24日晚，大上海终于回到人民手中。25日，茅以升高兴地离开医院，得悉关押在龙华的300多名进步学生安然无恙，各工厂亦保存下来，他深感欣慰。

6月15日，上海市人民政府陈毅市长假座金神父路118号，略备茶点，邀请上海各界名流、贤达座谈，茅以升、竺可桢、吴有训、陈望道等均在被邀之列。当茅以升刚刚步入会议厅，一个矫健的身影便向他迎来，工作人员告诉他："这是陈毅市长！"陈毅市长紧紧握住他的手，用浓郁的四川口音说："茅先生，上海解放您立了两个大功，我代表党和人民感谢您！"

这一史实，被在场的竺可桢先生写入当天日记中。虽然在以后的岁月里不喜自诩的茅以升从未对人说起，但这富于传奇色彩的往事还是不胫而走。

九二高龄如愿加入共产党

全国解放后，茅以升从国家的变革和自己的切身体会认识到："中国共产党是建设新中国的总工程师。"从此，他从一个"科技救国"论者，逐步转变为社会主义、共产主义者，而且在任何情况下始终不渝，从不动摇。同时，在他心中萌发了一个崇高的愿望——加入中国共产党。

这对于茅以升来说，绝不是一件小事。在解放前的几十年中，他从不与政治打交道，从不加入任何政治党派和团体。1943年5月8日，茅以升出席教育部学术审议委员会会议时，陈立夫来到会场，动员与会专家加入国民党，并在发给每人的入党申请书上事先亲笔签名做介绍人。茅以升对此不予理会，等会议一开完，立即拂袖而去。其实，不表态就是最明确的表态，此类事见诸历史比比皆是。

1962 年 6 月，茅以升参加了在广州召开的全国科学规划会议，会议休息时，他和几位著名科学家问周恩来总理："我们能申请入党吗？"周总理爽朗地笑着说："当然可以！"稍停片刻，总理指着茅以升说："每个人的具体情况不同，像茅老这样的同志，是入党好，还是留在党外更便利于工作，应该慎重考虑。"

茅以升与周总理相交相知，远非一时。

新中国成立后第一座大型桥梁——武汉长江大桥提上议程时，周总理曾专门听取过茅以升的意见。1955 年 2 月，茅以升欣然担任武汉长江大桥技术委员会主任。

1957 年 5 月 10 日，茅以升在北京饭店主持留美学生家属联谊会的盛大联欢晚会。晚会上，茅以升以联谊会主席身份请周总理讲话。周总理率各副总理、各部长到会，并发表重要讲话，号召留学国外的毕业生及专家回国服务，"来去自由，不分先后"。

1959 年为庆祝新中国成立十周年而建的首都十大建筑中，人民大会堂在重要性、规模等方面均居首位。周总理亲自指定由茅以升担任人民大会堂建筑结构专家的召集人，并明确指示：人民大会堂的建筑结构审查报告必须要茅以升签名……

往事历历，无不渗透了周总理对茅以升的关怀和重视。所以，当茅以升在广州面聆周总理关于他入党之事的话后，幸福的暖流充盈胸膛，他领会到，这是党对自己的信任和更高的要求，他感到自己与党更亲了，心贴得更近了。他牢记周总理的话，时时以共产党员的标准要求自己，在党外发挥独特的作用；他作为九三学社中央负责人和中国科协负责人，为团结广大知识分子投身社会主义建设，做了许许多多艰苦细致、卓有成效的工作；他数次率团出国访问，以亲身经历和切身感受，在海外华人科学家中宣传祖国的建设成就，极有说服力，发挥了很好的作用……

1987年10月12日，茅以升终于实现了多年的愿望。面对中共中央统战部会议室墙壁上那鲜红的党旗，92岁的茅以升高举右手，发出庄严的誓言：为共产主义奋斗终生！

茅以升一生担任过六所高等院校的校（院）长，四座大型桥梁的主要设计师和技术负责人，十几个国家级的党派、部门、社团负责人，这些还只是主要任职。他还无数次给工农群众和青少年作科普讲座，亲笔撰写科普书籍、文章200多部（篇）。

茅以升的一生，跨度近一个世纪，经历了晚清、民国和中华人民共和国三个时代。他的一生，是为祖国富强和人民幸福奋斗不息的一生，是不懈追求真理、与时俱进的一生。正如他年届八十高龄时在自撰的回忆录篇首所写："人生一征途耳，其长百年，我已走过十之七八。回首前尘，历历在目，崎岖多于平坦，忽深谷，忽洪涛，幸赖桥梁以渡，桥何名欤，曰奋斗。"

青春作伴好还乡

——访 50 年代早期归来的留美科学家

———

侯玉珍

20 世纪 50 年代初，在美国发生了一件令使世界瞩目的事件。当时，有几百名中国留美学生申请回国，美国当局借口根据 1918 年 × 月 × 日法令和 1941 年 × 月 × 日第 × 号总统公告，对他们进行了百般的阻挠和迫害，不准他们回中国大陆。留学生们冒着风险，进行了坚决英勇的斗争，在祖国、在党的帮助和声援之下，终于取得了斗争的胜利。

这一批留学生当中，绝大部分在美国取得了硕士、博士学位。回国以后，他们被分配在祖国各地，担负了科研、教学、工业建设等方面的重任，成为新中国科技队伍的中坚力量，有相当一批人在我国科研、赶超世界科技先进水平方面，做出了重大贡献。

这些年来，在风风雨雨中，科学家们每个人都有过自己的遭遇，经历过坎坷的历程。然而，他们的命运始终是同祖国的命运连接在一起的，是同人民荣辱与共的。

最近，我接受编辑部交给我的一项任务：了解他们 50 年代在美国那场斗争的始末。我带着这个任务，在北京先后走访了清华大学工程物理系主任李恒德教授、钢铁学院教授张兴钤同志、中国科学院金属研究所所长师昌绪同志、化学研究所的科学家陈荣耀、张斌同志，以及医学科学院药物研究所研究员梁晓天同志等，与此同时，我还设法与一些在各省（市）工作的科学家取得了联系，得到了他们送来的有关信息。

于是，一幅令人惊心动魄的斗争画卷，展现在我们面前……

禁运与人质

在清华大学新林院住宅区一个简朴的房间里，62 岁的李恒德教授热情地接待了我。在谈起那场激动人心的斗争这个话题后，我首先向李教授提出了一个问题："40 年代后半期，你们为什么要到美国去？"

李教授沉思了一会儿，神情变得有些郁闷，他给我讲述了当时的情况：

在抗日战争胜利后，国统区的时局依然是那么混乱，人民陷于水深火热之中。当时在国民党统治区，有一些热血青年，他们看不惯蒋介石的反动统治和白色恐怖，但他们又看不到祖国的希望和出路在哪里。前进无路，报国无门，他们相信了"科学救国"的宣传。大学毕业后，他们就通过国民党教育部的考试或其他途径，远涉重洋，先后到美国求学。

说到这儿，我又向李教授提出了另一个问题："既然你们去了，为什么又迫不及待地要求回来？"

当我问到这个问题的时候，李教授睿智的眼睛里闪出兴奋的光，他向我介绍说：

"我是个中国人，我热爱中国的山河、文化和悠久的历史，我从来以作为一个中国人而感到自豪。血浓于水，我人虽在美国，心却与祖国的命运息息相关。我们认识到中国共产党是为人民大众求解放的，我们深切感到只有社会主义才能救中国的道理。我们为解放战争所取得的每一个胜利由衷喜悦，我们为新中国的成立感到欢欣鼓舞和扬眉吐气。我们知道，建国初期，祖国建设事业发展很快，大家都热切希望在结束学业后，立即回到国内好好地为祖国服务。"

李恒德教授说，当时在留美的中国学生中，有两个比较进步的组织，一个叫"北美基督教学生联谊会"，它实际上是联络进步的同学，讨论各种各样的问题的学生组织。另一个组织叫"留美中国科学工作者协会"，简称"留美科协"。这个组织的主要成员是学习自然科学（理工农医）的留学生，因为在美国学理工的较多，所以这个组织里的人很多。在"留美科协"里，我们经常学习从国内辗转带来的各种材料，也学习毛主席的著作《论联合政府》等文章，关心着祖国各项事业的发展。我们为祖国取得的各种进步而欢欣鼓舞，"回国去！为祖国服务！"成了一些留学生的最大愿望，觉得"报国有门"了。这样一来，"留美科协"成了号召留学生回国并为回国做各种各样准备的组织。

"那么，当时美国政府为什么不准你们回来呢？"我问。

"很明显，问题就是我们要回到解放了的大陆，这就触怒了美国的某些人。在美国，有那么一股势力，他们害怕社会主义，为他们在中国所遭受的失败而暴跳如雷，他们想用禁运政策扼制新生的中国，把留学生也放在禁运之列，他们想尽一切办法对我们的回国要求进行阻挠、禁止。"李教授这样告诉我说。

原来，号称"自由""文明""人道"的美国政府，1951年突然宣布"一个学理工农医的中国留学生也不放走"。何以发生了如此大的变化？直接原因是朝鲜战争。美国对于这场战争，用美国人自己的话说：是在错误的时间、错误的地点，打了场错误的战争。这场战争使美国遭受了惨重的失败。当时的世界舆论指出：美国当局拘留中国学生是对中国人民志愿军在朝鲜参战的"报复性"措施。当然，岂止是"报复"。美国移民局在给中国友人毕克特先生的复函中，有这样的话：

"由于目前世界的局势，我们认为，如果阻止若干外侨——包括属于中国国籍者在内——离美返回现被共产党统治的国家是符合于美国的最高利益的。我们发现这些外侨有许多到美国以来已经受有科学或技术训练。我们相信他们的才能可能被利用，最后有害于美国的利益……"

这就暴露得清清楚楚了。对此，人们从李恒德的那段遭遇里，可以得到事实上的验证。

当时，李恒德刚 30 岁出头，他得了冶金学博士的学位，在美国看来这是个对新中国有潜在用处的青年，他是最积极要求回国的一个。一天，他被叫到费城移民局，在那儿，他被告诉说，他之所以不被允许离开美国，是根据"修正后的 1918 年 5 月 22 日法令和 1941 年 11 月 14 日第 2523 号总统公告及联邦法典第 175 部第 8 项的规定"。

"也许你有一千条路能逃离美国，但我劝你一条也别试。假若你企图离开，你将受到处以 5000 美元以下的罚金或五年以下的徒刑，或同时予以两种处分。"移民局的官员这样威胁说。

当李恒德在移民局的办公室里被告知这些话的时候，美国务院特种人员和移民局的人一起搜查了他的房间，抄走了一些物品、信件，他在"留美科协"负责编辑工作时写的一些稿件、印刷的科协通讯，以及香港亲友寄来的一些书籍、杂志等，也被抄走了。

不久，李恒德又被移民局审问过一次。在此以后，每三个月就由移民局的检查官柏德力克·柯迈来"视察"一次李恒德的住所。并责令李恒德等定期向移民局报到一次。

李恒德等人是这样，还有处境比他们更恶劣的，其中有几个留学生因申请回国被监押起来。有一个化学博士在纽约口外艾利斯岛上的监狱里被拘禁达 116 天之久。后来虽然交款保释，但移民局严格地规定了他活动的地区。

这些中国学生，20 世纪 40 年代末期出国时持的是国民党政府的护照，而现在被强行扣留在美国，却又不准延长他们在美国居留的签证，甚至将护照收走，使这些学生被迫处于"非法进入美国的外国人"或"非法居留"的境地，遭到像罪犯一样的待遇，成了"山姆大叔"手中的中国人质。

从麦黛湖的夏令营开始

面对着联邦调查局频繁的审问、监视、打击，中国留学生们回国的热情怎样？消沉下去了吗？

"没有！"正在北京参加中国科学院第五次学部委员会议的金属研究所所长师昌绪同志，在宾馆里回忆那段往事时，这样肯定地对我说。

师昌绪同志虽年逾花甲，但看上去容光焕发，精力充沛，有着年轻人的爽朗、乐观，他操着北方乡音，向我讲起了他们当年斗争的情况：

留美学生中，许多人的心是相通的，共同的遭遇使大家更加团结，大家认识到，孤立的个人斗争不会有成果，要成功，必须联络起来。

1952 年 7 月在新泽西州麦黛湖举办的夏令营是留学生的第一次重要聚会，是李恒德等人设法联系组织的。那是个很小的僻静地方，有山，有水，有湖泊，有树林，风光旖旎，气候宜人。聚在这里的青年人互相都是知心"托底"的。为了掩人耳目，有的带着自己的家属、孩子。白天他们在湖区欢聚；晚上，他们在简易的木头房子里紧张地商量对策。

他们很清楚，他们当前的处境是十分艰难的，但是，他们也十分坚定，决心和美国政府的禁令展开不屈的斗争，宁愿坐牢，不达目的誓不罢休。他们清楚地认识到，他们的斗争是要持久的，必须组织起坚强的队伍，利用恰当的时机。

麦黛湖的聚会标志了这场斗争的开始。

从此，他们进入了为期三年的斗争，他们暗暗地聚会过几十次，度过了多少个紧张、忧虑、欢乐的日日夜夜。

他们从不少进步的美国朋友那里取得了支持和鼓舞。曾从美国朋友依斯莱那里借来了《歌唱祖国》《白毛女》的唱片，大家随着唱片一声一声地学着，唱着，泪水常常不知不觉地挂在了腮边，那是发自赤子之心深处的思国、思乡之情：

> 五星红旗迎风飘扬
> 胜利歌声多么响亮
> 歌唱我们亲爱的祖国
> 从今走向繁荣富强

依斯莱刚从北京返美，他曾多年参加过宋庆龄主席倡导的工合运动，新近参加太平洋区域和平会议。他带来的祖国各条战线蓬勃发展的每一条消息，都使大家激动不已。青年们更急于回国参加社会主义建设了。大家互相鼓励、互相打气，决心团结在一起，同美国政府无理扣留中国学生的行径斗争到底。

他们认识到，中国留学生必须组织起来，串联起东、西部各大城市坚决要求回国的同学，讲求策略性。他们并不排斥任何个人的斗争，例如诉诸法庭，但最重要的是要靠进行集体的斗争，去争取胜利。

他们又认识到，必须取得祖国支持。同学们要设法通过各种渠道给国内写信，向周总理和高教部汇报美国无理扣留中国学生以及中国留学生与之斗争的消息和情况。

他们还认识到，应该争取美国友好人士的同情和支援，并设法取得第三国的帮助。

最后，配合日内瓦会议的召开，他们将斗争公开化了，他们给电台、报纸、美国总统、联合国人权委员会写稿写信，公开揭露美国政府扣留中国学生的不民主、不自由、不人道的伪善面目。为此，他们专门组织了另一次夏令营，研究具体部署，包括签名人数和暂不签名的人数，谁第一批走，谁第二批走，以及各种分工等。终于，在一天夜里，由李恒德、陈荣耀两个人坐上火车，把几百封公开信投入华盛顿的许多邮筒里。

"您为这场斗争做了哪些工作？"我问师昌绪同志。

"我？我是一个书呆子！"说到这儿，师昌绪同志笑了起来。旋即又很郑重地说道："但是我有一颗强烈的爱国之心，爱国之心促使我积极地参加到这场斗争里面来。李恒德、张兴钤、虞俊等同志组织活动比较多，我年轻，有力气，胆子又大，因此一些印刷、跑腿儿的活我都干。"

接着师昌绪同志给我讲了他"闯"某中立国驻美使馆的经过：

"我们起草了一封给周总理的信，信中把我们留美中国学生的情况作了汇报，同时表达了强烈的回国愿望。我们在信中写道：'我们深爱着我们的祖国，我们需要政府的支持；我们相信我们的申请会得到政府的重视，我们更坚信我们能在人民政府的援助下早日回到祖国的怀抱。'信写成之后，除了参加夏令营人签名以外，我还利用到芝加哥开金属学会的机会，又争取了一些留学生的签名。怎样把信送回国内？我们想到了当时与我国较友好的某中立国家。我、张兴钤、林正仙，我们三个人便一起跑到了华盛顿，在某国驻美使馆门前，张兴钤、林正仙两人替我'望风'，我跑进了使馆里面，接见我的是文化参赞。他，高高的个子，花白头发，有 60 多岁了，我请求他们把我们写给周总理的信转给中国驻他们国的大使×××，再请我们的大使带回国内交周总理。这位参赞听完我的请求以后说，这不太合适，如果你是我们国的人，我们带回国内毫无问题，但你是一个中国人，我不能带，因为不能包揽别国的事情呀。这时他身旁的秘书（二三十岁）跟他说了一些话，参赞听后对我说：'好吧，你把信留下吧！'我很高兴，正想谢谢这位秘书，却一眼瞥见了秘书身后书架上摆着斯诺等著的进步书籍，我的心里就明白了。"

"您还真有股勇劲呢！"当年冶金学博士的勇敢使我深深地叹服了。

"只要斗争需要，留学生们都尽了自己的最大努力。"师昌绪同志说。

是的，在那段难忘的日子里，每个人都表现了献身精神：

李恒德曾几次设法接近×国驻联合国首席代表，让其在联合国提出美国扣留中国学生的问题。像其他人一样，他设法谋求各种力量的支持，美国民权委员会、律师、记者等；

张兴钤有部福特车，只要斗争需要，他的车子就会出现在你面前，不管白天黑夜。他经常奔驰在美国东、西部的公路上，出现在留学生们最需要的地方；

虞俊的家成了留学生们活动的场所，他们在那里开会、拟稿件……

波士顿马尔波罗街 457 号，是张兴钤、师昌绪、林正仙三人合租的寓所，也是留学生们进行斗争活动的"大本营"之一。他们三人用五十几元买来的手摇油印机，在这里夜以继日地赶印着成千上万封散发给各大使馆、联合国人权委员会、美国总统、参议员、人民团体的公开信……

致美国总统公开信

听说梁晓天同志是当时致美国总统艾森豪威尔公开信的撰稿人，当我在他的实验室里向他询问这件事的始末时，他安详的脸上浮上一丝腼腆的笑容。他说：

"那是大家商量好了的，由我来执笔罢了。"

"您能谈谈这封信的具体情况吗？"

"我们留学生斗争的每一个胜利，都是和祖国的斗争、祖国的胜利联系在一起的。中朝两国人民在朝鲜战场上并肩作战所取得的伟大胜利，迫使美国坐到日内瓦谈判桌上来。社会主义祖国在政治、军事、经济、外交等方面取得的胜利，更加鼓舞了我们的斗志，我们决定进行广泛的公开的斗争。给美国总统艾森豪威尔的公开信，即是其中之一……"

我在某处曾见到过这封公开信的译文。留学生们在信中一针见血地指出：

"……唯一使我们不能回家的理由是我们获得了技术训练。我们谨此指出：我们所学到的技术训练一点都不涉及秘密的东西；的确，从美国成立的一天起，传播科学技术知识一直是美国的传统精神。不幸得很，阻挠中国学生回家的政策只能使无辜的人们感到辛酸与苦闷。……总统先生，我们诚恳地向你呼吁，允许任何中国学生都可以在他选择离开美国的时候离开美国，我们请求你废除这条禁令。我们不相信这个大国的安全会因为我们回家而受到丝毫损害，相反地，我们认为这样会使我们两国人民间的友谊与了解更坚固地结合起来……"

梁晓天同志继续向我介绍情况：

这封由 26 人联合签名的公开信被广为散发以后，在美国各界引起了强烈的反响，美国人民意识到他们的政府做了一件极不光彩的事。美国各新闻单位——报纸、电台等纷纷来采访留美中国学生（梁晓天也曾写稿给《基督教科学箴言报》，控诉美国政府阻拦他申请回国的正当行动）。美国《旧金山纪事报》1954 年 8 月发表读者来信说："编辑先生，贵报最近曾将 26 个中国学生致总统的一封请求准许他们离开美国的信摘录了一部分发表出来……在这以前，许多人……都不知道在我们这个自由的国家中还有这样一小群俘虏……"消息、访问记、照片，不但在美国内报纸登，外电也纷纷转发；我国新华社、电台、人民日报等也多次报道登播中国留学生被扣留的情况。一时间舆论大哗，使美国当局狼狈不堪……

《公开信》发出前后，留学生们更广泛地争取美国友好人士的支持，他们请律师，也找一些新闻记者。有一天艾森豪威尔举行记者招待会，一位同情我们的美国记者突然向总统提出了扣留中国学生的问题，艾森豪威尔毫无准备，回答不出，很被动、很狼狈，第二天美各大报纸就登出总统瞠目结舌、无言以对的消息。为了挽回点面子，美国国务院发言人林肯·怀特赶紧发表声明。我在李恒德教授那里见到了当年他用英文抄下来的登在 1954 年 5 月 29 日《纽约时报》上的声明。《纽约时报》的大字标题是："美国拒绝 120 名中国人离境"，内容译出来大意是：

"在 1951 年 6 月间曾做出规定，这些规定控制了某些外国侨民离开美国。这个期间正是美国担任朝鲜联合国部队的服务工作，这些规定目的在于保护美国及其盟国在战争中的安全。在这以前，在美国的中国学生是可以自由地离开美国的，不加任何限制。就在红色中国公开参加共产党进攻朝鲜的时刻，在美国的中国学生约有 4500 人，在这 4500 人中，大约有 450 人想离开美国到中国，在这 450 人中，约有 120 人我们不让其离开，到现在还没离开。"

科学家们告诉我，这里面提到的"不让其离开"的数字，是被打了折扣了。

日内瓦谈判

谈判桌上来。中国留学生抓紧了这一时机，进一步得到了祖国的支持。中国代表团发言人黄华在日内瓦发表谈话指出："中国留学生并没有犯什么罪，美国政府却剥夺了他们返回家乡与家人团聚的权利，这不仅是违背了国际法原则，而且完全不符合人道主义。"周恩来总理十分关心并亲自过问此事。我方谈判代表在日内瓦会议上义正词严地指出："禁止留学生出境，是违犯国际法原则和联合国人权宣言规定的。"

经过中美双方代表的多次接触，我外交部官员据理力争，终于在谈判"侨民与留学生"问题上达成了如下协议：我方释放美在朝鲜战争中侵入我国领空扫射轰炸时被击落的几名飞行员，美释放 15 名中国侨民（留学生）。

1954 年 10 月，第一批留美中国学生胜利返回祖国！

其他在美国的中国留学生继续斗争着……

此后，美国终于不得不决定：凡愿意回国（中国大陆）的留学生，通过第三国（印度）联系，不能阻拦。

第二批、第三批……赤子们通往祖国的光明之路打通了！

中国的留学生们胜利了，祖国胜利了！

"我们的胜利，首先是祖国的胜利，没有祖国做我们强大的后盾，后果是不堪设想的。"这是李恒德教授发自肺腑的话语。

回忆起这场斗争中美国人民的友好同情、支持时，科学家们都能开列出一大串名单：依斯莱、道格拉斯、法朗士、普鲁伊蒂、纽约的律师高络宾、密勒斯评论报的编辑鲍威尔、马尔波罗街 457 号房东密斯品托老太太、科学家们的导师布利克、科恩、巴特莱……还有许许多多叫不出名字的朋友。张兴钤教授现在还珍藏着即使在"四人帮"时期把他打成"特务"时他也没交出来的一份纪念品，那是在一个皮盒子里装着的精制斧头、钳子、板子，皮盒子的面上印着被赠者的名字和"一个美国朋友赠 ×年×月×日"的字样。它的含义是：美国人民衷心祝愿这些留学生能为自己的祖国建设贡献力量。

啊，五星红旗

经过几年艰苦曲折的斗争，中国留学生们终于挣脱羁绊，要回可爱的祖国了，可是美国联邦调查局的触角却仍在到处试探：

"如果改变你的打算不回中国的话，我们会把你的工作、处境给予改善，待遇、生活……就像×××那样，也许比他安排得还好……"

"你们现在想回心转意还来得及，我们还可以帮助你……"

这是几乎每个留学生回国的时候，在移民局办手续、在家里收拾行装，甚至到了船上，听到的一些负有特殊使命的人向他们说的话。

但是枉费心机！赤子的选择——奔向祖国，是任何人、任何力量也改变不了的！

化学结构分析专家梁晓天当年得知我国政府与美国政府多次谈判、美方被迫做了让步，他将第一批被放行回国的时候，兴奋万分。他飞奔至电报局，向祖国亲人拍了电报："我可以回国了！"梁晓天还擅诗文，他欣然命笔道：

> 借问飞何急，
>
> 天涯归故林；
>
> 枝丫傲风雨，
>
> 鞠护有深恩。

当留学生们在旧金山登上驶往祖国大陆的轮船，告别送行的美国朋友时，欢喜的泪水模糊了他们的双眼，他们尽情地跳啊，唱呀！

剑外忽传收蓟北

初闻涕泪满衣裳

……

白日放歌须纵酒

青春作伴好还乡

即从巴峡穿巫峡

便下襄阳向洛阳

"也怪，我1946年去美国时晕船晕得一塌糊涂。现在回国了，我一点儿也不晕了！我们在船上打球、唱歌，尽情地说呀，谈啊，说过去，谈未来……就别提有多高兴啦！哈，哈，哈……"有着科学家严谨风度、不苟言笑的李恒德教授回忆起30年前他返回祖国的心情时，竟哈哈大笑起来！他提高了声调，充满感情地对我描绘着：

"我们第二批在1954年底回来的十几个人，正赶上新年前夕。当我们排着队，从罗湖桥上走过的时候，看见深圳桥头飘扬着的五星红旗，我们的血往上涌，泪，往外流！在蔚蓝的天空下，哗哗飘动着的五星红旗多么鲜艳呀！我们心里情不自禁地又唱起了《歌唱祖国》。我们下了桥，踏上了祖国的土地，真恨不能趴在地上捧起两把土亲一亲！这是中国的土地！我出国八年了，天天都在盼望这一天啊！"

李教授沉浸在回忆的欢乐里。他对祖国的深情，也深深地感染了我。

我们是主人

回国以后情况如何呢?

张兴铃教授告诉我说,他们几批回来的人当时都被安排住在条件较好的教育部留学生招待所里。高教部还组织他们游览参观北京的名胜、学校、工厂等,他们还学习了新宪法,外交部安排他们举行中外记者招待会,《人民日报》《光明日报》《中国青年报》等也请他们座谈回国观感、发表文章……这对同祖国隔离了多年归来的赤子,是多么新鲜、多么富有感召力呀!有些第一批来北京的留学生,从招待所出来的第一项活动就是到天安门前看看!天安门,他们只是听人说过,如何高、如何大,而今,当自己亲身站立在金水桥上,仰望这凝结了劳动人民智慧的雄伟建筑,展视宽阔的广场时,一种主人翁的感觉从心底油然而生!是的,我们是主人,我们是自己国家的主人了!

"那么,工作是怎样分配的呢?"我问张兴铃教授。

"服从分配!当时也让我们填表,但国家的需要就是我们的志愿!有的留学生被分到当时条件很困难的西北去了,至今他们还在那里工作,做出了很大成绩。"

"分配工作,任何一个地方都是最好的,去就行了,没有什么好选择的,在祖国,哪儿都是最好的地方!"这是他们共同的心声。

党对这些知识分子是非常器重的,把他们视若国家的宝贵财富。他们许多人被安排在国家科研、尖端技术、重点工业等岗位上,担任重要职务,发挥其聪明才智。"文革"前他们之中有许多人受到了周总理、陈毅副总理的接见,观礼台上有他们的位置,国宴席上有他们的座席,他们也以自己的辛勤劳动和出色成绩,回报祖国对他们的关怀、爱惜和培养。

然而，在十年动乱那段时间里，这些当年冒着各种风险，经过斗争归来的科学家，都被打成了"特务""特嫌"，无一幸免。可以为国家创造无价财富的人，有的被打发去扫厕所，有的进牛棚，甚至有的去坐牢。

隆冬的北京城，朔风劲吹。我在科学院化学研究所的接待室里，见到了陈荣耀、张斌两位科学家。

陈荣耀，花白的头发，满口的广东家乡话，一位当年圣母院大学的化学博士。他说："我家在海外现已是七代华侨，我本人是第四代，是我家在国内的唯一男孙。你想，'四人帮'能放过我吗？"

张斌，50多岁，加利福尼亚大学的女化学博士，是他们当中少有的高中毕业就留学的学生，因而年龄最小。从她甜甜的笑靥里，还能想象出她年轻时的姣好面容。她是当年《致艾森豪威尔公开信》中第三个签名者（按英文音序排列签名，C在最前面），"文革"中却被打成了"特务"，在监狱里被关押了七年又四个月！

可笑的是那些极"左"者在批斗这些科学家时说："来者不善，善者不来！你们在美国条件那么好，不当特务回来干什么？"古语说，以小人之心度君子之腹，也许可以用此解释吧。

有些人在国外的条件是好。张斌的丈夫林同骥（现任科学院力学所副所长）是英国伦敦大学的力学博士，他从英国到美国工作后，工资较高，有汽车，生活条件好，兄弟姐妹在国外的较多。但林同骥同张斌1954年结婚前后，一直积极参与留学生回国的斗争。这难道可以用金钱、生活条件解释吗？不！他们要回来，是为了生育、养育自己的祖国的富强，为了中华儿女所特有的民族气节！这是任何一个出卖、背叛自己祖国的蠹虫们所不能理解的。

联想到近年来，有些人羡慕西方的物质生活；有些人千方百计出国为了"镀金";有些人把出国当成"奋斗目标"……我问这些早期归来的科学家，他们当年是怎么想的，"如果有了物质条件就可以满足，我们就不会那么坚决地要求回来了"。

师昌绪带回来一台手摇油印机，那是对他们当年斗争的纪念；李恒德带回两大箱很沉重的东西，里面多是他在国外用八年心血收集起来的上千块金属样品，为的是回国有些用处……几乎每位科学家都告诉我，他们回来没带什么电冰箱、电视机等现代化的生活用品，他们带回来的，是建设贫穷、落后的祖国的一颗滚烫的赤心。

还是母亲最了解自己的儿女。

党的三中全会以后，1979 年 9 月 8 日上午，中共中央政治局委员、当时担任国务院副总理的方毅同志，受邓小平同志委托，召开 50 年代早期归国的科学家座谈会，代表党中央、国务院向早期归国的科学家致以亲切的慰问。他说，新中国成立后，50 年代、60 年代许多留学生抛弃了舒适方便的物质条件，满腔热情地回国参加建设，有不少人同当时的美国政府所实行的阻挠政策，进行了英勇不屈的斗争，这一切充分表现了中华儿女的民族气节，表现了爱国知识分子的骨气，表现了广大留学生对社会主义新中国的热爱。这是光荣的历史。林彪、"四人帮"肆意歪曲和颠倒历史，把爱国的正义的行动诬陷为卖国行为等，制造了大量冤案假案。现在，应当彻底恢复历史的本来面貌。海外留学生当年进行的爱国正义斗争，也应当载入我国人民革命斗争的史册，万古流芳。编写中国留学生史，这个时期的斗争应当占有重要的地位。方毅同志庄重地说："你们是国家的主人翁。你们同党、同人民同甘苦共患难已经几十年了。新中国的一切成就，都有你们的心血。希望大家同心同德，把四个现代化尽快搞上去。"

时代如江河奔腾，一去不复回。"逝者如斯夫"，发生在 20 世纪 50

年代初期中美关系史上令人不愉快的那一页，已经翻过去了。中美两国人民、两国科学家之间早年建立起来的友情，在严峻的时代没有被阻断；而今天，它们又获得了新的生机。我们有理由相信，随着中美两国国家关系的发展，两国人民之间、两国科学家之间这种往来、合作与友情，必将呈现出崭新的局面！

卢嘉锡：科学界公认的"一代宗师"

———

傅宁军

卢嘉锡生于 1915 年，19 岁大学毕业，获得英国伦敦大学博士学位时 24 岁，40 岁当选为新中国第一批中国科学院学部委员。

卢嘉锡是少有的全才。在微观世界里能纵横驰骋，在宏观世界里照样游刃有余，从学术带头人到国家领导人他都当得很从容。

他是中国科学界的大师级学科开创人之一，是中国科学院第三任院长，至今仍担任着中国科学院学部主席团名誉主席、第三世界科学院副院长等重要职务。

天降大任于斯人，让他长到 3 岁不会说话，同学们弄不清他究竟在哪个班，曾走出国门做"西天取经"的唐僧

卢家祖籍台南市赤嵌地区，是早期去宝岛台湾开发的大陆移民。数代繁衍，家境渐丰，子女读书在家族形成风气。传到卢嘉锡祖父卢立轩就是读书人了，卢氏书香门第在当地很受人尊敬。19 世纪末中日甲午战争后，清政府把台湾割让给日本人，立轩老人不甘沦为"二等公民"，率领卢家老小悄悄乘帆船渡海西行，经一昼夜海上漂泊来到厦门。

卢家选择了港城厦门作为定居地。卢立轩老人去世后，其子卢东启继承父业做私塾先生，也继承了"留种园"的塾名。

卢嘉锡是东启先生的次子，看他模样很机灵，可就是年满3周岁不会说一句完整的话，着急的家人差点以为他是个哑巴。不过，东启先生发现每次上课他总要搬个小板凳旁听，哑的孩子多半聋，他肯定耳朵不聋。

父亲为最小的儿子起名"嘉锡"，是出自《书经》中的"嘉天之锡"，指的是"谢上天赏赐"，他指望上天赏赐自己一个聪明的儿子。

果然，卢嘉锡3周岁后的第一个除夕突然就能说话了，而且一说就说得跟别的孩子不一样。比如过年大家放烟花爆竹，有一种花炮叫"天地炮"，小小的卢嘉锡却对父亲说叫"天地炮"不对，应该叫"地天炮"，见父亲不明白，他执拗地坚持："它先在地上响，再在天上响的，不该叫'地天炮'吗？"

卢东启毕竟是个"穷教书匠"，要同时供给三个孩子上学很困难，卢嘉锡只能在家里念私塾，跟着比他年长10余岁的大哥卢雨亭学些算术和英文。

卢东启教的是四书五经，他的毅力对卢嘉锡性格形成影响很大。当时东启先生患严重眼疾，几乎双目失明，他全凭博闻强记在教书，课堂上的纪律却是出奇的好。每次卢嘉锡的作业都要一字一句地念给父亲听，做错了写错了，就得把手掌伸到父亲的尺子底下。父亲的启蒙给卢嘉锡以坚实的旧学知识，并促使他练出了清秀的毛笔字。

卢嘉锡说：正是父亲的严格，使他从小养成了认认真真办事的习惯。

1926 年开春，已经 10 岁的卢嘉锡进了厦门南洋商业同业公会刚创办的商密小学读书。入学前他在大哥辅导下"临阵磨刀"，一入学就插进六年级，当年厦门全市国文会试，他取得了第三名。一年后他就小学毕业了。

中学和大学预科（相当高中）的同学对这个其貌不扬的小个子刮目相看，因为卢嘉锡的学业一直是跳跃式的，可以听不同年级不同的课，以至于学校很多同学都弄不清小个子卢嘉锡到底是哪个班的学生。

那时学校允许跳级，但卢嘉锡是以优异成绩考入厦门大学本科的。在读本科的四年间，他每个学期都是陈嘉庚奖学金的获得者。1934 年卢嘉锡在厦大化学系毕业后留校当助教，这便是他 60 年教研生涯的开始。

1937 年 3 月，卢嘉锡以全国第一名的成绩考取了中英庚款公费留学。"八一三"中日淞沪大战爆发的第五天，他辞别祖国踏上留学的路。谈起那一天他仍愤愤不平：

"8 月 17 日我离开上海去英国，在外滩坐上小船，坐到吴淞口外换乘大船。英国军舰上的水兵对着我们挥拳头，乱喊乱叫，我听得出他们说的是英语，意思是'拳匪的学生'。想到日寇进攻上海第五天了，英国兵也这样欺侮我们，大家都很气愤！"

"由于中国在近代科学上的空白，逼得我们只能走出国门做'西天取经'的唐僧。"卢嘉锡出国留学途经新加坡，在旅居新加坡的厦大同学张述的引荐下，拜访了出资兴办厦门大学的校主陈嘉庚先生。他对陈嘉庚是敬仰已久的。

陈嘉庚正忙于组织支援祖国抗战的华侨筹赈会，仍在福建会馆"怡和轩"会见了 22 岁的青年学生卢嘉锡。这位德高望重的南洋华侨领袖和卢嘉锡相识甚欢。

直到 1994 年纪念陈嘉庚 120 周年诞辰，卢嘉锡挥笔写下了题为

"我所认识的陈嘉庚"的文章。往事历历如在眼前，卢嘉锡深情地回忆说："第一次见面还给我留下很深的印象是，陈嘉庚反复谈论着兴办教育、培养人才的重要，他是把兴学育人同民族振兴的事业紧紧地联系在一起的。这曾经引起我长时期的思考：他为什么特别重视教育？"

"陈嘉庚当年强调教育，实际上也就包括强调学习先进的科技知识，他认为'教育不振则实业不兴，国民之生计日绌……自非急起力追，难逃天演之淘汰'，这显然代表了那一代最富有远见的中国进步人士的先进思想。"

他用他的成绩实践陈嘉庚的话，幽默给他带来的不完全是欢乐，从出色学生到出色教授，成为公认的"一代宗师"

进英国伦敦大学的公费为"庚子赔款"，中国留学生内心受歧视的感觉不言而喻，卢嘉锡以他的才华和严谨，很快博得化学系教授萨格登先生的青睐。萨格登教授指导他进行放射性研究，两年后他通过答辩获得伦敦大学博士学位，成为中国最早的核化学家之一。

1939 年秋，卢嘉锡转赴美国加州理工学院，跟随后来两度荣获诺贝尔奖的鲍林教授从事结构化学研究。

"这是我们当时的同学。"卢嘉锡指着当年中国留美学生在加州理工学院的一张黑白合影照片给我们看，卢嘉锡身边，站着被誉为新中国"导弹之父"的钱学森、美籍华人著名物理学家袁家骝、中国著名物理学家张捷迁……

"我 1945 年 11 月下旬回国，申请了好几个月。"卢嘉锡对回国经过记得很清楚，"我出国乘坐的邮轮在战争中都炸得差不多了，客运还没恢复，我们乘了几十天的货轮才到上海，上海到厦门换了个小货轮，风大浪大，海水漫到甲板上，我到厦门后就说，'坐那样的船就像上了潜水艇'……"

卢嘉锡的幽默是出名的。1946年初卢嘉锡应聘到母校厦门大学任化学系教授兼主任，很多人都听过他关于"潜水艇"的幽默。

"潜水艇"在"文革"中成了卢嘉锡"特嫌"的重要依据。卢嘉锡被剥夺了从事科学研究的权利，每天只能去打扫厕所。生性乐观的卢嘉锡干起来仍很认真，厕所刷得干干净净。他偷着辅导跑来请教的科研人员，告诫人家不管怎样业务别丢了。

后来卢嘉锡在美国留学的同学袁家骝教授来中国，见到周总理问卢嘉锡在哪里。周总理亲自打电话给福州军区皮定均副司令员，才把卢嘉锡"解放"出来。卢嘉锡是当之无愧的一流教授。听过卢嘉锡讲课的学生和同事，对他渊博的学识和善于表达的口才印象极深。

物理化学是化学系学生普遍感到很难也很枯燥的一门课，然而卢嘉锡当年的学生回忆说，卢先生上课大家听得特别轻松，他的本事在于能化抽象为形象，化艰深为平易，加上他洪亮的声音和清晰的板书，某个化学家的轶事或者某个英语单词典故常被他信手拈来，课堂气氛一直是生动活跃的。很多听过卢嘉锡讲课的教师，对卢嘉锡的教学才华都非常佩服。

现任中国科学院院长周光召在祝卢老八十华诞写下的题词是"一代宗师"，这绝非溢美之词，而是对卢嘉锡中肯的评价。

著名分析化学家陈国珍教授曾经是卢嘉锡的学生，他把两本当学生时的笔记本珍藏至今，分别记着普通化学和物理化学的实验报告。

早在1934年陈国珍18岁考进厦大，留校当化学助教的卢嘉锡只比陈国珍大一岁。打开已经发黄的笔记本封皮，学生陈国珍用深蓝色蘸水笔写下的字迹纤细工整，而教师卢嘉锡的红笔眉批同样娟秀清丽，看过的人不禁赞叹为"双绝"。

后来卢嘉锡回国在厦大化学系任职，陈国珍就是系里的教师。1948年陈国珍揣着卢嘉锡的亲笔推荐信，去卢嘉锡留学过的伦敦大学深造。

两年后陈国珍返回厦大化学系。此时正是百废待兴，兼着厦大理工学院院长的卢嘉锡筹划着结构化学的科研装备，但卢嘉锡想到陈国珍搞分析化学也需要钱购仪器，他便放弃了采购 X 光机的计划，自己领着几个年轻学生设计和研制了急需的科研仪器。他还推荐陈国珍接任了自己所兼的化学系主任职务。

有人说同行是冤家，而胸襟开阔的卢嘉锡真诚地视同行为朋友。陈国珍说很多人都受到过卢先生无私的帮助。

卢嘉锡从研执教 60 年学术研讨会的主持人，是福建物构所所长张乾二教授。

张乾二原先是卢嘉锡教授带的研究生，毕业后当卢嘉锡的助教，卢嘉锡十分欣赏这个高足的数理逻辑思辨能力。1936 年，在厦大化学系当教师的张乾二被推荐去吉林大学，参加唐敖庆教授主办的全国物质结构学术研讨班，此后转入量子化学研究。对于学生另选研究方向，导师怎么看？会不会不痛快？

卢嘉锡自己是研究结构化学的，张乾二是长期跟随导师专业的得意门生。卢嘉锡对张乾二选择的研究方向非常理解，认为他搞量子化学更有利于他数理专长的充分发挥。

果然，张乾二不负导师厚望，成为中国著名的结构化学和量子化学专家，当选为中国科学院学部委员。

他的成功和他的遗憾，他永远不能忘情的她，他懂这么多却不会吃鱼，他的"临时户籍"和"终身职业"

在福州西郊的闽江之滨，有一片常青绿叶环绕的楼群，这便是卢嘉锡创建的中科院福建物构所。

回到物构所的卢嘉锡兴致勃勃，不时抬起他的拐杖，给我们讲述这一片荒地上筹建物构所的那些日子：开山铺路，自盖竹棚，几乎一切从零开始……

卢嘉锡说建所是大家的功绩，然而所里同志告诉我们，出任第一任所长的卢嘉锡是建所时唯一的有高级职称的专家，他舍弃厦门大学多年的事业基础和生活环境，为国家的科学发展艰苦创业，无形中具有最强的号召力。

而今的科技骨干很多是当时才分来的大学生。一看所里房子还在盖心就凉了半截。可是看到卢所长那操劳忙碌的矮胖身影，那以苦为荣、以苦为乐的诙谐话语，那走到哪里带到哪里的哈哈笑声，那平等待人、耐心细致的和蔼作风，也就自然而然地安下心来。

按卢嘉锡当国家领导人的级别，他到福州可以住最高级的宾馆，可他从来不去，他到福州都是回到物构所大院他的家里住。我们沿一个斜坡走上去，走进一栋四层的旧楼，他的家就在四楼上的一个普通单元里。

这是卢嘉锡生活了 20 年的家。从客厅到书房、卧室，所有的家具都很简陋。客厅很小，他就在这里见来看他的福建省委书记和省长。房子年头久了，女儿葛覃把她住的房间里面贴了地板和墙纸，外面卢嘉锡住的屋子一点也没动。

他故去的夫人吴逊玉和他在这里住了 20 年，如今他七个儿女都已经独立于社会，最小的女儿卢紫纯也在美国读完了博士。

说起老伴吴逊玉，卢嘉锡的语调充满感情，也带着忧伤。

"我的历史里她占了很大的部分。她陪我吃了很多的苦，等条件好了，她脑壳长了肿瘤。1981 年我到北京工作，她到上海开刀，医生说是良性的，再过 10 年还会发。1992 年 9 月 29 日我从福州到北京，30 日早晨接到电话，说'卢师母住院了'，我知道她这个病不可能住院，我从北京马上赶回福州。后来他们告诉我，她是去世了。"

"我老伴去世我很难过，我对不起她。"

出身于厦门太古洋行高级职员家庭的"大家闺秀"吴逊玉，和卢嘉锡的婚姻是爱慕已久的结合。"我去世的老伴就在我父亲的私塾念书，她笑我讲的都是台湾话，说怪不得你们是台湾人。其实我讲的是厦门话，因为父母都是台湾人，所以在家里受些影响。"

卢嘉锡和吴逊玉相识相恋在卢家教私塾的"留种园"里。吴逊玉在卢嘉锡的记忆里总是鲜活的，他能说出许多少年时代的往事。

卢嘉锡出国留学时大儿子卢嵩岳才六个月。新婚一年多的恩爱夫妻一别就是八年。1941 年他买了船票寄回来，让妻儿一同去美国，不料太平洋战事一起不能通航，吴逊玉只能把船票寄回。战火烧到了福建，卢嘉锡节省下的钱寄回家，时常不能顺利收到。日本占领厦门半岛，吴逊玉带着儿子逃难到乡下，靠当小学代课老师勉强糊口。最难的时候还吃过野菜，在富裕家庭里长大的吴逊玉硬是挺了过来。

卢嘉锡毅然回国正是内战末期，物价飞涨，生活拮据。他受大家委托到社会上募捐，为学校生存呼号。其实家里没钱买米，只好卖了一对结婚时作纪念的戒指。吴逊玉毫无怨言，从来都是识大体的"内当家"。

从小作文写得好人又长得俊的吴逊玉，为了辅佐卢嘉锡的事业牺牲到忘我的程度。她是知识女性，在厦大做过夜校教师，当过厦大家属委员会主任。有过多次转正的机会，她都考虑丈夫和七个孩子，把机会放弃了。卢嘉锡几次工作变动，她连搬家都不要他操心，条件再差也很快安下新的家……

当吴逊玉突然发病的时候，嘉锡赶到她身边，伏在她耳旁跟她说话。走出房间卢嘉锡泪流满面，小女儿卢紫纯说，有生以来她还是第一次看到坚强的父亲流泪。

有件生活小事能说明卢嘉锡对吴逊玉的依赖：他不会吃鱼。

少年卢嘉锡读书抓得紧，吃饭总是手不释卷，他母亲就把鱼的骨头剔掉放进他碗里。结了婚吴逊玉一直是给他剔鱼骨的，久而久之他不会吃带刺的鱼了。吴逊玉病故了，儿女在卢嘉锡身边时都学着母亲的样子帮他剔好刺。有时卢嘉锡到外面去参加宴会，儿子忘了像母亲那样叮嘱，他就很可能被刺卡住。

长子卢嵩岳说，在北京他陪父亲去医院挑鱼刺就已经三次了。

能轻取高深知识的卢嘉锡没学会吃鱼，也是被夫人的贤惠"惯"出来的啊。

夫人病故，卢嘉锡沉痛写下的挽联是：佐夫君学成功遂同甘共苦诚贤内助；育后代五男二女勤劳俭朴念我慈亲。横批：懿德可风。

字是有限的，卢嘉锡的思念和内疚却是无限的。他是个重感情的人，或许正因为这吴逊玉才甘愿做他的梯子！

卢嘉锡说他是教书匠出身，所以让人家叫他卢先生。填写个人履历表，他先填的是教授、研究员，然后再填那些个行政职务。他对我们说：当什么样的"官"都是"临时户籍"，教授、研究员才是他一辈子的"终身职业"。

卢嘉锡总是要大家别用"官"来叫他，实在不好意思直呼他的名字，就叫他卢老。他身边年轻的同志多，他就开玩笑说，很抱歉，在年岁上你们永远无法赶上我啦。

他的新"三省"恰好是他三重身份的体现：做高级领导人得"谋忠"；做科学家得"创新"；做教育家得"掖后"

在卢嘉锡从研执教 60 年学术研讨会上，新老科学家欢聚一堂，五彩纷呈的花篮摆满了主席台的前沿。在许多热情的发言之后，卢嘉锡在一片掌声里发言了。

"回首往事，感慨良多。千言万语，不知从何说起。我记得，我到中国科学院担任院长，那时中国老年学会挂靠在中国科学院，而且一定要我担任中国老年学会的会长。我那时 65 岁，65 岁算老吗？不算老，做会长是勉力为之。后来我想，我是搞科研的，能从怎么做老年研究出个题目。我就对他们说，我们都念过《论语》，都晓得孔老夫子从 30 岁讲到 70 岁，孔老夫子不幸 70 多岁去世，因此 70 岁以后他写不来。我说我现在 65 岁没办法写。我建议，请你们老年学会的同志接下去考虑一下，好不好？过了几天，文章做出来了，做得还不错。是这样的：八十老马识途，九十返老还童，一百从零干起。我感到还有一大段路好走……"

掌声四起，卢嘉锡对人生的挑战给与会者很大鼓舞。

1988 年，卢嘉锡担任全国政协副主席和农工民主党中央主席，走进国家领导人的行列。"官"气他没有，但责任使他的思考更深。他自幼在私塾念过孔子大弟子曾参的"三省"："吾日三省吾身：为人谋而不忠乎？与朋友交而不信乎？传不习乎？"他对我们说："我喜欢把古人讲的话改一改，现代化一下，适合我自己，适合时代的要求。"

卢嘉锡的新"三省"恰好是他三重身份的体现：

做高级领导人得"谋忠"；做科学家得"创新"；做教育家得"掖后"。

"知我中华，爱我中华，兴我中华"，是卢嘉锡在各民主党派领导人座谈会上一次发言的题目。《人民日报》发表座谈摘要时以通栏标题刊出卢嘉锡的这句肺腑之言，很快在社会上引起强烈反响。

卢嘉锡说，爱国主义是人们世代相承的对自己祖国深入骨髓的感情和融入血液的信念。这是极为宝贵的精神财富，我们要把爱国主义教育作为基本的教育内容，切忌停留在标语口号上。他鲜明提出：从国情出发，自觉地培养民族的崛起意识、振兴意识，把爱国主义情感升华为深切的历史责任感和时代紧迫感。

卢嘉锡一直念念不忘他去日本的一次经历。

那是他率团到日本考察交流，日本主人在恳谈会上说，60 年代初，日本科技在许多方面比你们差，经过几十年我们发展起来了。我们是按照贵国周恩来总理讲的"一用、二批、三改、四创"做的，我们对这 8 个字记得很牢，你们中国朋友好像淡忘了。

卢嘉锡在不同场合多次引用这段经历，说我们不能只是"一买、二用、三买、四用"，引进国外技术要立足于最终促进我国科技的发展，要大力消化、吸收、创新。如果只知道买和用，什么时候才能在当今世界的科技前沿有一席之地？从 1989 年起，古稀之年的卢嘉锡亲自率领农工民主党专家组，赴国家重点工程的预选地区和一些贫困地区考察咨询，向当地政府提出了经济和社会发展的咨询意见，一份份考察报告受到党中央和国务院的高度重视。

科学家总和数字、公式打交道，很容易给人以枯燥乏味的印象。跟卢嘉锡外出考察的人感觉不到他的学究气，对他旺盛的精力和幽默的谈吐赞叹不已。

汽车在榆林崎岖不平的公路上连续奔波了九天，那里的公路多半不上等级，工作人员已经有人晕车了，卢嘉锡一路上谈笑风生。走路爬坡别人要搀扶他，卢嘉锡说："我还没那么老呢，我才 38 公岁。"有时记者问他高龄，他以他的风趣和精确换一种答法："76.7 岁。"大家的疲惫在欢笑中消散。

卢嘉锡已经是"大人物"了，可他时时关注着"小人物"，1991 年 10 月，卢嘉锡应邀到人民大会堂为第二届"中国十大杰出青年"颁奖，他感到不安的是，连续两届"十杰"青年都没有科技英才当选，这对青少年会有怎样的引导？

两天后卢嘉锡奋笔疾书，郑重致函江泽民总书记："我认为，现在是提高广大科技工作者特别是中青年科学家知名度的时候了。我建议在中央电视台的新闻联播里或新闻联播之后，对中科院的学部委员（特别是新当选的）进行一些必要的宣传，以便让全国人民更好地了解他们，在全国进一步形成尊重知识、尊重人才的社会风气……"

江泽民总书记非常重视卢嘉锡的意见，接到信即批转有关领导同志。

此后，中国科学院很快拟定宣传科学家的计划，国务院特批 50 万元执行这项计划。中央电视台自 1992 年 4 月开始，在每晚新闻联播的《神州风采》节目里，用黄金时间陆续介绍中科院学部委员（即以后的院士）。

卢嘉锡多次陪同中央领导同志亲切接见中青年科学家。他在全国政协大会发言时响亮提出：在宣传重视发明创造和科技成果的同时，要宣传和表彰为之做出突出贡献的优秀科技人员，使他们成为全社会关心瞩目的"明星"和楷模。

1992 年 10 月第三届"中国十大杰出青年"评选揭晓，北京大学生物学教授陈章良、中科院化学所副所长白春礼和安徽省农化新技术研究所所长台震林都被入选。卢嘉锡在兼任欧美同学会会长时，提名陈章良和白春礼分别任欧美同学会副会长和青年委员会副主任，用卢嘉锡的话说，让中青年科学家在科研和国际交往中唱主角，尽快提高他们的知名度，以期造就出领衔挂帅的科技英才。

卢嘉锡对科技后继者寄托着怎样殷切的厚望啊！

卢嘉锡地位变了，做学问的认真态度一直没改。秘书告诉我们，卢老没有间断过对科研前沿课题的跟踪，常常有中青年科技工作的专业论文送到他这里，请他推荐给国外杂志，他的推荐很热心，其实完全可以直接写封信寄出或退回原作者修改。他偏偏习惯于自己动笔改。他说他的确忙不过来："我得改英语，实在没有办法。有的地方我还看不清楚他写什么，弄到外面去变成笑话了，所以我就得改。"

人们也许还记得一度闹得沸沸扬扬的"邱氏鼠药案"吧。

中国科学院和中国工程院的院士评出"1994 年中国十大科技新闻"，第二条就是"邱氏鼠药案"一审判决五位国家级鼠防专家败诉。这是一条多么不可思议的新闻！

尽管这个案子错综复杂，有些关系还很微妙，但科学家的良知燃烧着卢嘉锡的心，他没有沉默，带头挺身而出仗义执言。

翻开 1994 年 5 月 20 日《中国科学报》，卢嘉锡联合张光斗、王大珩等 14 位中国科学院院士署名的文章提出一个严肃课题——

科学技术上的真伪与是非谁来评判？

卢嘉锡等著名科学家建议：建立科技陪审团制度，以完善我们的法制。

7 月 18 日，卢嘉锡接受《中国科学报》记者采访，他情绪激动地说："科学尊严不容亵渎，科技界和全社会都应该尊重科学的真实性和严肃性，追求科学应该像追求真理一样不掺任何杂质。"

真理终究有个标准。中国科学界等到了 1995 年 2 月 22 日，北京市中级人民法院重新审理"邱氏鼠药案"后作出终审判决：

五位专家维护科学尊严、保护人民利益的行动应予支持和肯定。原判不当，应予纠正。五位专家终审胜诉。

科学胜利了，这胜利本不该来得如此艰难。

追光逐电的光学专家王大珩

———
马京生

王大珩，江苏省吴县人，1915 年出生，中共党员，光学专家，中国科学院院士、中国工程院院士，中国现代国防光学技术及光学工程的开拓者和奠基人之一。领导开拓与发展了靶场光学测试技术、激光技术及太阳地面模拟等国防光学技术领域。为我国现代国防技术及光学工程的发展做出了杰出的贡献。

父亲是留日的高才生，他出生在日本，学业出众，学生时代，他始终牢记父亲的一句话："走科技之路，没有过时之时。"

1915 年 2 月 26 日，日本东京，在一所普通住房里诞生了一个男婴。男婴的父亲王应伟是毕业于东京物理学校的高才生，在校长的举荐下，进入日本中央气象站深造和工作。

看着刚出生的儿子，王应伟兴奋不已，苦思冥想地给儿子起名字。最后，他终于从浩瀚的汉字中，选取一个极不常用的生僻字"珩"，来为自己的儿子命名。"珩"字在辞典上有两种解释：一是形状像古代乐器磬的玉佩上面的横玉；二是珩磨，一种精密仪器的光整加工方法。不管王应伟的主观意愿是什么，"珩"字的这两个互不相关的含义同时融入了儿子生命之中。

1915年9月，在东瀛漂泊了整整八年之久的王应伟偕妻子和刚刚六个月的儿子王大珩回到了朝思暮想的祖国。王应伟同时带回的还有那个始终珍存在心中并支撑着他战胜艰难险阻的强国之梦。他定居于北京，就职中央观象台。

王大珩五岁开始上学，学习成绩一直名列前茅，他总嫌老师讲的课太慢，吃不饱，就自行向前学。初中毕业已学至高中一二年级的水平，高中毕业已学完大学一二年级的课程。

老师总是表扬他，可父亲却很少称赞他。王应伟觉得儿子所受的荣誉已远远地多于其他的同学了，所以他不仅不赞扬儿子，而且更加严格。他给儿子在学校吃、穿、用的生活费皆在最低标准，以自身的实践告诉儿子：越能吃苦，越有出息，也越能成材。这就是自古雄才多磨难的道理。

从少年到青年，王大珩始终牢记父亲的一句话："走科技之路，没有过时之时。"让父亲的科技血脉，在自己身上绵延流淌，生生不息。

1932年，王大珩高中毕业报考大学，以优异成绩被南开大学、青岛大学和清华大学同时录取。

王大珩选择了清华大学，进入物理系。系主任叶企孙教授在学术上造诣很深，思维敏捷，教学方法灵活独特，从不照本宣科。

考试方法也与众不同。他常根据学生的不同情况给学生出不同的题目。有一次考统计物理学时，叶先生给王大珩单出了一道题。他先给王大珩一本德文版的统计物理学专著，让王大珩先把这本专著看完后，再根据专著的论点写出一篇有自己见解的文章。接过叶先生递补过来的专著，王大珩心里直打鼓，他只学过一点点德文，凭自己那点可怜的德文底子不仅要读完这本专著，还要写出自己的见解来，实在有点勉为其难。但叶先生毫无通融余地，王大珩只好起早贪黑，整天抱着德文字典一个字一个字地抠，费了九牛二虎之力，好不容易才把那篇专著啃下来。没想到，这次统计物理学的考试，竟会使王大珩的德文水平在极短的时间内上了一大步台阶，打下了良好的德文基础。

1936 年，王大珩毕业于清华大学物理系。毕业时，他在叶企孙的指导下做了光学方面的论文。

他和父亲当年留学出国的情景极其相似……到英国留学，将获取博士学位时，他却主动放弃

从清华大学毕业后，王大珩受到叶企孙教授的器重而留校任助教。半年后考取上海《申报》老板史量才为研究生设立的"史量才奖学金"，他又开始在清华大学物理系赵忠尧教授的门下读核物理专业研究生。

1937 年，"七七事变"爆发，枪声迫使王大珩停止在实验室里进行中子实验。眼看江河沦丧，自己却报国无门，王大珩心中十分苦恼。

兵荒马乱中，偶然间他听说赴英国的"庚款留学"开始招考，就毫不犹豫地前去报名，报考了其中的应用光学专业。那次考试，他和后来一起获得"两弹一星"功勋科学家称号的彭桓武同时考上了留英的物理专业。

1938 年 9 月，他和彭桓武从香港乘船去英国。王大珩默默地望着眼前那片渐渐远去的国土，默默地望着还在战火中呻吟的祖国，他们正从这受难的国土上到另一个曾经侵略过中国的帝国去。这与 1907 年父亲

去日本留学的情景何等相似！当年，父亲是在甲午战争炮火的敦促下走出国门的。

王大珩到英国后，走进了伦敦大学帝国学院物理系学习，主攻技术光学专业，不久发表了他的第一篇学术论文，题目是《在有球差存在下的最佳焦点》，这是一篇关于光学设计的论文。其中论述了光学系统中各级球差对最佳像点位置和质量的影响，创造性地提出了用优化理论导致以低级球差平衡残余高级球差并适当离焦的论点。直到今天，这篇论文还经常被国内外有关专著加以引用。

当时，雄居世界的大英帝国由于最早发展了工业文明，四处征战，不可一世地欺负弱小国家。英国人不曾想到看似瘦小的王大珩却有着很高的智慧。弱国有能人，王大珩的导师对这个矮小的中国学子充满信心地说："中国将来是有希望的！"

王大珩毕业之时，恰逢第二次世界大战的硝烟笼罩伦敦之日。1940年8月24日，纳粹德国的飞机空袭了伦敦。而英国皇家空军随后也报复性地轰炸了柏林。不列颠之战迅速升级，战争所需的光学玻璃由原来30吨急增十倍。善于捕捉机遇的王大珩灵机一动，摄影机、照相机、经纬仪、望远镜、显微镜延长了人眼的功能，而它们都需要光学玻璃才能制作，这正是千载难逢的发展机遇，他何不去研究光学玻璃呢？于是，王大珩离开伦敦去了雪菲尔大学，在世界著名玻璃学家特纳教授指导下成为读光学的博士生。他如果继续深造，将获取博士学位。令人费解的是，他主动放弃了。1942年，他选择了英国一家世界有名的光学玻璃制造公司昌司公司，以自身的学识进入光学玻璃制造技术研究领域。这对王大珩来说似乎有点屈才，尤其是放弃那富有吸引力又即将到手的博士学位，的确有点可惜。

然而王大珩有他独特而深刻的思维，他想的不是自己的名利，而是当时中国的实际情况，自己的祖国不但光学仪器理论是空白，光学材料的制造技术更是空白。他认定只有既懂理论又掌握制造技术，才能填补这片空白。

当时，光学仪器在战争中的作用受到交战各国的重视，光学玻璃的制造技术是保密的。他和另一同事最早研究稀土光学玻璃，并获得专利。这项写着中国人名字的专利，是他到昌司公司后的第一项科研成果。它不仅使昌司玻璃公司成为英国最早进入稀土光学领域的厂家，而且使王大珩成为英国最早研究稀土光学玻璃的人。

在精密测量光学折射仪器方面，王大珩发展了 V 棱镜折光仪，获得英国科学仪器协会第一届青年仪器发展奖，并在英国制成商品仪器。

有趣的是，1966 年英国在我国天津召开科学仪器展览会，一位英国科学家向中国来宾介绍说："各位来宾请注意，摆在你们面前的这台 V 棱镜精密折射仪的设计者是一位中国人，这位中国人 1945 年在我国获得了'第一届英国青年仪器发展奖'。当时，获此殊荣的只有三位青年人，其中一位就是中国的王大珩，你们应该为之而骄傲！"

王大珩以自己的智慧给中国人赢得了荣誉。在英国的十年，他走上一条全面发展的光学玻璃研究、设计、制造、技术的务实之路。令英国同事肃然起敬，他们挽留王大珩在英国留下来工作。而王大珩却从未有过要在国外长期待下去的念头。已过而立之年，他却迟迟不成家，为的就是"轻装"回到祖国。

王大珩每天独来独往地忙着研究光学技术，忍受着孤独和寂寞。直到有一天，在法国留学的钱三强到英国来看望老同学王大珩。

许多年不见了，钱三强还像当年在清华时一样热情奔放。当时，法国是中国共产党组织在欧洲最为活跃的一个国家，钱三强在法国已经与共产党有了很深的接触，受到了很大影响。他以压抑不住的热情，给王大珩介绍了许多国内情况。

钱三强的到来打破了王大珩表面平静的生活。从钱三强的谈话中，王大珩第一次听说毛泽东的《新民主主义论》，第一次了解到共产党的日益强大，国民党的日趋没落的国内局势。多年来一直渴望回国的想法一下子被激活了。他的眼前一亮，觉得回国的机会到了。

回国投奔共产党，在废墟中筹建仪器馆

1948 年王大珩终于踏上阔别十载的国土，不久被任命为大连大学物理系主任，培养出大量人才。

新中国成立以后，李四光等科学家积极向政府建议我国发展光学仪器事业，设立仪器研究制造机构。

1951 年 1 月 24 日，经钱三强推荐，中国科学院决定任命王大珩为仪器馆筹备委员会副主任，负责筹备工作。新中国的光学事业开始迈出了第一步。

何谓"第一步"？摆在王大珩面前的是新中国几乎就没有应用光学！"没有"，这既是一个令人灰心沮丧的现实，又是一个能激起人奋发图强的现实。

1951 年 2 月，王大珩领到的筹建仪器馆的第一笔经费是银行储存不下的 1400 万斤小米。这里需要说明的是，当时不仅拨款用小米计算，甚至连工资都用小米来计算的。按当时的比值，1400 万斤小米折合成旧币是 98 亿元，如果将那时的旧币 98 亿元折合成现在的人民币则是 98 万元。这笔以小米为计算单位的筹建经费自然不够用，王大珩必须精打细算。

1952 年初，王大珩开始了考察选址。当时的长春到处都是破房子，残垣断壁的市区，随便要哪块场地都行，军管会用手那么一划拉，这一

大片空地都归你了。王大珩在长春城里找不到像样的房子，就看中了铁北那个矗立在乱砖瓦中的大烟囱，兴冲冲地大声喊道："我就要那个大烟囱了！"

于是大家就跟着王大珩直奔那个大烟囱去了。因为没有烟囱建不起熔炼玻璃的炉子，搞不了光学玻璃。这个现成的烟囱能为他们节省6万元钱。

建仪器馆是从填炮弹坑、清除破坦克和盖房顶开始的。王大珩领着他带来的28个人，在这片千疮百孔的土地上一锹一锹地挖，一镐一镐地刨，硬是为仪器馆平出了一大片平平整整的地方，当年的老工人说："那会儿，王大珩哪还像个从国外回来的专家呀。整天和我们在一起建房子。住的是破房子，吃的是高粱米、大葱蘸大酱。天天干力气活，灰头土脸的跟工人没有两样。不说话看不出个谁是谁，一说话可就分出个儿来了，他一急嘴里老往外蹦洋词儿，那是洋话说习惯了，一时半会儿扳不过来。"

1953年1月23日，中国科学院仪器馆正式成立。王大珩担任仪器馆副馆长，并代理馆长主持仪器馆工作。他面临的是国家急需大量的科学仪器，但当时国内想制造精密科学仪器，却拿不出制造它的材料——光学玻璃。王大珩说："我们想吃红烧肉，要从养猪做起。"他带领大家从制造自己的光学玻璃做起，他先是把在秦皇岛耀华玻璃公司工作的龚祖同先生调到长春光机所来，负责炼炉的建立。他又把从国外带回来的光学玻璃配方及制造过程中的技术资料全部铺展开来，他们的合作很快就取得了成果。

1953年12月是中国光学史值得纪念的日子——长春仪器馆熔炼出了中国的第一炉光学玻璃。

显微镜等仪器相继问世，光学工艺、光学镀膜、光学设计、光学检验、光学计量测试等精密技术也初步打下基础。1953 年底，在他领导下有五项科研成果获得了中国科学院东北分院的荣誉奖励。1957 年已能生产出国防军工所需的特殊光学玻璃，能与国际尖端技术并肩而行了。仪器馆在很短的时间内，便创造出了自己的品牌。

1957 年 4 月，仪器馆完成了它的历史使命，更名为"中国科学院光学精密机械研究所"（简称"光机所"）。王大珩担任第一任所长。

1958 年，王大珩领导长春光机所组织了两次大规模的技术攻关，在短短的三个多月时间里，攻下了电子显微镜、高温金相显微镜、多臂投影仪、高精度经纬仪、大型光谱仪、万能工具显微镜、晶体谱仪和光电测距仪"八大件"科研项目，而且还研制出十余种系列的颜色光学玻璃。

《人民日报》头版头条报道了王大珩主持的长春光机所研制出的这一系列的高新技术产品。这些科研成果的诞生，为后来的国防军事工业奠定了坚实的基础。

走进神秘的戈壁滩，光测原子弹和导弹……

20 世纪 50 年代末 60 年代初，苏联单方面撕毁援建协议，中止了正在中国开展的 200 多个科学技术合作项目，撤走了 1390 多名苏联专家，带走了全部的技术图纸。这一落井下石的行动造成了大批援建项目仓促下马，在建项目也由于没有了图纸和后续设备而陷入一片混乱，被迫停建。

王大珩来到导弹试验基地的头一天，眼前一片苍凉。

王大珩是受命带队来到导弹试验基地的，任务是对苏联专家在这里干了一半的光测设备进行一次全面的"诊断"，排除故障，安装调试，使其能够尽快投入正常使用。受命的人员都经过了严格的筛选，一行人除王大珩外个个都是中共党员。

这是王大珩第一次走进神秘的戈壁滩。来之前，他有一种神秘感：不知道到哪里去，也不知道去做什么，更不知道要去多长时间。还有许多这样那样的不许，如不许通信联络、不许告诉亲友，等等。来到这里后，王大珩感觉更多的则是一种沉重感和使命感了。刚来时，基地司令员指着那堆瘫痪的仪器设备对王大珩说："看看吧，干得好好的，苏联专家突然扔下就走了。这都是钱堆起来的呀，看着真叫人心疼啊！说到底，国防上的事谁都靠不住，只能靠咱们自己！"王大珩听着就觉得周身的血不住地往头上涌。以后，王大珩在通往各个站点之间颠簸的搓板路上，想了很多很多。他不止一次想到了父亲对他讲述的甲午战争，想到了100多年来使我们国家屡屡蒙羞受辱的落后国防，想到了我们还要受制于人的尴尬现状。

整整五个月，王大珩带领大家没日没夜地干，硬是把苏联专家扔下的烂摊子捡了起来，把安装了一半的仪器设备全部装修完毕投入正常运行。

后来，在研究落实研制原子弹、导弹的各项工作时，钱学森说："原子弹、导弹中的光学设备一定要让长春光机所来做！"这句话既是对王大珩的信任，也是对长春光机所的鼓励。王大珩在危难之际挑起国防光学技术的大梁，这集技术光学、机械与精密机械仪器制造、光学材料、导航、红外物理等众多学科为一身的重任。因为光学不但是常规武器的眼睛，在原子弹、导弹的研制中更有着独特的地位。

为研制试验原子弹，急需爆炸试验的测试工作跟上去，但这项测试工作如何进行，取得哪些数据才有价值，以及如何分析和判断其使用价值等，大家都心中无数。万事开头难，因为是第一次搞这项工作，大量的难题等待着他们去求解。

负责原子弹测试技术的同志对王大珩说："光学测试怎么搞，就看你们的方案了。"他要求在一年半的时间内完成。

当时，科技人员加班加点赶任务，王大珩就跟着加班，有什么问题当时就研究解决。较劲的时候几天几夜不离开工作现场，困急眼了随便靠在哪打个盹儿，睁开眼睛再接着干。要知道，那是三年自然灾害的困难时期，是饿肚子的时候！一顿饭就一个二两的馒头，再加上高粱米糠，一多半的人浮肿。科研人员空着半个肚子，拖着两条肿得老粗的腿。可光机所办公室的灯光就是通宵不灭！

不到一年的时间，王大珩提交了合格的光学测量仪器。

1964 年 10 月 16 日，中国成功地爆炸了第一颗原子弹。王大珩和他的同事们研制的光学测试仪器在试验中取得了令人满意的效果，他们所负责的光学测试项目在原子弹爆炸试验中获得了圆满成功。

我国开始研制中程导弹以后，上级要求王大珩领导的长春光机所提供测量空间飞行体的轨道参数和飞行姿态的大型观测设备。这是一种集光学、精密机械和自动控制等为一体的综合性的大型精密光学跟踪电影经纬仪。

当时，世界上只有一个国家有这种东西，但由于技术保密，是买不来的。

王大珩作为这项任务的总设计师，提出了总体方案，他主张从预研到拿出成品，科研单位应一竿子插到底。由长春光机所总负责，限期做出样机，提供成品，直至现场安装调试、交付使用。

在各方面的配合下，该仪器做到了一次研制成功，为我国中程导弹发射试验提供了有鉴定性价值的数据，并为以后洲际导弹发射试验及卫星飞行试验提供了宝贵的测量数据和影像资料。这种仪器的提供使用，从此成为我国导弹发射试验使用国产大型精密仪器的开端。

他主持研制的光学仪器伴着高科技走天涯

1970年4月24日，我国成功地发射了"东方红一号"人造地球卫星，进入了发展宇宙空间技术的时代。与此同时，对光学设备的要求也大大向前迈进了。如返回式卫星装备的对地观测的相机，同其他类型的光学设备不同，它与卫星本体密不可分，是整个卫星的主体部分，要和星体一起遨游在茫茫的太空，才能拍摄到地球清晰的图像。这种相机要求十分苛刻，它既要能经得起发射卫星时的剧烈震荡，还不能间隔调整，需要长期保持正常工作姿态。这个重担又落在了王大珩和他的同事们的肩上。

在设计方案论证过程中，王大珩提出在研制对地观测相机的同时，也要研制对星摄影的相机。为此，他亲自挂帅，成立了一个专门从事空间相机研制的科研部门。对星相机对确定观测地点的位置，对图像进行姿态纠正是必需的。然而它的难点是，太空环境极不利于摄影。如烈日当空、地面日光反射极强，要把暗背景的一部分星相拍下来，难以消除影像中带有的强杂光。他们终于攻克了难关。两种相机同时问世，同时伴着卫星飞上太空。当卫星返回时，相机带回了地球村的全貌。

1980年5月，我国向南太平洋发射洲际运载火箭试验成功。"远望号"航天测量船出色地完成了火箭再入段的跟踪测量任务。而它们使用的先进"武器"之一，就是王大珩率领的长春光机所研制的光学设备。

以后，在潜艇水下发射导弹的试验中，在跟踪测量同步卫星的轨道上，我国研制的大型光电经纬仪表现出的优异性能，完全可与世界上最先进的产品媲美。

由于王大珩在我国国防光学科研中所做出的贡献，1980年获全国劳动模范称号。1985年"现代国防试验中的动态光学观测及测量技术"

获国家科学技术进步特等奖，王大珩是首席获奖者。

聂荣臻元帅在回忆录中写道："值得一提的是在解决光学精密机械方面的问题时，长春光学精密机械研究所在所长王大珩同志领导下，做出了很大的贡献。"

经王大珩和他的同事们共同努力，现在我国已拥有 15 万多人的光学队伍、300 多个光学工厂、60 多个光学研究所，30 余所大学设立了光学专业……中国已成为令世人瞩目的光学大国。在王大珩的努力下，国际光学委员会（ICO），于 1987 年正式吸收中国为其会员国。由于王大珩杰出的成就和威望，1990 年 11 月，他被选为亚洲太平洋光学联合会（APOF）的副主席。

王老的科学生命还在他的学生身上延续、光大，他身后成长起一支朝气蓬勃的光学工程队伍。他不仅把自己的科研成果汇集到科学技术发展的历史长河中，而且把自己的才智融合在学生们的科研成果中。他期待的是中华科学技术的腾飞。

用中国古人的智慧引领数学的未来

——记首届国家最高科技奖获得者、世界著名数学家吴文俊

王学信

2009年7月14日，第八次全国归侨侨眷代表大会正在北京人民大会堂举行。胡锦涛总书记等中央政治局全体常委向此次荣膺"全国侨界十杰"称号的十位杰出人士颁奖。其中最引人瞩目的当属年届90高龄的世界著名数学家吴文俊先生。

在中国，乃至世界科学领域，吴文俊先生都是颇具影响力的杰出学术领军人物。作为中国科学院资深院士和第三世界科学院院士，吴文俊先生以其对科学的重大贡献，相继荣获首届国家自然科学一等奖、首届国家最高科学技术奖、中国科学院自然科学一等奖等诸多国内外重大奖项。

他尝到了读书的快乐

1919年5月，吴文俊出生在上海一个普通知识分子家庭。其祖父亦为读书人，早年在老家浙江嘉兴乡间教私塾，十分清苦，后因战乱迁至

上海青浦县朱家角。父亲吴福桐长于上海，就读于上海南洋公学。勤奋好学的吴福桐如饥似渴地学习着近代西方科学，同时打下了良好的英文基础。这使他在毕业后如愿以偿地进入一家医学出版社，从事英文编译工作，有了稳定的经济收入，并拥有了一个幸福美满的家庭。

作为长子的吴文俊，很快便有了两个可爱的妹妹和一个弟弟，然而，天有不测风云，幼小的弟弟不慎从楼梯上摔下来，很快就夭折了。此事对吴文俊父母影响极大，痛失幼弟顿时使吴文俊成为家中唯一的男孩，父母把太多的期望寄托在他的身上。平时对他格外呵护，连他到弄堂里去玩，都放心不下，生怕再有什么意外，不过，这也使吴文俊从小养成了静处家中、好学深思的习惯。谁也没想到的是，这个习惯的养成竟令他终身受益。

在吴文俊四岁时，父母便把他送到离家最近的弄堂小学读书，这样的小学很像现在的学前班，既有老师悉心照顾，课程也非常简单，可以有许多空余时间在家。而一向酷爱读书的父亲拥有大量中外藏书，父亲常常指着这些书对他说，那里可比外面好玩多呢！于是，父亲便由简到繁，把书一本本翻开，先是讲解，后是指导，手把手引领他进入浩瀚的知识海洋，教会和培养了他极强的自学能力。几年过去了，这些中外典籍使吴文俊产生了浓厚的兴趣，他"扑在书本上，就像饥饿的人扑在面包上一样"，他真正尝到了读书的快乐。

读书报国是他矢志不渝的信念

在吴文俊孩提时代的记忆里，父亲通常都是望着远方，发出一声长叹。

很快，他便亲身感受到民族的危难与生活的辛酸，日本军国主义继1931年东北"九一八"事变后，翌年又在上海制造"一·二八"事变。

刚念初中的吴文俊被家人辗转送回浙江老家，以避战乱。

1933 年 8 月，14 岁的吴文俊重返上海正始中学校园读书时，很多课程都落在了同学们的后头，努力一下尚可应付，而数学对他来说则无异于"天方夜谭"，因为他最初并不喜欢数学，其间又空了一年多数学课，结果，期末数学考试这位未来的大数学家竟然只得了零分。面对亲友怨艾的目光和同学们的讥讽，吴文俊几乎无地自容，"知耻而后勇"，整个寒假他足不出户，潜心苦读。凭着超强的自学能力和感悟，他发现数学王国有着无穷乐趣，徜徉其中，颇有自得之乐。在接下来的新学年，吴文俊的数学成绩扶摇直上，竟在全年级名列前茅，其中尤以几何最为突出。在一次难度颇大的物理考试中，他的成绩极为出色，竟也得益于其数学能力，这给物理老师留下深刻印象。高中毕业时，校方讨论保送名单，物理老师慧眼识珠，荐举吴文俊专攻数学。于是这位正始中学的"数理王子"由校方提供奖学金，保送上海南洋大学数学系攻读，开启了他毕生的学术漫漫之旅。

四年寒窗苦读，吴文俊秉持历代先贤读书报国的理念发愤钻研，成绩极为优异。大三时他学了实变函数论课，颇有心得，于是，他遍读相关数学经典著述，很快进入康托尔集合，钻研尚鲜为人知的数学前沿分支——点集拓扑。1940 年 7 月，由南洋大学毕业的吴文俊拒绝了日伪资助他到日本深造的诱惑，毅然来到上海郊区的中学任教，先是育英中学，继而是培真中学。教课之余，他也进行一些研究，但尚属盲人瞎马，不得其要。五年后，一个难得的机遇惠顾了他，再次改变了他的命运。

他不负师恩，以"吴公式"蜚声欧洲学术界

1946 年初，吴文俊被上海临时大学聘为数学系助教。其时，国际著名数学家陈省身教授应邀回国，筹建中央研究院数学研究所。吴文俊写

了一篇综合论述点集拓扑的文章，拿给陈先生看，结果被陈先生一口否定，给得意的他兜头一瓢冷水。

陈先生指出，你这篇文章只是从一个概念到另一个概念，而概念是人为的，不是客观世界。如果只是追求概念与概念之间的逻辑关系，并不符合人类对客观世界的真正认知。陈省身教授的当头棒喝，无异于醍醐灌顶。"我马上醒悟了，如果还是按那个道路走下去，是永远没有出路的。"多年以后，吴文俊回忆说。

吴文俊终于如愿以偿和其他十几位国内著名大学数学系毕业的青年才俊一起，进入数学研究所做助理研究员，亲聆陈省身教授的教诲。当时，陈先生每周都要为他们讲授 12 个小时的拓扑学，这是那时最前沿的数学研究领域。在陈先生引导下，吴文俊开始研究美国拓扑学大师惠特尼所提出的对偶定理。他回忆说："陈先生曾特别指出，惠特尼发现并提出的这个公式非常重要，但里面模模糊糊，只是简单地讲了一下，最好能够补出一个证明来。那是我第一篇重要的文章，实际上，这篇文章等于是陈先生帮我写的，或者说就是他写的，后来发表在美国最主要的学术杂志上。"他的这项成果已经成为拓扑学中的经典，一位入门不久的中国青年学人取得如此重大学术成果，令国际数学界人士深感不可思议。

吴文俊对惠特尼对偶定理简洁、新颖的证明，令陈省身教授大为惊喜，他立即选派吴文俊赴法国留学深造。1947 年 11 月，吴文俊风尘仆仆来到法国巴黎，进入斯特拉斯堡大学攻读博士学位。在此期间，他刻苦钻研，在拓扑学示性类及相关运算方面取得关键性成果，被称为"吴（第一）公式"，为拓扑学及相关领域的发展开辟了新的方向。1949 年，他获得法国国家科学博士学位，并应 H. 嘉当教授邀请进入巴黎国家科学研究中心工作。吴文俊继续全力向拓扑学进军，在微分流形上引入了一类示性类，建立了施替费尔与惠特尼示性类彼此的关系式，国际数学界将此命名为"吴（第二）公式"。恩师陈省身对此也作出了高度评价，他认为，吴文俊的该项研究成果对纤维丛示性类研究做出了划时代的贡献。

他与钱学森、华罗庚同获国家自然科学一等奖

正当吴文俊蜚声欧洲学术界之际，中华人民共和国的成立在他心中引起持久的激动。1951 年夏秋之交，年轻的旅欧学子吴文俊放弃在欧洲的优越工作和生活条件，返回百废待兴、急需各类专门人才的祖国，来到北京，担任北京大学数学系教授，时年 32 岁。一年后，他被调到中国科学院数学研究所任研究员。

在数学所，吴文俊继续他在拓扑学领域的开拓性研究。他在代数拓扑学示嵌类方面，独创性地发现了新的拓扑不变量，其中关于多面体的嵌入与侵入方面的成果，至今仍居世界数学界领先地位，被学术界称为"吴示嵌类"。那么，什么是拓扑学，其研究意义又在哪里呢？

原来，在数学领域，拓扑学主要研究几何形体的连续性，是诸多数学分支的重要基础，被学术界公认为现代数学的两大支柱之一。拓扑学示性类研究主要为刻画流行与纤维丛的基本不变量。20 世纪 40 年代，此类研究正处于初始阶段，瑞士的斯蒂费尔、美国的惠特尼、苏联的庞特里亚金和中国的陈省身等著名数学家先后从不同角度引入示性类概念，对此进行描述。吴文俊的贡献则在于他将示性类概念由繁化简，由难变易，引入全新的方法和手段，即"吴（第一）公式"和"吴（第二）公式"，给出了各种示性类之间的关系和计算方法，导致这一系列在科技领域的重要应用，从而使该理论成为拓扑学中完美的篇章。而"吴示嵌类"的引入和应用具有同样重要的意义。

特别值得提起的是，在 20 世纪 50 年代，拓扑学主导了现代数学科学的发展，被誉为"现代数学女王"。正是吴文俊和同时代的几位数学大家的共同努力和辛勤工作，推动了拓扑学的蓬勃发展，为其后数十年的世界高新科技发展提供了强有力的数学"武器库"。鉴于吴文俊在拓扑学领域的卓越贡献，1956 年，37 岁的他有幸与著名科学家钱学森和华罗庚一起获得了首届国家自然科学一等奖。翌年，他当选为中国科学院最年轻的学部委员（后改称院士）。1958 年，吴文俊应邀在四年一届的世界数学家大会作拓扑学示嵌类研究成果报告，这在国际数学界被认为是极高的荣誉。

他重新发现了中国古代数学的巨大价值

吴文俊在数学王国的探索从来就没有停止过，从 1958 年开始，他又一头扎向策论的研究。"文革"之初，他远离政治风暴的喧嚣，默默地关注于示嵌类理论与线性图平面的相关问题。1970 年，他又提出了 I 量度的全新概念。然而，"文革"浪潮还是中止了他继续研究拓扑学的脚步。他回忆说："那时候你要真正搞拓扑还是有麻烦，有许多阻力的，说你走资产阶级学术道路。"那么，下面的路该怎么走，吴文俊陷入深深的思考之中……

说来也巧，命运再次给他提供了一个想都没有想过的机遇。"文革"中后期，伴随政治运动中评法批儒、批林批孔，以及评《红楼》、批《水浒》的需要，上面允许读一些古书。当时，中科院系统科学研究所所长关肇直出了个主意，借助这个政治潮流，大家一起学习中国的古代数学。这可真应了那句老话——"歪打正着"。

"由于从前极少接触，我对中国的古代数学不感兴趣，我所知道的都是从外国的书上看到的，中国的古代数学都是些加减乘除、乱七八糟无聊的东西，不值得考虑，所以我从来不看。"多年以后，吴文俊回忆道："就在那个情势之下，我倒觉得好奇了。我就向关肇直借书，然后再跑图书馆。开头也是不懂，因为是古文，我看不懂，那就先看通俗的，再看原文，就这样慢慢一点点弄懂。"

最后，吴文俊终于弄懂了，原来中国古代数学之路与西方传统的公理化数学之路不一样，是另外一套体系，不考虑定理，主要是为了解决形形色色的问题，自然而然发展到解方程。而中国古代数学解方程也是一步步地做，第一步怎么做，然后是第二步、第三步……用现代语言来讲就是程序，其计算方法可以变成程序，输入计算机，最后给出所要求的答案，这就是中国的数学。因此，可以说中国古代数学是非常契合当今计算机时代的数学。

在吴文俊眼里，中国古代数学就是一部算法大全，其中包含着世界最早的几何学、最早的方程组、最古老的矩阵……尽管中国古代数学的巨大价值已被人们淡忘，但吴文俊却敏锐地洞察出其中所具有的独特的机械化思想，它能够把几何问题转化成代数，再编成程序，输进电脑进行操作，从而代替大量复杂的人工演算，进而推动科学发展。这就是机器证明，吴文俊将其命名为"数学机械化"。

他的"吴方法"给国际学术界带来更大的惊喜

设想是浪漫而美丽的，而实现设想则现实而艰辛。1976年底，吴文俊年近花甲，从头开始学习计算机语言，编制计算机程序，尝尽了在微机上操作的寂寞与清苦。

在那段时间内，他每天的工作日程都是这样安排的：清早他来到机房外等候开门，进入机房后便八九个小时不间断地工作，直到下午5时左右，他才步行回家吃饭，并利用这个空余思考和分析研究进度及计算结果。到傍晚 7 时左右，他又来到机房继续工作，常常在午夜之后才回家休息，然后，清晨又回到机房。

几个月的艰辛有了最初的回报，翌年春节前，他成功地用计算机证明了初等几何的一些定理。吴文俊深感振奋，继续拼搏，全面扩大战果，更多的几何定理被他用机器证明出来。1979 年，吴文俊的最新科研成果《几何定理机器证明的基本原理》得到学术界的高度评价，荣获中国科学院自然科学一等奖。

1984 年，"全美定理机器学术会议"在美国科罗拉多州丹佛市近郊的格里美大学举行，100 余名与会专家、学者全是国际数学自动推理领域的精英人士。一个不被人注意的来自东方的年轻人向大会提交了一篇《用吴方法证明几何定理》的论文，并用电脑现场演示，他叫周咸青。当他轻松自如地用短短十几分钟证明了几百条几何定理时，整个会场轰动了。此前，所有几何定理的机器证明均沿袭泰斯坦或希尔伯特的路线进行，而眼前这位年轻人却另辟蹊径，用自成体系的"吴方法"做得更快更好。老一辈的数学精英们当然记得，当年在巴黎有个叫吴文俊的中国人，对拓扑学示性类平方运算及其流形给出了明确、简洁的表达式，该表达式被国际学术界誉为"吴公式"。而今，"吴方法"再露头角，给国际学术界以更大的惊喜。学术会议结束后，美国《自动推理杂志》主编亲自致函吴文俊，希望能在该杂志发表他的扛鼎之作《几何定理机器证明的基本原理》。

他的成就被广泛应用于高科技领域

吴文俊再次声名鹊起，多方学术邀请纷至沓来。1986 年，67 岁的他欣然来到美国，进行学术交流。

在国际顶尖级的阿格纽国家实验室，吴文俊看到专家们对用电脑从开普勒定律推导牛顿定律一筹莫展，他就用自己带来的电脑软件，干脆利落地完成了自动推导工作，在场者无不惊叹莫名。更令他们想不到的是，眼前这位谈锋甚健、满头银发的大数学家，其成果竟然源自中国古代数学的大智慧与现代高新科技的完美结合。

同年，吴文俊再次被邀请到国际数学家大会，向全世界介绍他这一独创性发现。吴文俊的研究成果——"吴方法"与"吴消元法"，开创了一条与西方迥然不同的数学机械化——定理机器证明的道路，居于世界领先地位。早在18世纪，法国大科学家笛卡儿和德国大科学家莱布尼茨曾提出一个大胆的设想，那就是，以机器代替大脑来促进数学研究与人类思维方式、方法的变革，如今，这一设想正逐渐变成现实。20世纪80年代，美国计算机科学界权威人士曾联名致信中国国家领导人，认为吴文俊先生"第一流的工作"，"独自使中国在该领域走上了世界领导的岗位"。

1989年，中国科学院数学与系统科学研究院成立了数学机械化研究中心，对"吴方法"和"吴消元法"展开大量和全面的后续性研究工作。在吴文俊亲自担任主任的这个中心，他的成就正被广泛应用于高科技领域，相继取得一系列国际领先的科研成果，诸如曲面造型、机器人机构的位置分析、智能计算机的辅助设计、信息传输中的图像压缩技术等。在吴文俊的带领和影响下，该中心已经造就出了一支高水平的数学机械化研究队伍，在国际上被称为"吴学派"。

中华先人的智慧将引领数学的未来

与此同时，吴文俊对中国数学史进行了持续多年的深入研读，获益匪浅。作为一位具有战略眼光的数学家，他经常思考的一个重要问题是：未来的数学应当怎样发展？是中国数学的古老智慧给了他莫大的启发。

中国古代数学曾经获得高度的发展，有着属于自己的辉煌，直至公元14世纪，中国仍是名副其实的数学强国。然而，由于东西方文化在相当一段历史时期的隔绝，西方一些数学史家对中国古代数学的光辉成就知之甚少，甚至毫无所知。吴文俊对此作了正本清源、回归传统的全面研究，于1977年，他发表了题为《中国古代数学对世界文化的伟大贡献》一文。他指出，中国传统数学注重解方程，在代数学、几何学、极限概念等方面既有丰硕的成果，又有系统的理论。中国传统数学强调结构性、算法化，注重解决科学实践和生产实践中提出的各类问题，往往把得到的结论以各种原理的形式予以表述。他把中国传统数学的思想概括为机械化思想，而这正是贯穿中国古代数学的精髓所在。

十年后的1987年，吴文俊发表了更加重要的论文《中国传统数学的再认识》，引起国内外数学界的极大兴趣。他提出，中国传统数学虽没有素数和因子分解这一类概念，却用求"等"之法，创立了大衍求一术，即中国的剩余定理；中国传统数学虽没有平行线和角度的概念，但在解决实际的测量、面积、体积和圆周率的计算中，却发展了与欧几里得完全不同的几何学原理；中国传统数学中有世界最早的线性方程组矩阵解法和以勾股术、天元术、四元术为主的高次方程解法；中国最早完善了十进位制记数法，引入负数、分数和小数，是最科学的实数系统等等。

吴文俊对中国古代数学的再发现，使他成为当代真正理解中国古代数学的第一人。他的再发现对于未来数学的发展几乎具有里程碑般的意义，"我国古代机械化和代数化的光辉思想和伟大成就是无法磨灭的"，吴文俊兴奋地说，他认为，中华先人的智慧将引领数学的未来。

他的心声令我们永远感动

鉴于"吴方法"和"吴消元法"在高科技领域广泛而重要的应用价值，吴文俊的科研成就在国际学术界受到高度推崇，先后荣获第三世界科学院数学奖、陈嘉庚数理科学奖、首届香港求是科技基金会"杰出科学家"奖和 Herbrand 自动推理杰出成就奖。

2001 年 2 月 19 日，吴文俊院士与袁隆平院士同获 2000 年度首届国家最高科技奖，这是某种意义上的国家科技终身成就奖。吴文俊院士与袁隆平院士获此殊荣，当之无愧。

对于历经半个多世纪以来的拼搏所取得的丰硕成果，吴文俊谦逊地表示："不管一个人做什么工作，都是在整个社会、国家的支持下完成的。有很多人帮助我，我数都数不过来。我应当怎样回报老师、朋友和整个社会呢？我想，只有让人踩在我的肩膀上再上去一截。我希望我们的数学研究事业能够一棒一棒地传下去。"

这就是吴文俊——我们中华民族引以为豪的杰出科学家的心声，这心声令我们以及我们的儿孙永远感动。

气若彩虹品如兰

——记天体物理学家程茂兰

程新民　程宝怀

　　2008 年秋，国家天文台在河北兴隆观测站举行建站 40 周年及缅怀程茂兰先生的集会，我们作为程茂兰的亲属应邀参加。归来之后，写下小诗一首："海外求索卅二年，归报祖国心毅然。殚思极虑攻天体，气若彩虹品如兰。"诗虽然短小，却概括了大伯程茂兰建设和发展祖国天文事业，孜孜不倦、无悔追求的一生。

从小表现出对天体物理的极大兴趣

　　大伯程茂兰，1905 年农历九月十八日出生在河北省博野县沙窝村。他自幼聪颖勤奋，好学上进。八岁时拜本村前清秀才程文翰为私塾先生。十几岁时，一本残旧的《晋书·天文志》使他对浩瀚的宇宙和茫茫星空产生了浓厚兴趣，这为他以后从事天体物理学的研究埋下了希望的种子。1924 年，他以优异的成绩毕业于保定省立第六中学。1925 年进入北京北安留法预备班。同年秋，20 岁的他离开父母妻女，远涉重洋赴法勤工俭学。由于当时家庭条件并不宽裕，父亲程洛棉务农兼作木工，借遍了村里村外所有的亲戚朋友，才勉强凑够路途的费用。

赴法勤工俭学

勤工俭学的生活是异常艰苦和紧张的，白天做工，夜晚学习，一切都是从零开始。1926 年，大伯进入查尔中学补习班学习法语，一年后转入拉尔斯综合工科学校。此间他认识了不少来法的中国青年：高阳的王守义（旅法侨民领袖）、张德禄、王书堂等，他们以后都成了各个领域中的精英。三年后，大伯因学习成绩优异，获中法大学的资助而进入雷蒙大学数理系。1932 年获学士学位后，又进入里昂大学数理系攻读硕士学位，并获得法国国立科学研究中心的奖学金。1934 年获得硕士学位后，他跟随 J. 迪费教授攻读天体物理学。迪费是法国著名实测天体物理学专家，专长于天体及夜天光光谱分析，当时任里昂天文台台长，并负责筹建法国最大的天体物理台——上普罗旺斯天文台。他指导大伯从事两项研究工作：著名的 B 型发射线星仙后座 γ 的光谱研究及著名的食变星英座 B（大陵五）的光度研究。

正当大伯全身心投入研究工作之际，1937 年卢沟桥事变发生。日本人在中国烧杀掳掠，无恶不作。日本军人的暴行传到法国，勤工俭学的学子们义愤填膺，纷纷要求回国参加抗日工作，大伯也不例外。他恨不得马上回到国内，加入到全国人民的抗日战斗中去。但考虑到大伯体质较弱，在法同乡会做出安排，要他继续留在法国完成学业，用科学知识报效祖国。这样，大伯才安下心来继续深造。就是在这种情绪的激励下，大伯刻苦学习，废寝忘食，终于在 1939 年以两篇优秀论文获得法国国家数学科学博士学位。

正当大伯学业有成、准备回国之际，1940 年 5 月，德法战争爆发。法国国内一片混乱，铁路破坏，港口封锁，联络中断，处处炮火硝烟。无奈，在导师和同事们的挽留下，大伯继续随导师先在巴黎天体物理所，继而在里昂和上普罗旺斯天文台进行天体物理研究。在这个非常时期，他不顾个人安危和艰辛，以中国侨民身份留守天文台。他以对法西斯暴行的仇恨和中国人主持正义的信念，尽自己最大的力量，帮助反法西斯游击队员护理伤员，传送食品药品。他还和志同道合的女友玛丽·布洛什机智地掩护了不少同事和学生。为了表彰大伯和中国同志的功劳，战后法共中央总书记多列士特地接见他并向他致谢。

在法取得优异成绩

战后，法国经济萧条，物资匮乏，大伯工作的天文台也遭到了破坏，许多仪器和设备都受到了损害，这使他的研究范围受到很大影响。但是大伯以中国人特有的吃苦耐劳和拼搏进取精神，克服重重困难：仪器缺乏就从旧货摊上寻来光学元件拼凑，有些找不到的零件就用相似或近似的物件代替……他利用可获得的各种条件，尽量选些可能获得结果的研究题目。当时，人伯工作条件并不先进，而是十分简陋，他常用的仪器也仅是口径 0.8 米及 1.2 米的中小型望远镜和一些简单的棱镜摄谱仪。但就是这样，凭着他夜以继日的工作和严肃认真的科学态度，在1939 年至 1957 年间，共发表在世界天文领域中有较大影响的论文68 篇。

由于科研成果丰硕，大伯的学术地位不断提高。1942 年，他晋升为里昂和上普罗旺斯天文台副研究员。1945 年晋升为研究员。1949 年 10月成为法国国立研究中心的研究导师，这是一个外籍研究人员所能获得的最高职务。1956 年，他获得法国教育部颁发的骑士勋章。为了能留住大伯长期安心在法国工作，法国政府决定给他提供两个大学教授的职位和相应待遇，并安排了高级住宅。但是大伯说，我是炎黄子孙，我的根在中国。

被周总理任命为北京天文台第一任台长

新中国的成立，使大伯看到了中华民族复兴的希望和矗立世界民族之林的力量。与此同时，海外学子不断创造的学术成果也日益引起国内有关人士的关注。1955 年，国家派文化交流代表团去法访问，周恩来总理特委派画家王雪涛去法国了解大伯程茂兰的情况。回国后，王雪涛特地去河北博野县沙窝村大伯的老家看望，当得知他的弟弟程茂山即在北京国家第四机械工业部工作时，即找到程茂山，告诉他大伯在法国的地址及通信方式，并希望叔父程茂山尽快与他联系，告诉他祖国日新月异的变化。就这样，叔父时常与他通信述说思念之情，并时常寄去杂志画报等有关资料，使大伯能详细了解国内大好形势。就这样，在周总理的直接关怀下，在中科院吴有训副院长等有关方面人士周到的安排下，茂兰大伯终于抛弃了优越的工作和生活条件，克服重重阻力，绕道瑞士于 1957 年 7 月回到阔别 32 年的祖国。

大伯以自己的爱国行动赢得了党和政府的信任。很快，周总理亲自签名，任命他为北京天文台筹建处主任，一级研究员，后改任北京天文台第一位台长。任职后，大伯仔细分析了当时中国天文学领域的状况，认为首要任务是抓基础设施建设，其次是培养天文科技人才，再次是对 2.16 米望远镜的建设，最后是与国外进行广泛的学术交流。

之后，大伯全身心地投入了工作。在我们的记忆中，老家到北京只相距四五百里的路程，然而大伯自回国这 22 年的时间里只回过两次老家，每次也只是在家小住三五日，便匆匆返回京城。

1958年，我（程宝怀）在河北北京师范学院（河北师范大学前身，当时校址在北京）读书，校址在土城子附近，离大伯住处很近，他便要我每个休息日去陪他并同他小住。每次去后，我们只是在客厅或院落中聊一会儿家常，他便进他的办公室工作了。每天我睡醒一觉后，见他房间灯还亮着，并且几乎天天如此。有一次大概已后半夜，我见大伯屋里还亮着灯，就披衣走过去。我说，大伯你身体不好，可要留心啊！他放下手中的笔沉思片刻说："我睡不着呀，总理叫我挑的这副担子很重，我如做不好，没法向总理交代啊！"

家乡的亲戚朋友知道茂兰大伯在北京工作，有事进京的时候都要去看望他，每年都有不少次。人们不知道这样会过多分散他的精力。记得父亲曾说，因为这样的情况，大伯叫叔父给乡亲们捎话，说不要再这样单独来看望他，要来就多来几个，来了他好好招待一下。这之后，人们才知道大伯的时间是如此宝贵，工作是如此投入了。

为新中国天文事业呕心沥血

在基础建设中，天体物理台址的勘造工作十分重要。他是第一个把近代国际天文选址概念和方法引进中国的天文学家。为取得第一手资料，他不顾自己年老体弱，带领一支由青年人组成的队伍，在海拔1000多米燕山深处的荒山密林中风餐露宿、顶风冒雪地工作。他或扶拐，或骑驴，或相互搀扶，攀爬跋涉，走遍了山山岭岭，从河北的涞水、易县，到香山附近，再到门头沟，最后选择了最理想的河北兴隆。这数月数日的繁忙，每一步、每一寸土地，都渗透着大伯的心血和汗水。

十年树木，百年树人。培养新生的天文科技人才，是大伯费心费力、投入最大的一项。记得大伯的女儿桐姐说过，大伯晚年身体不好，时常去宽街附近的一家医院做针灸治疗。一次大伯收拾完毕在门口的路旁等车，恰好他的一位学生前来求教，两人就在路旁的树荫下交谈起来。大伯由浅入深、由表及里地给学生耐心讲解、论证，不知不觉过去了一个多小时，直到听见汽车的喇叭声，他才回过神来，拍拍脑门说，又失约了，真对不起！和医生又失约了，这一"又"字，可以看出这样的情况不止发生过一次。据有关资料记载，他不但自己亲自带学生，言传身教，耐心指导，还支持北京师范大学建立天文系，同时寻求在北京大学地球物理系设立天体物理专业，还设法在北京天文台筹备处以中国科技大学二部的名义开办天体物理训练班，招收学生。这些措施对于我国天文事业的发展是非常必要的，而这些人员在以后我国天文领域中都做出了不小的贡献，成为我国天文界的中坚力量。

要发展我国的实测天体物理，必须有聚光本领足够强大的光学望远镜。大伯回国后，即建议向英国一家公司订购口径 1.8 米左右的光学望远镜，但谈判未能成功。在这种情况下，他提出要自力更生研发我国自己的高倍望远镜的建议。他亲自组织力量，搜集资料，设计图纸，反复讨论，并亲自率队赴南京、长春等地召开研究会议，详细讨论，提出自己的意见，并在全国人大会上提出议案。他还亲自考察了北京龙山玻璃厂和成都玻璃厂，并积极支持在上海新沪玻璃厂研制这种望远镜。就这样，他们一步步向着我国自力更生研制 2.16 米望远镜的道路迈进，并希望赶上或超过世界先进的天体物理光学仪器水平。

增进与世界各国天文科学工作者的友谊，促进与外国天文界的学术交流，是茂兰大伯的另一项重要工作。回国后不久，他便率团参加了在莫斯科举行的第十届国际天文联合大会。1966 年，他以北京天文台台长的身份去法国访问，与阔别九年的同事朋友们交流新的科研成果，为加强中法科技界与人民的友谊，奠定了长期合作的基础。1977 年后，他又多次接待了许多来自法国、美国、英国等地的访问团，这些活动恢复了多年中断的中外合作交流，并对恢复我国在国际天文学联合会的合法地位起到了积极的促进作用。

不幸的是，正当大伯怀着一颗赤子之心努力工作之际，因积劳成疾，旧病复发，大伯于 1978 年 12 月 31 日去世，享年 73 岁。回国 22 年间，大伯兢兢业业，全身心地投入工作。他的工作得到了党和国家、人民的赞誉，并给予不少的荣誉。他是第二、第三届全国人大代表，中国天文学会第二、第三届理事会副理事长，中国科学院数理化学天文委员会副主任委员，等等。

为了永远纪念这位中国近代实测天体物理学的奠基人和他的卓越功勋，2001 年，在河北兴隆观测站建立了高八尺的程茂兰半身铜像。以程茂兰命名的、国际永久编号的第 47005 号小行星也永远在浩瀚的星空中闪烁翱翔。

长空做证，气若彩虹，品如幽兰。

国庆十大建筑设计追忆

张开济①

漫步在长安街上，那神秘而富有特色的建筑是最吸引人的。1959 年国庆十大建筑不但在工程设计方面有所创新，而且创造了惊人的竣工速度，堪称建筑界的奇迹。本文现撷取其中的几朵花絮，以飨读者。

国庆工程的"总设计师"周恩来

周恩来总理在 1959 年国庆十大建筑工程中，不仅总抓全局，而且往往亲自出谋划策。例如人民大会堂观众厅的平顶，采用"水天一色"的办法来处理，就是总理出的点子。人民大会堂和革命历史博物馆面向天安门广场的两个主要立面的设计，也是经过总理的指点和批准的，人民大会堂的立面采用实廊和圆形的廊柱，而博物馆则采用空廊和方形的廊柱，两者在统一之中，有变化和对比，遥遥相对，相得益彰。由此可

① 张开济，北京市建筑设计院总建筑师，中国建筑设计大师。

见，总理不仅重视单幢建筑的美观问题，而且还注意到建筑群体的美和全局的美，因此称总理为国庆工程的"总设计师"，是当之无愧的。

总理抓国庆工程首先是从整体和全局出发，但对于建筑细节也毫不放松，例如总理在认真细致地看了博物馆的立面图之后，认为立面上廊柱的比例显得太瘦长了，因此要求把廊柱径放大一些。从立面图来看，的确有此问题，总理的眼光是很尖锐的。不过方形的柱子从透视的角度看，必同时看到两个面，两个面合在一起，就比单看一个正面显得粗了。在这方面我是有过经验教训的，在 50 年代，我和刘开济同志一同设计北纬路旅馆时，曾把正门的廊柱设计为方形，当时在立面图上感觉到柱子的比例很好，可是建成之后，却发现这些廊柱很粗笨。因此得出一个结论，就是方柱不同于圆柱，其柱径不能仅仅从立面图上来决定。后来我见到总理，就把这番道理向他谈了，总理听了认为我言之有理，也就同意不加粗柱径了。这件事说明总理工作非常细心和认真，同时又虚怀若谷，能够倾听和采纳不同的意见，绝对没有那种"我说了算"的家长作风。

总理对工作要求很严，对人却是十分谦和。有一次我陪同总理等一行人在人民大会堂工地踏看，并从人民大会堂屋顶上俯视博物馆建筑，总理看到我时，不等我开口就很亲切地对我说："你忙得怎么样了?"我一时竟不知如何回答是好，因为我当时分工负责博物馆和迎宾馆两个工程，每天奔走于天安门和玉渊潭之间，往往要到很晚才能回家吃一顿热饭，实在够忙的，但是和总理的为国操劳，真正的"日理万机"相比，那就算不了什么了，可是总理竟首先向我慰劳，则不能不使我感激之余深感惭愧了。

革命历史博物馆的 "点睛之笔"

革命历史博物馆开始设计时，北京市建筑设计院和清华大学建筑系都参加了方案评选，经过多轮评选，均不能做出最后选择。为了博得评选者的注意，双方都画了大幅的五彩渲染图，经过一次又一次的评比，透视图也一次比一次大，色彩一次比一次鲜明。双方方案虽各有千秋，而实际大同小异，难分高下，不过清华的同志在介绍方案时说得有声有色，并且还能提高到设计思想性的高度，颇使设计院的同志相形见绌，自叹不如。当时清华大学带队的是蒋南翔和刘小石同志，我则代表设计院，主持会议者是当时文化部副部长钱俊瑞同志。在双方相持不下的情况下，俊瑞同志就对我说："你是老大哥了，应该让让小弟弟们。"最后协商结果，由建筑设计院和清华大学建筑系共同设计，而由我负责主持其事。我深感责任重大，所以此后凡事都召集双方人员共同设计方案，共同讨论，协商解决。

革命历史博物馆门廊上部正中有一组由五星和红旗组成的装饰图案，这是此项工程的"点睛"之笔。在当时采用何种材料来做此图案，是经过一番斟酌的。当时的吴晗副市长分工负责国庆工程的艺术装饰问题，我向他当面请教此事，他明确地说："目前，限于时间和造价，只能暂时以一般材料制作，将来国力富裕时，再改用比较贵重的材料，甚至于用宝石镶砌亦不算浪费。"其爱国爱党之心溢于言表，结果就用了现在水刷石加涂料的简易做法。1989年我去曼谷出差，发现泰国的古建筑金碧辉煌、光彩夺目，盖都是以五彩或金色的玻璃马赛克一类材料饰面的，因此革命历史博物馆的这组旗徽将来也可以用同样的材料来制作，效果肯定要比现在好得多。

说起这点睛之笔，我又想起在"文革"时期发生的一件事。一天有一批红卫兵前来找我，气势汹汹地责问我，博物馆大门上的一组红旗正好是八面，这影射什么？是何人授意？要我好好交代。我答复这些红卫兵说："这组旗徽是中央工艺美术学院罗无意教授设计的，他是完全根据我的建筑设计意图而设计的，所以有问题我完全负责。"我又说："在我的设计意图中，红旗就是用来象征革命。至于八面之数，则完全是根据图案长度的需要而定，并无其他用意。一定要说这数目代表什么，那就只能代表八路军了。"结果这些来势汹汹的红卫兵无话可说，只能偃旗息鼓而去。

迎宾馆的几点遗憾

为了争取时间，国庆工程几乎都是边设计、边施工的，这就容易出现各种错误，有的就成了永久的遗憾。

迎宾馆的大门是我亲自设计的，连门灯的设计草图也是我自己画的，可是这一对门灯做成之后，却发现和下面的门墩相配显得太小了。后来细细查看图纸，才知道负责绘图的同志把比例尺搞错了，可是重新制作，时间上已经不允许了。于是只好在灯座和柱顶之间加了一些线脚作为过渡，这样才把这对门灯勉强用上去了。如果今天有人注意一下迎宾馆大门口，就会发现这大门墩的形式有些像一个人戴了一顶尺寸小一号的帽子！

迎宾馆工程的甲方是外交部，当初外交部派来了几位干部来和我们一同草拟设计任务书。这些同志可能过去接触苏联早期建筑比较多，所以对于宾馆内部房间的面积和高度提出了太多和太高的要求（尤其是对高度）。我费了很多口舌与他们据理力争，总算稍稍降低了一些尺度，但是总的来说，还是偏于高大。有一次陈叔通老先生（曾任全国人大常委会副委员长和全国政协副主席）对我说："你们设计的宾馆，房间太高太大，我这个小老头子睡在那里感到空空荡荡，很不舒服，我在汉口住在一家外国旅馆里（过去的德明饭店），那里的房间大小高度比较适中，使我感到很亲切，所以你们建筑师一定要懂得房间并不是越高越大就越好住啊！"陈叔老是我的世交长辈，而且言之有理，我对他的教诲当然只有唯唯称是，可是他不知我又何尝不懂得这个道理呢？

总之，由于时间紧迫、经验不够和其他种种原因，迎宾馆工程是存在不少缺点的，不过我认为当时刘仁等领导同志所决定的一些设计指导原则，现在看来仍然是完全正确的。这个原则就是采用分散式的低层建筑，围绕以中国式的小桥流水和庭院，这样既与原有的钓鱼台古建筑协调，又有别于城内高大宏伟的古建筑，使之别有一种风格和情趣。可是现在迎宾馆的院子内，却新建了一座三层楼高、琉璃瓦大屋顶的大型宫殿建筑。我未曾被邀参与这个设计方案的讨论，否则我是会坚决反对这样搞的。因为这庞然大物的复古建筑给人的印象是把中南海的宫殿放大后搬到了钓鱼台的旁边，它不仅使钓鱼台已有的建筑群完全失去了原有的风貌和尺度，也和刘仁同志原来的意图完全背道而驰了。

建筑界的奇迹，中国人的骄傲

人民大会堂、革命历史博物馆、北京火车站等国庆十大建筑工程，从规划开始，到设计、备料、施工，最后到全部竣工交付使用才花了不到一年的时间，实际上只用 10 个多月的时间，这是世界建筑界的一个奇迹。当时许多国外人士都不相信，竣工之后，我曾陪同一些外国建筑代表团实地参观，他们还是将信将疑，怀疑我们是否暗中早有准备。这也难怪他们，因为过去一般较大的工程都需几年的工夫才能完成。有些伟大的建筑往往要造几十年，有的甚至于上百年，因此我国的国庆工程的确是一个空前的奇迹。这个奇迹是在党的领导下，全国人民上下一心、八方支援、群策群力、艰苦奋斗、忘我劳动所创造出来的。这个奇迹更是社会主义制度优越性的一个具体的表现，因此它的成功是我们全国人民共同的骄傲。

国庆工程除了它惊人的速度之外，在建筑艺术创作方面也有很大收获，为此我曾在 1961 年某期的建筑学报上发表文章专题讨论这个问题，这里就不重复了。我认为在国庆工程中还有一个特别值得我们重视的问题，那就是在设计、施工、材料各个方面都是我们中国人自己一手包办，独立完成，全无借助外力之处，这是十分值得我们引为自傲的。回顾近十多年来，一些较大工程不少是外国人设计的，有的虽是中国人自己设计的，可是内部装修往往求助港商，而且还广泛使用高贵材料和进口材料，例如价格昂贵的意大利磨光花岗石，在国内，尤其是在北京到处可见。看来当年国庆工程那种自力更生、艰苦奋斗的作风，今天更应发扬光大。这是十分重要的。

永不泯灭的丰碑

——建筑设计大师张镈的创作之路

金磊　李沉

　　3 月的北京，春回大地，万象更新。随着 21 世纪第一次"两会"的召开，人民大会堂再次成为众人关注的地方。来过大会堂的人成千上万，而知道大会堂的设计师张镈先生的人却屈指可数。

早期的学习与实践

　　1911 年 4 月 12 日，张镈出生于官宦之家，他的父亲张鸣岐曾任清末两广总督。张镈走上建筑设计这条路，应该感谢他的大哥张锐。自从听到大哥介绍建筑学具有艺术和技术的双重性之后，他便对这个专业有了好感；再加上著名建筑学家梁思成与张镈家是世交，于是便领他走上了建筑学之路。1930 年，张镈考进了东北大学，在梁思成等老一辈建筑学家的门下学习；"九一八"事变后，转入南京中央大学建筑系继续学习。

1934 年，大学毕业后的张镈来到了基泰工程司。基泰工程司是当时中国最著名的建筑师事务所，是建筑学专业的毕业生最向往的地方。他在这里得到了著名建筑师杨廷宝的悉心指教，并充分发挥了自己的才智和技能，多次出色地完成设计任务，受到基泰老板的奖励。

最令张镈难忘的是在他任天津北洋大学建筑系兼职教授时（1941—1944），带领 20 多名大学生为北京中轴线作了详细的测绘，其中以故宫三大殿尤为精彩，全部工作完成后绘成大张图纸 360 幅，全被当作珍贵资料保留。原作现收藏于国家文物局。1990 年，张镈特将自己请北京大北照相馆翻制的全套底版赠交北京市建筑设计研究院保留。据张镈生前讲，这不仅是他研读中国古建文化的开始，更是一笔不可估价的历史珍贵档案，同时也表明了他对中华民族传统的无比珍爱。

推陈出新的友谊宾馆

1951 年 3 月 26 日，张镈由香港回到北京。之后，就立刻投入社会主义建设之中。那时，国家百废待兴，基础设施建设的任务巨大：张镈与同时代的建筑师们一样，被那火热的激情和干劲所感染，在不长的时间内，就完成天桥剧场、新侨饭店、友谊医院、亚洲学联疗养院等众多建筑的设计任务。而友谊宾馆可以说是张镈先生此时期的代表作品之一。

那时，国家正在进行大规模的建设，请来许多外国专家。为了给他们的生活提供相对好一些的条件，国家决定为这些专家建设公寓住所。张镈在接到这个任务后，首先对建筑所要求的环境及条件进行了充分的调查和论证，他还特别吸取了已建成的新侨饭店等建筑的成功经验，依据建筑所处的环境、条件及要求，提出了既保持民族特色，又富有新变化的设计方案。在形式风格上，张镈提出了采用中国传统形式的风格特点进行表现，这样设计在感观上有异国情调，在内容上力争做到舒适、方便，使外国专家有宾至如归的感觉。

在整体布局方面，张镈提出要采用中国传统庭院布局的手法予以表现。他在主楼中部作了极有民族特点的重檐歇山大屋顶的设计，以此来突出强调民族风格和特点；其配楼及工字楼的体型打破以往的定式和规律，并结合体型的进退有了新的变化，从而使较长较大的建筑产生曲折、玲珑、多变和丰富的天际线，并且更加突出主楼的主位特点。方案中还特别强调了依照传统进行院内大面积的绿化，从而使这一建筑更独具特色。

在设计过程中，张镈不但吸收和继承了许多优秀的民族传统技法，并在此基础上进行了许多新的革新与尝试。在实践过程中，他看到大屋顶在施工过程中工艺非常复杂，且使用的各种材料也很昂贵，便决心对设计方案进行改革。在进行友谊宾馆二期工程的扩建中，设计只是在主体建筑上采用一个较昂贵的大屋顶，其余配楼、俱乐部及其他用房多用小亭及其他表现形式，这样做既在形式上避免了喧宾夺主，也在经济上减少了不少投资，为国家节约了可贵的资金和材料，同时还可缩短施工周期。

在设计友谊宾馆俱乐部的时候，张镈将其建筑位置安排在了餐厅与礼堂之间，这样做可以真正体现出张镈先生对如何充分利用建筑空间和功能的精心安排和设想。俱乐部内平时可设移动式的文娱器具，开盛大宴会或酒会时可兼作餐厅的扩展空间；在礼堂开大会时，与会人员可通过连接门到达此处，俱乐部可兼作会议休息室。而当遇到有大型演出时，可以临时隔断餐厅，而俱乐部又可作为临时后台之用。张镈当时就已经想到了多功能厅的综合使用问题，这种设想在当时实属超前意识。

友谊宾馆的设计，使当时 43 岁的张镈享誉国内外。他的恩师、我国当代著名建筑学家梁思成先生对此十分赞赏，高兴地说友谊宾馆设计是"青出于蓝而胜于蓝"。国外权威的建筑史册亦称"北京友谊宾馆是公认的中国 20 世纪 50 年代最早的新民族风格的成功尝试"，并把张镈列于中国现代 16 位著名建筑师的榜首。

民族风格的杰作：民族文化宫

1951 年，毛泽东主席曾在一次政治局会议上提出："解放了，民族平等了，我们要为少数民族在北京盖一座宫殿。"于是当时的国家民委就向中央提出兴建民族文化宫的建议。直到 1956 年，此项方案才开始实施。之后，民族文化宫被郑重地纳入了向国庆 10 周年献礼的建筑蓝图之中，成为国庆"十大工程"之一。由于民族文化宫是一组多功能的建筑组群，此外，还要考虑其所处的市中心的位置及环境，这也为建筑师进行创作增添了相当的难度，同时也激发出建筑师的创作灵感和创作欲望。

1956 年，张镈开始接手这项设计。在设计之初，民委的同志一再强调，为尊重来京公出、探亲访问的少数民族来宾心理，要注意他们好住高楼的特点，文化宫必须有高层建筑以表示其敬意。此外，在贯彻勤俭建国方针的同时，还要千方百计地争取做到在建筑设计上取得与周围环境相互协调的效果。尤其要注意，民族文化宫是全国 56 个民族大团圆的场所，它应该能表达出我国各民族的文化、艺术及崇高的民族精神，表现手法一定要是民族的，而且要表达出多民族的特性和共性。

设计方案几经修改后，于 1958 年初送审，经乌兰夫副总理和当时的民委主任邀请陈毅、贺龙、李富春、李先念、习仲勋等其他 11 位副总理在北京饭店开会听取介绍并共同讨论后一致通过，于 1958 年破土动工。

由于当时"左"倾思潮在艺术创作上的横加阻拦，有些人一谈到民族传统形式就有"谈虎色变"之势；一些人对张镈的做法表示不理解。但为了能给后人留下精美的艺术作品，为使民族传统发扬光大，张镈仍坚持自己的观点和主张。为了解决不同功能、内容的使用以及每项都有其相对独立的要求，张镈经过反复研究，认为应用若干联结体，组成整体的总平面布局手法，结合重台高台之上雄踞主塔和边廊的办法，可以使每项功能各得其所。从这两点来说，可称是传统布局之神似。而在具体部位上，则舍弃沉重、压抑的大屋以亭、台、楼、阁等体型较小，轮廓丰富的轻巧体型。

为尊重民族习惯并突出民族文化宫特有的韵味，并使之减少干扰，又节约投资，张镈设计了"塔"的造型。为了使塔身挺拔高耸，他还设想使主塔稳坐在二至三层的平台之上，其设计取材于类似故宫三大殿和天坛祈年殿的手法，以玉石栏杆围成层层台座，衬托起主塔主题；而重台之下的大量空间，刚好可以安排多种功能的厅室；为使塔身更加秀丽挺拔，他修改了原设计中的尺寸比例，从而使塔身更加修长。

在塔身的外部造型上，张镈在塔顶做了个方形重檐钻尖方亭。再经过分段处理，使每段有相对独立的体系，打破了只在高塔上戴小帽子的做法。在塔身上部中心挖空，四面朝外的房间作为各少数民族陈列室，并可通过半圆梯拾级而上到顶层，顶层为眺望厅，站在此处，长安街及天安门广场一览无余。在立面及透视角度上，大胆运用视错觉的规律，并结合电梯机房和顶层出口，在方亭四角做出四个改良的井式小亭并围出平台栏杆，在方塔上加横向台座，上承方亭。经过长短对比和合理划分，既加强了四个小方塔的相对独立性，又为主塔与小方塔产生一组过渡的有机联系。再加上塔身7层各设玻璃挂落板，从色彩和用料上连为一体，而弥补了只有方塔一根直线的呆板不足之处。在重台两层之上，又设计了玉石栏杆，这也极大地丰富了整体轮廓线的造型。在外部色彩上，他还设计了用孔雀蓝色，配以纯白面砖，再加上汉白玉的栏杆台座，配以澄浆泥的磨砖对缝，使整个建筑在色彩上独具特色。

尤应提及的是，他还根据简化了的小方亭和女儿墙的处理，做了重新配套设计，从而使整个建筑更加和谐统一。他还充分利用施工地形东高西低的特殊现状，巧妙地将送风、回风、空调、给暖、水、电等多种管线一并纳入地下，使地下室的空间从天罗地网的各种管线、风道中解放出来，再加上亮井为自然通风，采光作以补充，从而获得了完整、干净的空间面积，为俱乐部更好地安排游艺室、健身房、酒吧等各种活动项目创造了条件。此外，在面积有限的地方，张镈还设计了拥有1200个座位的剧院、图书馆、中西及清真餐厅等设施。

1959年的国庆"十大工程"中，民族文化宫是其中用地较小、面积最少、内容较多、风格独特的建筑。呈"山"字形的平面造型，土黄色花岗岩台基，纯净无色的釉面砖墙，孔雀蓝琉璃瓦宝顶，使它光彩照人，成为民族传统风格建筑的经典之作。有专家称：民族文化宫是建筑民族化风格设计的典型代表。在20世纪90年代北京市举行的"群众喜爱的具有民族风格的新建筑"评选活动中，有50座建筑光荣入选，民族文化宫名列第一。1999年6月20日（即张镈先生辞世10天前），民族文化宫又成为荣获20世纪当代中国建筑艺术奖的55项建筑之一。

当代建筑精品：人民大会堂

同张镈先生谈到以往他的设计，每次他总要提到人民大会堂，因为它既是中国当代的建筑精品，同时又是令世人瞩目的国家殿堂。

1958年8月，中共中央政治局在北戴河召开扩大会议，会议决定为庆祝新中国成立10周年，在北京建设一批包括万人礼堂在内的重大工程；万人大礼堂的地点，选定在天安门前，其建筑设计方案同改建天安门广场一起考虑。其实，早在延安时期，毛主席就曾说，革命成功后，一定要建设一个容得下万人的大礼堂，使党的领导和群众能在一起商讨国家大事。

1958年9月5日，北京市召开了国庆工程动员大会，之后，组织了全国17个省、市、自治区的上百位老、中、青设计专家来京，共同参与人民大会堂等国庆工程的设计工作。经过多次方案的论证，最终选定了赵冬日、沈其等人设计的人民大会堂方案。

1958年10月16日，张镈被任命为人民大会堂总建筑师，统管全部设计工作。受命之后的张镈兴奋异常，之后便夜以继日地全力投入这项工作之中。

人民大会堂是我国最高权力机关的所在地，是制定国家大政方针及政策的政治场所，是国家政治生活中不可缺少的一个重要部分。人民大会堂同时也是全国各民族大团结的象征，是人民当家做主的象征。可以说，人民大会堂的建筑艺术，是一个极为复杂的问题，由于特殊的政治意义和突出的地理位置，在形象上要求能够反映出中国人民的伟大气魄和国家美好的前景。既要庄重，又要活泼；既要朴素，更要壮观。

为了使人民大会堂建设得更好，身为总建筑师的张镈可谓竭尽全力，费尽辛苦。在建筑周围饰以柱廊，是古今中外设计重要纪念性建筑物常用的手法，这也是我国历史上人们喜闻乐见的形式。人民大会堂四周的廊柱选用高大挺拔的圆柱，除保留了传统建筑的风格外，还在比例、柱头与柱基处理方面有所发展。所有的柱高均为柱径的12.5倍，这比西方古典建筑和中国传统建筑中的比例都高，在柱头与柱基的处理上，则采用具有民族特色的卷草花纹，给人以古朴、大方的感觉。

为使整个建筑空间布局能够与使用要求紧密结合，特别是与天安门广场及周围建筑及环境相协调，并考虑到当时在施工、材料等方面的条件，张镈在设计中丢掉了以往建筑中压抑、沉重的成分，而代之以比较简洁、明快的手段。在檐头的处理上，他采用了平顶琉璃檐头，保留了中国传统建筑风格，并加以适当发展。在台基部分为了突出建筑的雄伟，张镈将 5 米高的台基分成上下两段，这样既可满足功能、技术、经济上的需要，同时也更接近人们的活动习惯。这种多台级、宽台阶的处理手法，使最终展现在人们面前的人民大会堂不再是高不可攀的宫殿，而是供广大人民群众集会与娱乐的活动场所。

在色调处理上，张镈也颇费心思。屋檐部分选用了黄、绿两种颜色，较好地突出了屋檐的立体感。墙面及一般廊柱选用了明朗的淡黄色，以摆脱传统古建筑中暗线或灰色的压抑感。东、北两面的入口，使用了银灰色大理石廊柱，在色彩和用料上使主要大门更加突出。台基则使用了淡红色的花岗石，不仅有较强的装饰作用，同时在色调上也能与天安门的红墙取得一定的联系。

人民大会堂的规模非常大。人民大会堂包括万人大礼堂、宴会厅、人大常委办公楼三大部分，建筑面积达 17.18 万平方米。万人大礼堂宽 76 米，深 50 米，顶部最高处为 33 米。主席台设计在西侧，台前有可容 70 人乐队的乐池，必要时可覆盖起来，以增加主席台的深度。台口宽 32 米，高 18 米，由两根高 45 米、2 米见方的钢筋混凝土柱子和 9 米高的钢筋混凝土大梁组成。其台深 24 米，可容 300 人以上的座席。东侧的万人会场呈扇形，上下共分三层，其中底层设带桌座椅 3674 席。大礼堂内设有灯光、扬声、空气调节等必备设施外，还在每个座席上安装了译意机，底层代表席位上还安装了即席发言的扩音设备。

二楼的大宴会厅大门向北，面临宽阔的长安街，总面积约 7000 平方米，中间无柱，高大宽敞，可同时安排 5000 人就餐。除此之外，在二层的交谊厅和四层的走廊两侧还设有 4 个中型宴会厅，每厅可供 300 人使用。

人大常委会办公楼在大会堂的最南部，设有会议厅、国宾接待厅、宴会厅及办公室。

据张镈先生回忆：万人大礼堂的设计，可说是人民大会堂中的难点。大礼堂内部造型和处理，除需满足设备安装、施工条件及声、光、电等多种专业的要求外，最重要的要确保全体在场人员既要听得清，又能看得见。

根据这一原则，张镈为了尽量缩小观众与主席台的视线距离与视线高差，采取了两层挑台三层座席的处理方法。但这样做，使大礼堂顶篷的处理增加了难度。如按一般礼堂那样，从礼堂后部向台口倾斜而下，势必会使楼上的人感觉压抑、沉闷；若做成平顶，则底层的人处在一个大空间内，会产生呆板空旷的感觉。多次研讨不定，不得已再次向周总理汇报。周总理对张镈等人说，人站在地上，并不觉得天有多高；站在海边，也不觉得海有多远。水连天、天连水的环境是一种启示，为什么不从水天一色和满天星斗方面出发去做抽象的处理？周总理的话为他们指出了新的思路和脱离迷津的途径。

张镈等人经过多次研讨，最后确定了建筑师"水天一色"的处理手法。即将大礼堂顶部设计成球面的窟窿形状，屋顶中央由镏金花瓣组成一个大葵花。中心镶一颗大型五角星顶灯，周围是三条水波形暗灯槽，内装白炽灯，灯光亮时蔚为壮观。同时，设计师也赋予其深邃的政治含义："五星灯代表党在中央，满天星代表人民群众，镏金葵花灯欣欣向荣，配以金光闪闪的金线，三圈水波纹暗槽灯象征中国革命历史三个阶段一浪高一浪的过程。"通过这样的处理，使观众有置身于宇宙空间的感觉。

人民大会堂经过广大工程技术人员和众多施工建设者的努力，只用了 10 多个月的时间就胜利建成。周恩来总理在《伟大的十年》一文中说："北京的人民大会堂这样大的建筑，只用了 10 多个月的时间就建成了，它的精美程度，不仅远远超过我国原有同类建筑水平，在世界上也是属于第一流的。"在人民大会堂庆功会上，他将张镈安排在主宾席上，在敬酒时说："我很满意，给你们打个 5 分。"

永不泯灭的建筑魂

张镈大师是 1930 年 9 月入东北大学，正式开始学习建筑的，若从即时算到他辞世的 1999 年 7 月 1 日，他的建筑生涯已近 70 载。他在 1993 年出版的国内第一部建筑师自己写就的传记《我的建筑创作道路》序中说："由于热爱这个专业，热爱解放了的中国，当年放弃了在香港的高薪，毅然回到北京参加工作。如果说，有一点真知灼见，也是党和人民在我吃一堑长一智的过程中，为我付出了沉重的代价。不管自己有无收获，有无真知灼见，也愿意把一得之愚，还之于养我、教我的人民。"张镈是这样说，更是这样做的。晚年的张镈，终日不仅仅是在工作，而是在与时间拼命。

1999 年 5 月，张镈于病榻上写就了长达 8000 字的"论建筑师从事创作的十点修养"，这是他献身建筑事业 65 载所总结的设计哲理，是融建筑创作为一体的科学观点。

张镈大师的病症是 1998 年发现的，但他仍全然不顾病情却更加关心北京城市的发展变化。他自己深知癌细胞的危害，但他在与命运努力进行着抗争。在他病逝前两个月，他还参加了人民大会堂的改造方案决策。人民大会堂、民族文化宫等"十大"建筑不仅留下他年轻时的灵感及辛劳，新中国成立 50 周年诸多改建的项目中也都倾注着他的心血。

1999 年春节，当我们登门向张镈先生求教并请他向青年建筑师谈一些希望时，他感慨地说道："旧时代的建筑师不可避免地感染了一些恶习，为了赚钱不择手段，尔虞我诈。改革开放尤其是在今天，我希望广大建筑师要警惕，要珍重建筑师这一高尚职业。当今科学技术飞速发展，这就需要我们的建筑师不断进取，在学习中实践，在实践中学习，才能设计出具有时代感的建筑精品。我虽然已经 88 岁了，但几乎每天都要思考，或创作或读书，无论多忙，建筑领域的几本大杂志我必读，因为不学习要落伍的。年轻人要学习，我们老一辈更要学习。"如此精神，如此人生，怎不令后辈人折服！

张镈虽然走了，但相信人们每每看到长安街、天安门广场屹立的丰碑就会忆起他对人、处事、治学、习艺的风范；就会感悟到作为设计大师及 20 世纪中国著名建筑艺匠的英名。

"梅花院士"陈俊愉的梅花情结

天 琪

　　陈俊愉先生，现为中国工程院资深院士、中国园艺学会副理事长、中国花卉协会梅花蜡梅分会会长、国际园艺学会国际梅品种登录权威、北京林业大学教授、博士生导师、名花研究室主任。已发表论文 200 余篇，出版专著 16 本，培养各类研究生 30 余人。

　　盛夏的傍晚，笔者登门看望陈老：一是问候老人家的身体；二是想和老人聊聊，分享近日的一份喜悦——南方某报登了一条消息，说陈俊愉院士的提议，获得 60 多位院士的支持与签名，呼吁尽快把梅花定为我们的"国花"！一见面，陈老就高兴地对我说："我年年说梅花，年年争国花，今年 7 月 1 日的工程院院士年会上，我只讲了 20 分钟，一下子就有这么多人来签名赞成，定国花的事不能再拖了！"

梅花志向与梅花情缘

　　夕阳在玻璃窗上涂抹着一层瑰丽的霞色，白发如雪的陈老热情好客，为我沏的茉莉花茶馨香沁人。我坐下问陈老，您被人誉称"梅痴""梅花老人"，还有"梅花院士"，不禁让我想起古代文人中的"梅花道人""梅花居士""梅翁"，您这一生算是对梅花情有独钟了吧！陈老笑了笑说："这话长了，1917 年，我出生在天津，是个旧式大家庭，后来随家迁居南京，年幼的我一放学就跑到后花园里和花匠泡在一起，看他们莳花弄草，我从此对园艺有了浓厚兴趣。""那后来您就立志干这行？""对，中学毕业时，想学这门，可这里谁也不知道这方面的专业和学校。后来，听说南京私立的金陵大学有个园艺系，我高兴极了，可又听说学费太高。我就向家里哀求，表示：非此校此专业不上。幸好得到祖父支持，他还表示给我各种费用。可开学时一看，这个专业真是个大冷门，全班总共才两个学生。而教授却有四五位——真是师资力量雄厚啊！这其中有一位花卉教师，就是解放后当选为中国工程院院士的汪菊渊教授。"陈老告诉我，他 1943 年毕业后，获得了农学硕士学位，又有幸随汪菊渊先生去了成都，当他的助教，跟随汪先生一起研究梅花。四川本是我国产梅地区，1947 年，陈俊愉出版了第一本研究专著：《巴山蜀水记梅花》，收录了他在四川发现的野生梅花品种 35 种，对它们的分布、习性作了较全面的论述，被人称为蜀中第一"梅花秘籍"，由此也奠定了他研究梅花的志向。

说到成都和梅花，我想起了陈老平素喜读陆游的梅花诗，就开口诵了两句："当年走马锦城西，曾为梅花醉似泥"——陈老兴致勃勃地接诵道："二十里中香不断，青年宫到浣花溪。"我高兴地追问，您老一定熟悉从青年宫到浣花溪这段路吧！"熟悉、太熟悉了！我就是默诵着这首诗，效仿陆游'城南寻梅'，在这条路上走过不下 20 回呢！你知道，陆游还有两句最绝妙的句子。"我说，是不是"何方可化身千亿，一树梅花一放翁"？"嗯，陆游爱梅花真是全身心地投入，甚至到了生命的尽头，也要保持梅的品种。所以，我最喜欢的是他那两句：'零落成泥碾作尘，只有香如故。'我的科学研究绝不仅仅是面对一种花或一种植物本身，中国的花卉事业是和我们民族的传统、文化精神紧紧契合在一起的！"后来，陈俊愉获得了国民政府最后一次公费留学的机会，乘船赴丹麦哥本哈根皇家兽医及农业大学攻读花卉专业，求学期间，仍不忘情他心中的梅花，继续研究，立志让中国的梅花为全世界的人所知所爱……陈老回忆说，当时的教育总长是陈立夫先生，临行前还给我们讲话。20世纪80年代，他来大陆，我与他会面，他当然不记得我这个当年算是青年学子的陈俊愉，知道之后，他很高兴，还给我写了一幅字。陈老指着墙上一幅笔健墨沉的书法："不忮不求"，说："陈立夫先生生前为两岸交流和实现和平统一做了不少事情。"

　　1950年，陈俊愉回国，任武汉大学园艺系教授，依然倾心于梅花的研究。每有闲暇，他便划着小船到对岸磨山。磨山，在武汉的东湖之中，三面都是水，很似杭州西湖的孤山。当时政府正在筹建东湖风景区，要大面积植树种花，被聘为顾问的陈俊愉开始调查梅花的品种和资源，搜集了大量的第一手资料，还萌生在东湖磨山创建"梅园"的念头。"当时东湖风景管理处的万流一处长很支持我，于是'跑马圈地'，在湖畔征得100多平方公里，有土地有水面，成了我梅花人生的一个好舞台。"陈老说。"您在磨山还有一位也像您一样痴迷研究梅花的挚友吧？"我问。"对，他叫赵守边。最初他不在磨山工作。1952年，我听说赵守边对园艺很有研究，就登门拜访了他。我俩志同道合，成了莫逆之交。""听说你们当初科研条件很差，生活也很清苦！""是的，守边老友算是'两袖清风回碧落，一生心血沃梅花'了。2003年10月，他患心肌梗死故去了，可惜我因有事没能亲往送行，真是对不住他啊！"陈老情绪有些黯然，停了停又继续回忆说，当时他们几度入川，整天跋山涉水，午餐是一个鸡蛋两个土豆。山里野兽多，他曾和一只豹子相遇，还有一次他坠入急流冲下50多米才得以逃生。他们苦苦寻觅、购买梅花名品，后来用了两艘登陆船沿江而下，运回1000多株梅花，其中有"大羽""凝馨""江南""粉口""白须朱砂""金钱绿萼"这样难得的名品，都种在了磨山的梅花岗，凭借这些家底儿，奠定了磨山梅园的基业。"后来，您调到北京，就剩下赵先生了吧？""是，赵老为了梅花事业真是尽心尽力，他自己又几次赴川、滇、黔购买名梅，真的很辛苦……我1979年重访磨山，当时正是梅花烂漫时节，看到了劫后余生的30余个品种300多株梅花开了花，高兴得千言万语不知从何说起。晚上，我拉着赵老喝了不少酒，他本不善饮，我俩都'醉似泥'了。"

我问陈老，武汉东湖之滨的"中国梅花研究中心"，可以说是中国梅花科研的大本营了，是哪年创建的？陈老说，1991年3月在东湖磨山梅园挂牌的。这里拥有206种梅花品种，其中有43种是新培育的。它不仅是为人民群众提供一个赏梅、爱梅的乐园，更重要的是它成了全国最大的培育和研究梅花的基地，还成了进行国际文化交流、发展梅花贸易的纽带。今年2月，在此召开的中国第九届梅花蜡梅展览暨梅国际学术研讨会，就盛况空前。"中国梅花研究中心"的匾额，是请台湾的蒋纬国先生书写的。在台湾民众中很有威望的蒋纬国先生热衷于培育梅花，是个专家。陈老是当了中国梅花协会会长之后才与蒋先生联系的，先把他的《中国梅花品种图志》托李锦昌先生赴台北时转奉给蒋，并捎去两棵珍品梅花，蒋先生很高兴，不仅回了信，还寄来他的大作《弘中道》……陈老边说边翻找出蒋纬国先生给他的两封信给我看，全是用工整秀劲的小楷竖行写的。第一封信短，1995年4月写的。第二封信较长，1997年8月写的，我读完后，被字里行间的真挚之情所感染。蒋纬国先生期待着"梅开两岸促一统，道扬环宇兴中华"，无疑是两岸同胞的共同心声。当时，陈老和中国梅花协会打算于 1997 年在台湾召开"第五届梅花展"和"学术研讨会"，对此，蒋先生在信中遗憾地表示："以纬国当今政治关系，必不易交涉获成也。"没料到，一年多后，蒋先生驾鹤西去，"我终未能和他见上一面"。陈老为之叹惋不已……

梅花"北上"与梅花登录

我问陈老，全国哪儿的梅花最多最好？陈老答道："四川，还有云南。"又说："四川的梅花尤其好，观赏层次高，分布广。"我又问："历来有'老梅花，少牡丹'的说法，讲的是赏梅越古越好，那么，现在全国还有多少古梅，分布在哪儿？"陈老告诉我，世界各国习惯以 100 年作为古树树龄的起点，我们也不例外。我们在古梅的登录中，树龄起点提高 200 年，因为在云南百年以上的古梅很多。目前全国探明的 200 年以上的古梅有 60 多株。云南就有 45 株，其中 4 株元梅，5 株明梅。我说，不是还有唐梅、宋梅吗？陈老笑了："那都是假的，还有什么隋梅，那都是在老树桩上长的，宋梅在杭州超山，1933 年就死了。云南和四川交界的宁蒗县扎美戈喇嘛寺北坡上，有一株扎美戈古梅，树龄在 720 年以上，算是现存最古老的名梅了。还有云南明曹溪寺的'元梅'也有 700 年了。"

谈到梅花生长分布，陈老说，大致分布在长江流域、珠江流域、西南及台湾地区，最北不过到秦岭南、皖南、苏南一带，梅花的天性是喜欢温暖湿润的，所以文学作品中的"踏雪寻梅"和"雪虐风饕愈凛然""梅花欢喜漫天雪"的诗句，多是文学家的浪漫想象，梅花是不喜漫天雪的，在无法躲避风雪时，只能"忍受"，这也是一种坚韧不屈的品性啊！

为了打破"自古梅花不能过黄河"的惯律，青年时代的陈俊愉就立志把生长在南方的梅花"牵引"北上。20世纪40年代，陈俊愉尝试把梅花移植到他正留学的丹麦，一时未成而不气馁，50年代初继续他的"南梅北植"研究。1957年，他和同事把从湖北沅江骨和南京采集的梅树种，在北京植物园大面积播种，再进行选苗培育，大约五年后，亭亭玉立的幻梅开花结果了。从几千株梅苗中选育出的"北京玉蝶"和"北京小梅"，竟能抵抗北方零下19℃的严寒，生机盎然的新品梅花给大家带来了难以表述的喜悦，他们总算成功地跨越了第一步。此后，陈俊愉开始指导研究生通过种间杂交培育更抗寒的新品种，通过与杏、山桃的杂交又获成功，成树可抗零下30℃到零下35℃的低温，并把抗寒梅苗移植向晋、陕、甘、内蒙古等地。试种结果，有的品种不仅突破北方越冬成活的"瓶颈"（冬春季的低温干旱），而且花期延长到春季绽放，真正结束了京中露地无梅的历史。截至2003年，美丽高洁的梅花，由江南到北京再到"三北"地区，跨越了2000公里的路程后，使历代诗人吟咏不衰和华夏子孙钟爱的梅香梅影遍及九州，这在世界园艺史上也是一个奇迹。

陈老于1998年被任命为梅品种的国际登录权威，他说，国际上有个"国际园艺学会命名与登录委员会"，设在英国伦敦。什么叫"国际登录"呢？简单打个比方，就是获得一个"国际名片"。品种登录代表了该种（类）植物品种的改良与分类等方面的世界权威性，品牌需要注册后才能被承认和得到法律保护。

目前，在国际登录权威（ICRA）登录系统中，几乎包括了一切主要的花卉种类，而我国终能以梅花入录，且与梅花为伴一生的陈老也首获殊荣，我说全中国的人都会为您高兴为您自豪的。陈老却说，别忘了，我国是被世界公认的"园林之母"，现在还只有梅一种，其他花卉都未得到登录审批权。

我又问正在建设中的地处京郊鹫峰的"北京国际梅园"的事，这是陈老一生中继武汉梅园之后的又一杰作。陈老说："由于我们培育了30个抗寒品种的梅，由于我们被国际园艺学会批准为梅品种登录权威——现已由我们登录了全球261个品种，这使我们具备了创建国际梅园的条件，这个梅园预计在2007年元旦前建成，占地5公顷，内栽露地梅30余个品种，按'花卉二元品种分类法'布置，既反映科研成果，又体现文化内涵和艺术韵味。园内建4座园林，3000多平方米的展览温室又分6个馆。打算在2008年奥运会召开之际迎接中外游人，给我们北京和国家锦上添花。""我也盼着去看看这个出现在地球高纬度上的'香雪海啊！'"我被陈老的激情感染了。

梅花精神与推选"国花"

又谈到"国花"一事时，陈老的语调和心情有些不平了。他喝了一口水，继续说："我从1982年起首倡评议国花为'一国一花'，是梅花。1988年，改变主张为'一国两花'，是梅花和牡丹。我曾翻阅过100多个国家的现行宪法，均无关于国花的规定，而有国徽、国歌、首都、法定文字等。可见国花是不上宪法的，其群众性强，政治法律性弱，它是老百姓的事，约定俗成，发扬民主，再经批准即可。选好国花，可以鼓舞人民爱国、爱家乡、爱自然、爱园林绿化、爱民族文化传统。现在全球已有100多个国家认定了自己的国花。比如荷兰是郁金香，享誉全球，荷兰人引以为自豪而且靠花富了起来。德国国花是矢车菊，本不太起眼的一种花，但德国民心所愿，'二战'后分为东德、西德，两国各自仍尊矢车菊为国花，后来拆了墙合并了，国花还是原花，与政治无关。"我说："也许有的人思想一时绕不过弯来。"陈老说："把牡丹定为国花，是慈禧太后时的事，到了国民政府时，1929年由当时的内政部、教育部审定梅花为国花。这是过去的历史了。我 20 多年前发表《我国国花应是梅花》，曾引起广泛关注，香港《明报》发表社评表示赞成。至于梅花精神，对于今天的我们更为重要，我平生为之倾倒。梅之冰清玉洁、坚贞不屈，是我们民族魂。我们中国赖以延续，正是这种在世界文明古国中唯一没有中断过的精神。"

"梅的精神、兰的气质、竹的节操、菊的情怀，不仅长存在中国文人的优雅精致的精神世界里，而且，始终是徘徊在我们民族灵魂深处的心曲，在灿烂悠久的中华文化中，堪称是'核心象征'，在'四君子'中，梅花居首。"我说，陈老点头称是。他说："被世界誉为'园林之母'的中国，是迄今尚未确认国花的唯一大国。我们已经陷入被动！'一国两花'的设想，契合我们的国情，牡丹体现着我们向往繁荣富贵的愿望，而梅花则象征着我们民族高洁、坚贞、不屈不挠的品格。"

情系云丝

——记著名苎麻纤维专家酆云鹤

———

罗先哲

　　在夏秋季节，穿上一件质地柔软挺括的麻布时装，会使人们平添几分秀美、几多潇洒。可是你知道吗？这些麻类织品，寄托着一位不平凡女性全部的感情，渗透着她终身的心血。她，就是全国著名苎麻纤维专家酆云鹤。

　　1988年12月14日，89岁的酆云鹤无愧地走完了她的人生之路，病逝于广州。她孑然一身，没有子女，丈夫也早已离她而去，她把自己的一切都奉献给了她所热恋的事业。而在她生前，每当不知内情的人向她问及子女的情况时，她总是乐呵呵地伸出五个指头说："我有一个儿子，四个孙子。"在她的心目中，苎麻是她的儿子，黄麻、白麻、大麻和胡麻就是她的孙子。

　　在20世纪80年代，我曾两次赴上海拜访酆云鹤。她住在上海市区淮海中路一幢普通的二层楼房里。这位已是耄耋之年的女专家，满头银丝，目光炯炯，精神矍铄，谈吐潇洒，而且平易近人，和蔼可亲。我望着这位在科学的道路上不畏艰辛、半个多世纪以来将全部心血倾注在麻纺事业上并取得丰硕成果的老人，敬仰之情油然而生。

从小女佣到大学生

1900 年 1 月 29 日，酆云鹤生于山东省利津县庄科村一个贫苦农民家中。在她 6 岁那年，一场洪水灾害，地淹屋塌，酆云鹤跟随父母漂泊流浪到济南。父亲酆江凭着自己的手艺在济南开了个小木匠铺，但仍难以维持全家生计，只好忍痛让 8 岁的酆云鹤去给有钱人家当小佣人，干些扫地、做饭、擦桌椅的活，还要伺候比她大好几岁的东家小姐。

年复一年，小佣人长到十几岁的时候，孙中山先生领导的资产阶级民主革命取得了胜利，办新学、学科学的风气日益兴盛。酆云鹤被时代大潮激励了，产生了强烈的读书学文化的愿望。她请求被她伺候的小姐每天教她认一个字。然而，她的请求遭到了那位小姐的斥责和嘲笑。"不干了！"她气愤地跑回家，一头扑在妈妈怀里，说什么也要上学读书。不久，酆云鹤病了，腋下、脖子上的淋巴结红肿、化脓、溃烂，人一天天消瘦下去。后来，一个好心的医生送给他们一些草药，妈妈又想尽一切办法把她送进了一所免费学堂，从此，酆云鹤的脸上才有了笑容。虽然每天吃的是粗粮面窝窝，喝的是酸豆腐水熬的"甜沫"，但她的脸色却一天天好起来。这株行将凋萎的小苗苗终于得救了。

酆云鹤上小学的时候，已经是 15 岁的大姑娘了。她每天一早起来，从城东跑到城西的医院里换药，再赶到学校上课，从不迟到一分钟。晚上服侍有腿疼病的妈妈睡着后，她才点起床头的一盏小油灯温习功课。她学习很用功，每次考试总是全班第一名。凭着惊人的毅力和才智，三年学完了小学六年的功课。小学毕业后，她以优异的成绩考上了济南女子初级师范学校。上师范的第二年，正逢席卷全国的"五四"运动爆发，酆云鹤在运动中受到洗礼，开始以振兴祖国、宏扬中华正气为己任。毕业前夕，她拒绝了家里已经给她安排好的婚事，决心报考北京女子高级师范学校，以学习更多的救国本领。

为了准备高考的功课，酆云鹤在学校里找了间堆放杂物的破房子，把自己反锁在里边。她跟几个要好的同学说："你们就当我坐了监狱，把饭从窗口递给我，不把四年的功课复习好，我就不出去了!"她找了张大板凳放在屋里，白天当课桌，晚上当床睡觉。闷热、潮湿、蚊虫咬，她全然不顾，每天起早睡晚，整整一个月，没有离开这个破房子，把四年的功课扎扎实实地复习了一遍。功夫不负苦心人，她以山东省第一名的好成绩，考上了北京女子高级师范学校。

上了大学以后，酆云鹤的生活更加艰苦了。她白天上课，晚上教"家馆"，给有钱人家的子弟补习功课，挣点学杂费用。她自己纳鞋、做衣服、穿着很不合时宜的粗布装，常常被人认为是进城帮工的老妈子。酆云鹤在理化系经过四年的艰苦学习，以优异的成绩结束了大学生活。

"我是中国人"

为了学科学，办工业，实现拯救祖国的愿望，酆云鹤于 1927 年考取官费留学，到美国俄亥俄州学习化学工程。按照惯例，开学之前学校要组织新生到工厂、研究单位参观学习一个月。这种活动是相当紧张和疲劳的，一般男学生都有点吃不消。酆云鹤不顾校方的再三劝阻，毅然参加了这个活动。她想："我是中国人，在这里我代表的是祖国和祖国的妇女，我不能让别人说个'不'字!"每天活动十几个小时，上上下下几十层楼，还要跑不少路。整整一个月，跑了四个州。酆云鹤的腿脚红肿得难以穿进鞋袜，但是她没有耽误过一天，从没叫过一声苦。外国人无不为之惊讶，交口称赞："中国姑娘真是了不起!"

　　祖国的贫穷落后和人民的深重灾难，像一根无形的鞭子策励着酆云鹤。她废寝忘食地学习、钻研。别人一个学期至多选两门实验课，她却选了化工、有机定性分析和定量分析这三门很重要的实验课。1929年夏季，天气闷热，学校研究院长来到实验室，看到只有酆云鹤还在做实验，浑身上下都湿透了，简直不懂得休息和健康。院长命令她停止实验，否则就要取消她的实验成绩。酆云鹤急切地说："先生，我吃得消，我不怕吃苦，我的祖国需要科学。"院长被这个倔强的姑娘感动了。

　　勤于耕耘的土地，总会结出丰硕的果实。1928年酆云鹤就获得了硕士学位，1931年获得博士学位，成为美国俄亥俄州大学第一个得到化工博士学位的女学生。这消息曾在俄亥俄州新闻界轰动一时。那时中国的国际地位还很低下，中国人常常遭到别人的白眼。但当不少人将酆云鹤误认为是日本人时，她总是毫不含糊地更正说："不，我不是日本人，我是中国人！"

　　酆云鹤结束了在大学的研究之后，许多公司和学校愿意出重金聘请她，不少朋友对她说："回到你的祖国，你的才华会被埋没的。"劝她留在美国工作。酆云鹤回答说："你们喜欢唱你们的民歌《甜蜜的家》，我很爱听，因为我也有一个甜蜜的家，那就是我的祖国。"她毅然起程回国。回国后，酆云鹤在燕京大学教书，这里条件优越，生活舒适。但是这时日本帝国主义的侵略气焰日益嚣张，东北沦陷，祖国的命运危如累卵。她决定到德国去学习爆炸学，用祖国遍地皆是的草类纤维制造廉价的炸药，打击侵略者。

　　1933年，酆云鹤带着祖国的竹子、高粱秆、稻草、蔗渣以及苎麻等样品到了德国，但她要找的犹太教授已逃离德国。学习爆炸的希望落空了，于是她不得不利用随身带来的稻草等原料转向人造丝的研究。她利用柏林人造丝机械实验工厂的设备，苦心钻研，仅用了两年的时间，就成功地从草类纤维的浆泊中抽出了质地优良的人造丝，成为世界上第一个用草纤维制造丝的发明人。消息一传开，德国莱比锡大学立即提出，他们愿意授予鄢云鹤博士学位来换取她的学术论文。日本资本家也用高价聘请鄢云鹤当总工程师，以换取她的发明专利。对他们的要求，鄢云鹤一概拒绝。她果断地说："不卖，我要留给我的祖国！"鄢云鹤的爱国行动，使柏林实验工厂的经理柯亨感动得流下了眼泪，他感慨地说："中国人这样爱国，中国是大有希望的国家。"

雪里回春

1936 年，鄢云鹤离开德国回到上海，不久，又去南京。在沪、宁等地，她看透了国民党政府的黑暗和腐败，愤然离开南京到了重庆，那里有她丈夫开办的一个小肥皂厂。

中国是世界上纺织资源最丰富的国家，而国民破衣百结者到处可见。为了解决人民的穿衣问题，鄢云鹤转向麻类纤维的研究。她对麻一见钟情，从此与麻相伴了整整半个世纪，同麻结下了深情厚谊。

1939 年，鄢云鹤在重庆创建西南化学工业制造厂（简称西南化工厂），她用在德国看到的化学脱胶新工艺，在厂内进行苎麻加工的研究。她利用简陋的实验设备，经过几年的苦心钻研和反复实验，终于找到了适用于大工业生产的化学脱胶法。鄢云鹤在设备简陋的西南化工厂里，纺出了比棉花纤维还洁白、美丽的麻纤维。她给它起了个颇有深意的美名——"云丝"。

"云丝"问世后，引起很大震动，当时曾得到国民党政府经济部批准专利五年。西南化工厂纺纱，一部分靠手工摇纺，一部分靠用 100 万元钞票购得的一套小型印度纺纱机机纺。抗日战争时期，产棉地区大部被日军占去，西南化工厂大量生产的"云丝"，为解决人民穿着问题做出了很大贡献。代棉产品有云丝布、云丝毛巾、云丝棉胎、云丝棉絮等，深受民众欢迎。1942 年初，在四川各厂家共同举办的展览会上，"云丝"及其产品备受赞赏。当时，黄炎培先生题词，称颂"云丝之美，既润且美，寒者遇之，雪里回春"。邓颖超、董必武、冯玉祥、李德全以及于右任、林森等许多老前辈都前往参观过，对云丝产品称赞备至。

"云丝"美名传遍中外，美国的资本家闻风而来，想得到这个令人垂涎的专利。酆云鹤断然拒绝，她还是那句老话："不卖，我要留给祖国。"

酆云鹤在重庆西南化工厂期间，不顾国民党特务的盯梢，经常冒着生命危险，到八路军办事处去听周恩来副主席的时事报告，并成了周恩来和叶剑英、董必武等中共领导人家里的常客。在共产党的影响和教育下，酆云鹤和一些爱国的企业家共同发起成立了"民主建国会"，积极参加反蒋抗日活动，为党的统一战线工作做出了贡献。她常对人说："共产党是真正抗日救国的，要是由他们来领导，祖国就有希望。"

抗战期间，酆云鹤在重庆西南化工厂时，曾向邓颖超提出去延安学习的请求。邓颖超热情地对她说："延安现在还没有条件，你先安心搞你的研究，你研究的麻，我们将来是用得着的。"

1949 年秋，酆云鹤正在香港躲避国民党反动派的迫害，她响应共产党和人民的召唤，毅然放弃了去美国的机会（丈夫已经为她办好了去美国的护照和船票），从香港到达北平，光荣出席了第一届中国人民政治协商会议。为向大会献礼，她将会前赶写的《发展我国麻类生产的建议》一书，连同各色麻类纤维样品，献给大会主席团，献给毛主席。会议期间，邓颖超还亲自带着东西去看望她，并对她说："开全国妇女代表大会没有找到你，给你留下了一包会议文件。"邓颖超还送给她一份珍贵的礼物。酆云鹤双手捧着邓颖超送来的文件和纪念品心潮翻滚，立志要把自己的一切贡献给自己的祖国和人民。

新中国成立后，酆云鹤受到党和人民的信任，连续三届被选为全国人民代表大会代表，被任命为纺织工业部顾问兼广东省化学研究所副所长。她全力以赴，继续向麻纤维研究的深度和广度进军。

她一向作风深入踏实，重实干，轻空谈，而且说干就干，雷厉风行。她不愿徒挂纺织工业部顾问之名。她深入基层，从点做起，由点及面，使我国麻纺工业能在良好的基础上大展宏图。酆云鹤选择上海国棉九厂为第一个开发苎麻新法脱胶、纯纺、混纺合织的试点，使用自己先进的苎麻化学脱胶新工艺，指导该厂的生产。同时，她还积极筹建广州绢麻纺织厂，在湖南株洲指导建立株洲苎麻纺织厂，多次在广州、株洲蹲点工作。1958 年，酆云鹤担任中南应用化学研究所副所长兼总工程师之后，就经常往来于重庆麻纺织厂、上海国棉九厂、广州绢麻纺织厂和株洲苎麻纺织厂之间，重点指导，重点发展，以促进我国麻纺工业的发展。

科学的发展永无止境。化学脱胶虽然已经可以得到均匀、洁净的苎麻纤维，纺织出吸汗、透气性很好的织物，但它质地硬直，不易与毛、棉、丝、涤等纤维抱合织成高级的布料；它结构紧密，光滑而难以染色；它易折皱、起毛、不耐磨。因此，改变苎麻纤维的物理性能和化学性能，存优去劣，便成为国内外纺织界一个十分重要的研究课题。

为了能得到纺织高档产品的理想的苎麻纤维，酆云鹤带领着一批年轻的科学工作者，从 1952 年开始了苎麻纤维的化学变性研究。在遇到失败和挫折的时候，她总是勉励大家说："搞科学实验不要怕失败，在千百次的失败中，只要有一次成功，就会对祖国、对人类有所贡献。"经过几年来的苦心钻研和反复实验，苎麻纤维的化学变性获得了成功，结果是令人满意的。经过变性处理的苎麻纤维，手感柔软，弹性好，易染色，不掉色，不仅完好地保留了苎麻纤维固有的优点，还兼有毛、丝、棉、涤的许多优点。试产的几批麻涤纶、棉麻涤纶、毛麻涤纶和粘麻涤纶，质量都达到了高档纺织品的水平。有史以来，苎麻纺织品第一次迈进了高级衣料的行列，引起了国内外重视。当这种价廉物美、柔软挺括的产品在上海试销时，人们热烈争购。大家都称誉它是纺织园里的一朵新花。

纺织园里的这朵新花，还没有像意想中的那样开遍神州大地，一场践踏民主、摧残科学、毁灭文明的暴风雨席卷祖国大地。

晚年奉献

1977 年 7 月 1 日，酆云鹤受到叶剑英副主席和邓小平副主席的接见，他们认真听取了她的汇报。1978 年，酆云鹤出席了第五届全国政协会议，被选为政协常委。同年，出席了全国科学大会。遵照李先念同志的批示，为促进苎麻纺织工业的发展，酆云鹤由广州调到上海，担任上海纺织工业局毛麻纺织工业公司顾问。1979 年 8 月 15 日，已经 80 岁高龄的酆云鹤实现了多年的愿望，光荣地加入了中国共产党。

党的温暖，人民的信任，使酆云鹤焕发了革命的青春。为了进一步完善苎麻纤维化学变性的生产和开发我国苎麻资源，她不辞劳苦，一直奔波于广州、武汉、长沙、株洲、重庆、南宁、兰州等地。1978—1979 年，酆云鹤解决了我国草席黄麻经线的制造技术。1979 年，她在上海试制较大批量磺化变性苎麻产品，生产出了毛型麻涤花呢以及绢麻织物和棉麻产品等 30 多个品种、60 多个花色。这批磺化变性麻织品在北京、上海、南京、武汉展销，深得好评。酆云鹤研制成功的苎麻纤维磺化变性新工艺，1981 年经国家科委鉴定，荣获发明奖。1982 年八九月间，酆云鹤亲临兰州，组织甘肃轻工研究所、甘肃纺织研究所、兰州第一毛纺厂、兰州棉织厂等有关科研单位和工厂成立试验小组，利用当地设备，根据她的大麻脱胶新技术，组织攻关。只用了半个多月的时间，就解决了难度很大的大麻脱胶问题，从而为大麻纺织开辟了广阔的前景。1984年，她先后四次应邀去湖北和山东指导开发苎麻产品，并被湖北省省长黄知真聘为湖北省纺织技术顾问。1985年至1988年，已经是耄耋之年的酆云鹤，为了开发我国的大麻、胡麻和罗布麻生产，发展我国的苎麻纺织工业，曾三下湖北，两进江西，深入四川，远走广西南宁，多次进出北京、广东、江苏、山东、安徽等省市。

多年来，酆云鹤没有离开过药，也没有离开过工作，医生不得不多次对她发出"警告"，要她住院疗养。酆云鹤总是说："时间太宝贵了，一个科学工作者离开了科研工作，她的生命就算结束了，多活几年又有什么用?"

1988年12月7日，已经是89岁高龄的酆云鹤博士，由上海到广州参加广州化学研究30周年学术活动，于12月14日由于心脏病突发，猝然去世。

老专家酆云鹤，把她毕生的精力和心血，把她丰硕的科研成果，无私地献给了我们伟大的祖国！

他为祖国铸长剑
——"老军工"张贻祥将军的人生历程

逯守标

原国防科委顾问张贻祥将军是一位多年战斗在国防科技战线上的"老军工",是我国航天事业的创业者之一。他戎马生涯 70 年,身后留下了许多鲜为人知的生动故事。笔者作为一位曾经在他身边工作过的工作人员,下面撷取他革命生涯的几个片断草成一文,以寄托我对这位老将军的深切怀念和纪念之情。

空山战斗挂悬崖

土地革命战争时期,地处大别山北麓的安徽省金寨县,革命运动空前高涨。1929 年 5 月 6 日,以周维炯为主的地下党组织举行了武装起义,给地主家做帮工的张贻祥毅然参加了起义队伍,走上了革命道路。

这支农民起义武装用木头做成步枪、盒子枪,用歪脖子树杈雕成手枪,用红布裹着,背在身上雄起起气昂昂的。他们就用这些"假冒"武器和大刀、长矛，东进皖西，南下罗田，三打金家寨，军事、政治都取得了辉煌战果。1932 年底，红四方面军根据党中央"向西转移"的指示，离开了鄂豫皖，他们昼夜行军打仗，涉汉水，越秦岭，翻巴山，向川陕边界挺进，先后解放了川北的通江、南江、巴中三个县，创建了川陕革命根据地。就在通江县空山坝的战斗中，给张老留下了终生难忘的记忆。

空山坝坐落在海拔 2500 米的险峻高山上，周围群峰耸立，怪石嶙峋，树林密布，荆棘丛生。张老所在的红七十三师二一八团在空山坝的小坎子与敌人激战了几天几夜。一天晚上，大雨刚刚过后，团领导让张老带领一个班将一封信拂晓前送到固守在另一个山头的三营。他带着几名战士趁着黑夜在山林里摸索着出发了。在越过敌人封锁线时，突然遭到敌人阻击。紧急关头，张老决定兵分两路，他带领几名战士与敌人展开正面交锋，掩护另两名战士突围送信。战斗持续了两个多小时，当他确认送信的战士已突过了敌人的封锁线，就决定撤退。在敌军枪弹的扫射下，他们在泥土中匍匐前进。突然，张老只觉得身子一滑，连人带枪从悬崖边跌了下去。顿时，眼前一片漆黑。等他醒来时，头脑昏沉沉的，身体好像被什么东西死死卡住。他吃力地睁开眼睛，低头一看，下面是狭长的深谷；再仰头一看，上面是峭壁，他被卡在半山腰的树杈上，不由得一阵胆寒。张老想挣扎着离开树杈，可是连续几天的激战，饥饿、干渴、劳累，只觉得嘴唇干裂，疲惫不堪，浑身酸疼，一点力气都没有。他用微弱的声音呼救，可寂静的山谷只有乌鸦尖厉的鸣叫在回应。他又昏睡过去。也不知过了多长时间，当他再次醒来呼救时，发现一位砍柴的老农。这位农夫又找来两位同伴一块儿把张老救下来，并把他抬回家养伤，才使他死里逃生。

1935 年 6 月，红四方面军在懋功与红一方面军胜利会师。但是，张国焘拒绝"北上抗日",企图分裂党中央,分裂红军,擅自命令左、右路军中的红四方面军分别从阿坝和包座南下。这时,张老被调到九十三师二十九团任参谋长。他到九十三师报到后,就随师部一同南下。当部队行至丹巴河时,看见河对岸隐隐约约有藏族同胞住的寨子。由于部队严重缺粮,师政委叶成焕让张老带一个排(其实只有几个人)到河对岸筹集粮食。渡河没有船怎么办?他们四处寻找才找到了两个皮筏子。丹巴河位于大渡河上游,水流湍急,再加上连续下雨,浊浪翻滚,中间的激流就有十几米宽。他们分乘两个皮筏子,借助水流的力量,用木板一点一点地向前划。他们到了寨子里,就挨家挨户地寻找粮食,找到粮食后就放下几块大洋,或者留下一张借粮的欠条。往回返时,张老带着两名战士,扛着三袋粮食上了第一个皮筏子。当他们划到河心时,皮筏子就像脱缰的野马,完全失去了控制,被激流冲得急泻而下。碰上一个大漩涡,皮筏子又顺着水漩的方向飞快旋转。两个战士的脸都吓白了,紧张地说:跳河吧,快跳吧。他则果断地说:不能跳,跳下去必死。正在这生死攸关的紧急时刻,皮筏子碰在一块石头上,被石头一顶,顶出了漩涡。他们又顺势用力紧划,才脱离了危险。乘第二个皮筏子的几名同志,却被滔滔江水吞没。他所在的部队在丹巴河边停了五天,干部战士为了弄粮食,有近百人献出了宝贵的生命。

在长征途中,张老两次爬雪山,三次过草地。至今他还清楚地记得过草地时的情景:茫茫草地,一望无垠,遍地是水草沼泽。他们过草地时,每人拄着一根树枝,一不小心就会陷入泥沼,愈陷愈深,别人救都无法救。每次进草地的头三天,还能吃上几口青稞,后来食物断绝,只能边走边挖野菜充饥,再后来连野菜也挖不到了,饥饿和疾病威胁着每个人的生命,许多战友默默地倒在了草地里。他们最后一次过草地时,后边的人不需要向导,随着络绎不绝的尸体就可以找到行军路线。他们每遇到战友的尸体，就挖几把泥土盖住尸体的头部，算是掩埋，寄托对战友的深情与悼念。几十年后，每当他回忆到这些都眼含热泪，愤懑地说：张国焘分裂红军，另立中央，给红四方面军造成多么惨重的损失呀！长征的胜利，中国革命的胜利，是多少革命先烈用生命换来的。我们这些幸存者永远也不会忘记献身革命的英烈们。

太行山区搞军工

1942 年，日本鬼子对太行山根据地进行"蚕食"，频繁地对我根据地进行"扫荡"和"清剿"。日军到处烧光、杀光、抢光，使我军分散在太行山区非常弱小的军事工业受到了极大损失。1943 年元月的一天，一二九师政委邓小平找到任司令部政治协理员的张贻祥，对他说：日寇大扫荡以后，兵工厂损失很大。打仗没有枪炮、子弹怎么行？我们决定让你到军工部任政治处主任，加强军工部的思想政治工作。正说着，刘伯承师长进来了，他插话说：军工很重要，要动员工人多生产子弹、手榴弹，黄色炸药，还要多造地雷，发动群众开展人民战争。邓政委接着说：只有你们多流汗，前方才能少流血。中央指示，军事工业要靠自力更生。粮油盐依靠地方政府，可他们无法供应武器弹药，只有靠我们自己造。从此，张老便踏进了军事工业的大门。

山西省辽县赵峪村是军工部的所在地，兵工厂都分散在武乡、辽县、黎城、平顺、长治及河北武安等县偏僻隐蔽的小山村。张老来到军工部后，就骑马到各个工厂了解情况。这哪里是工厂，更确切地说就是手工作坊。土窑洞、农宅、庙宇做工房，木制的风车，自造的砂箱，泥土垛成的化铁炉，许多设备、工具都是土法上马。制造硫酸的容器是用老百姓盛水或储粮的陶瓷缸和陶管，口对口一组地在露天垒成塔形代替铅室就开始土法生产硫酸。硝化棉发射药是用棉花和硫酸做原料，用大铁锅脱脂，陶瓷缸化硝，石磨辗棉粉，用土炕当烘干机，面杖当辗辊，剪刀代替切片机等土办法进行生产。我们的军事工业就是在这样的条件下逐步发展壮大起来的。

每个兵工厂除几名专业技术人员外，其余就是从农村招来的铁匠、木匠、铜匠、银匠、锡匠等流动手工业者和农民，就是他们在极其艰苦的条件下，支撑起人民军队的军事工业。在兵工厂，张贻祥既是领导又是普通一兵，他与工人一起制模子、翻砂、打铁、拉风箱，边干活边拉家常，边做思想工作，逐步把一大批来自乡间的工匠和青年农民培养成太行山上献身军工事业的军工战士。太行山区本来地瘠民贫，敌人又进行频繁扫荡和封锁，不仅军工生产设备相当落后，而且物资奇缺。生产中缺少原材料，他就与各村农会一起，发动群众献铁、献铜、献火硝。太行山区有煤和铁矿资源，当地人民有传统的土法炼铁技术。利用这些条件，张贻祥组织工人与技术人员集中群众的智慧和才能，研制生产出品种繁多的地雷，源源不断地供给部队和民兵，使日本侵略军陷入人民游击战争的汪洋大海之中。

1942 年是个灾荒年，太行山区的人民群众食不果腹，工人只能以杨树叶、野菜、豆饼、花生皮和糠充饥。为了能让工人填饱肚子，张老白天带着几名工人到山里挖野菜，晚上到村里征粮食。征到粮食后，把裤子脱下来扎住裤腿，装进粮食背起来就走，生怕被敌人发现。这样，野菜掺粗粮做成菜团子，才勉强让工人充饥。有一次，张老亲自掌饭勺给工人分饭，结果饭分光了，没有留下自己吃的，工人们纷纷匀饭给他吃。这件事他还一直留在记忆中。张老说："那时候，我们真是与工人同吃、同住、同干活、同战斗，上下级之间知冷、知暖、知心声，互相友爱，亲密无间，至"纯"至"真"的革命情谊洋溢在同志之间。"

"一切为了抗日前线的胜利"，这是军工战线战士和工人的唯一心愿。为了改进武器的战斗性能，提高劳动生产率，张老在各厂、所组织开展了形式多样的劳动竞赛，广大工人、技术人员拼命生产。有时为研制一种新产品，从制模、翻砂到车削、安装、试验，常常废寝忘食，一干就是几个通宵。抗日战争初期，太行军工生产以枪械修理为主，后来逐步发展到制造枪械，以后又生产五〇小炮及炮弹、迫击炮及炮弹等比较先进的武器，使我军的战斗力不断增强。

解放战争中，前方需要大量的枪、炮、子弹、炮弹。日本投降后，张老带领几名技术人员到峰峰、焦作煤矿搞到两台锅炉和十几台发电机。这些设备对于提高生产效率和所产枪、炮弹的质量，发挥了巨大的作用。淮海战役发起前，中原野战军政委邓小平路过长治军工部，找到赖际发、张贻祥，对他们说：要打大仗了，前线最需要的是炮弹、子弹、手榴弹，你们一定要抓紧时间多生产。张贻祥当即表示：前方需要多少，我们就生产多少，保证供应。邓政委满意地说：还是那句老话，只有你们多流汗，前方才能少流血。为满足战略反攻阶段的武器弹药，张贻祥组织各兵工厂广泛开展"刘伯承工厂"生产比赛运动，优胜者授予刘伯承司令员南下时赠送太行山兵工厂亲笔题写的"提高兵工质量，增大歼灭战的实效"一面锦旗。他们响亮提出了"我们多流汗，誓让前线将士少流血"的口号。分布在太行山区的兵工厂昼夜灯火通明，机器轰鸣，运输队伍川流不息，一片繁忙景象。他们生产的武器弹药源源不断地运送到华北、淮海战场，为解放全中国做出了重要贡献。

茫茫草原创基业

1953 年冬，担任华北军械部政治委员的张贻祥，正在张家口地区检查军械仓库的工作。一天，他突然接到军委总军械部的一封电报，指示他带的工作组改成常规武器试验靶场场址勘选小组，到内蒙古勘察场址。张贻祥这位老军工完全懂得，我军靠"小米加步枪"夺取了政权，而要捍卫刚刚屹立在世界东方的新中国，就必须拥有飞机、大炮、坦克、军舰这些更先进的武器。全国解放以后，党中央已经责令有关单位开始研制生产现代化常规武器。然而，这些新式武器诞生后，必须经过正规靶场的检验才能装备部队，才能转化为战斗力。想到这里，他感到这项任务异常艰巨，同时也感到非常光荣。他连家都没回，就踏上了新的征程。

他们到了呼和浩特后，在内蒙古自治区的协助下，踏勘了白云鄂博、包头、平地泉和二连浩特，但这些地区都不符合建场条件。张贻祥又带勘察组来到北大荒，可沼泽荒原到处都打上了定位的木桩，也无法利用。于是，他们按照原来的计划，又先后到库仑、赤峰、白城子和乌兰浩特以西等地区进行勘察。白城子东北部是科尔沁大草原，那里有个被当地老百姓叫作"大岗"的地方，地势开阔平坦，人烟稀少，又不占耕地，而且有十几座日本侵华时修建的飞机堡。张贻祥在大草原上深思良久，然后兴奋地说：这里就是最理想的场址。经中央军委批准，我国第一个常规武器试验靶场在白城子诞生了。

万事开头难，更何况要组建中国历史上第一个规模宏大的兵器试验场。不仅没有前人留下可供参考的资料，国内连一位懂行的专家也没有，这副担子就落在张贻祥身上。他被任命为常规武器试验靶场的第一任场长后，他精心组建队伍，组织施工，筹划试验设施，接待专家……许许多多工作千头万绪，他经常是忙得彻夜难眠，食不甘味。

地处科尔沁大草原的大岗，枯草遍地，黄沙漫漫，岗上除了两棵孤零零的歪脖子榆树外，一片荒凉。塞外的朔风终日呼啸，飞沙走石。张贻祥这位"光杆儿司令"就在这里开始了艰难的创业。他把日本军队遗留下的飞机堡作为临时指挥部，技术人员和施工部队住帐篷，挖地窝子。可是，专家来了怎么办？张老给邓小平副总理写了一封信，专门赴京找老首长邓副总理帮助解决。他到邓副总理家里那天，正好邓副总理因事外出，卓琳同志热情接待了他，并对他说：你把信放这儿吧，小平同志回来后我向他报告。两天后，他拿着邓副总理的指示和给黑龙江省委、省军区的信，直奔长春，很快办妥了专家的住房问题。至今张老谈及此事，仍然深有感触地说：那时组建靶场，真是白手起家，困难重重，党和国家领导人都非常关心，军委各总部鼎力相助，邓小平副总理全力支持，才保证了组建工作顺利进行。

50 年代中期，我国正值执行第一个五年建设计划，百业待举，基本建设材料十分紧缺。张贻祥和靶场指战员充分体谅国家的困难，大家自己动手，艰苦奋斗，用辛勤的汗水在大草原建设新家园。他也利用星期天、节假日带着公勤人员，拉着架子车到日本人废弃的机场捡砖头。一位肩扛金星的将军捡碎砖，这在世界上也绝无仅有。广大指战员被感动了，大家冬天冒着严寒，夏天顶着炎炎烈日，南去洮南，东去泰赉，捡砖头，拾管材和废钢铁。靶场的礼堂和一些住宅楼、实验室就是广大官兵用捡来的材料盖起来的。张贻祥的夫人至今谈起当年她第一次去靶场探亲时，还清楚地记得随张贻祥拉着架子车捡砖头的事。这就是老红军的作风，这就是创业者的行为。

为了加速我军新式武器的定型，中央军委要求兵器试验靶场"边建设，边试验，边培养干部"，而且要求所有新式武器样品试制出厂后，必须经过靶场试验鉴定，才能投入批量生产。1954 年下半年，我国生产的 75 毫米无后坐力炮，82 毫米迫击炮，还有炮弹、引信已相继试制成功，急需试验定型。靶场在一无场区，二无设备仪器，三无试验技术资料，又没有专业技术人员的情况下，张贻祥率领靶场官兵毅然接受了这两型火炮的试验定型任务。没有场地在其他地方临时借用，没有设备、资料和技术人员，让厂家协助，这在当时叫"打游击试验"。在试验工作全面展开的同时，张贻祥率领广大官兵在破旧的飞机堡处修建了一个临时靶场。把飞机堡重新整修，有的作为弹药、火炮准备工房，有的作为火炮库、弹药库，有的改作实验室，还修造了水泥炮位，弹道阵地和靶道，以及相配套的观察塔，高靶架，大立靶等设施。1956 年 6 月 9日，王树声大将专程赶到白城，为刚落成的临时靶场剪彩。张贻祥后来追忆这件事时说：那天，大草原上碧空万里，温煦的阳光普照大地，几百名干部、战士威武地肃立在火炮区两边。王树声大将在一片掌声中兴致勃勃地剪彩后，76 毫米加农炮、三种火炮、两种轻武器相继开始射击表演。霎时，枪炮声隆鸣，震撼着广阔古老的草原。从此，宣告了靶场的正式建成。

戈壁沙滩建奇功

1957 年底，张贻祥又奉命赴京接受了组建导弹试验靶场的任务。在陪同专家组到库仑、二连、赤峰一带空勘的飞机上，专家组组长向他介绍了导弹的战斗性能、试验靶场的战术技术条件等有关问题。虽然他听了似懂非懂，但他相信，我们今天不懂的东西，明天肯定会懂。在不远的将来，国防尖端事业一定会在我国获得飞速发展。他对未来充满了信心。

1958 年 1 月 18 日，正值隆冬季节。张贻祥随炮兵陈锡联司令员率领的勘察队伍飞向兰州。在兰州军区的协助下，他们又飞到酒泉以东、以北地区进行空勘。酒泉东北额济纳旗青山头一带是空旷的硬戈壁，就像一张白纸好写最新最美的图画一样，是理想的预选区域。为了掌握详细的勘察资料，他们骑着骆驼向戈壁挺进。这一带一望无际，满目荒凉，只有几幢干打垒的土房子坐落在溺水河畔，就像大海里的几只小帆船。他们就以这里为宿营地，踏勘周围几百公里范围内的地形地貌，了解地质、水文、气象、交通、矿藏和民情社情。夜里，他们蜷缩在干打垒的房子里，被冻得瑟瑟发抖，就找来干枯的索索柴烤火取暖。第二天天刚亮，陈锡联司令员与王尚荣部长到张贻祥住的土屋叫他起床，可怎么也叫不应声。进屋一看，张贻祥已一氧化碳中毒休克昏迷。陈司令员赶紧叫来医务人员进行抢救，当张贻祥有了知觉后，又立即用直升机送往兰州军区总院抢救，才使他又一次死里逃生。张贻祥的身体稍有恢复后，就又随陈司令员到甘肃西部和新疆地区勘察了弹道走廊和弹着区。

经毛泽东主席和中央书记处批准，我国第一个导弹试验靶场选在内蒙古额济纳旗青山头的荒漠戈壁。场址确定后，张贻祥又立即随工程兵司令员陈士榘上将率领的工程勘察组奔赴场区，研究确定靶场的各种配置和建设方案。施工部队进驻场区后，他作为试验部队前方工程指挥部领导成员，与工程兵几位老将军组成特种工程指挥部，在戈壁深处开始了前无古人的国防尖端工程施工。然而，恶劣的环境似乎要驱走刚进驻戈壁的将士，终日狂风大作，飞沙走石，天昏地暗。施工部队住帐篷，喝苦水，吃咸菜，战风沙，以顽强的斗志克服重重困难。有一天，张贻祥与赵东寰参谋长外出散步，赵参谋长说：前几天施工中牺牲的那名战士，在部队引起一些反映。有的战士觉得，在戈壁滩施工，吃苦倒不怕，死了后亲人也无法见上一面，连尸体都回不去了。张贻祥迟疑了一会儿说：咱们革命几十年，南北转战，有多少战友牺牲了。干革命就会有牺牲，我们在戈壁滩建设这么大的国防工程，也同样会有牺牲。我们必须教育干部、战士有一种"死在戈壁滩，葬在青山头"的革命精神。赵参谋长接着说：这句话好呀，"青山处处埋忠骨，何必马革裹尸还"。我们就对部队深入进行一次"死在戈壁滩，埋在青山头"的教育。从此"死在戈壁滩，埋在青山头"成了创业大军叫得最响的政治口号。40 年过去了，这口号激励着一代又一代科技干部、战士，扎根戈壁，献身国防，为我国国防科技和航天事业做出了巨大贡献。

在勘察弹着区时，为了少移民，少占耕地，掌握更详细的勘察资料，张贻祥毅然带领勘察队踏进了被称为"死亡地带"的塔克拉玛干大沙漠。26峰骆驼组成的驼队浩浩荡荡向大漠深处迈进。沙海黄沙漫漫，无边无际，荒凉孤寂，悠扬的驼铃声在天地之间回响。一个勘察队员问张贻祥："您听说过英国人到塔克拉玛干探险的故事吗？"张贻祥笑笑说："听说过。"张贻祥反问："你听说过西汉时期张骞出使西域吗？"对方也回答："听说过。"他们相视一笑，似乎都理解了对方的意思。10月的沙海，白天骄阳似火，晚上凉风习习，他们在大漠里不停地跋涉，记下了许许多多地质、水文、气象资料。为了我国的国防建设，张贻祥以无所畏惧的精神，率勘察官兵五进塔里木，勘选确定了几种型号中、远程导弹试验落区。

正当导弹靶场的试验、训练工作刚刚开始时，我国遇上了三年自然灾害。"老大哥"又突然撕毁协定，撤走了在华的全部专家。这对年轻的试验技术队伍来说，无疑是雪上加霜。在生活最困难的时候，广大官兵食不果腹，许多人因营养不良患了夜盲症、浮肿病。身为试验基地副司令员的张贻祥将军，想起了在太行山区挖野菜的日子，他带领干部沿溺水河畔采集能食用的沙枣、甘草叶、骆驼刺、芦苇根、苦苦菜，晒干粉碎后与玉米面、黑豆面、青稞面拌在一起制成代食品充饥。有一次，张贻祥到北京开会，聂荣臻元帅见到他就嗔怪地批评：你们怎么搞的，打沙枣都把树木毁坏了，人家的告状信都送到了国务院。张贻祥说：部队实在没吃的，只能采集野生植物充饥。因为树木太高，够不着，就用棍子打，打断了一些树枝。聂帅说：确实是个大问题，我们好不容易集结的科技干部到了戈壁滩，不仅环境条件艰苦，连肚子都填不饱，得解决这个问题。这件事后，聂帅出面向几个省市为基地筹措和调拨主、副食，才使这支科研试验部队渡过了难关。

在基地，干部战士还送给张贻祥一个"树司令"的尊称。早在勘察选点时，他就发现祁连山融化的雪水穿过溺水河流入居延海。在戈壁沙漠，只要有水，就能够生存，以后就能够大发展。他要用这条河养育我国的国防科技精英，用这条河勾画出场区长远发展的宏伟蓝图，把场区建设成沙漠绿洲。于是，他带领干部战士修水库，挖水渠，大力进行植树造林。张贻祥率领官兵修建的面积达 10.5 平方公里，储水 17000 立方米的水库，至今仍清澈见底，碧波粼粼，已成为大漠深处航天城的一处胜景。为了植树，张贻祥不知耗费了多少心血，从选树种、买树苗，到种树、管树，摸索出一套在戈壁滩植树的规律。种树时，坑要深，换成沙土、黄土、混合肥掺配的土壤。把树苗种下后，还要用草袋、草绳一棵棵裹起来，防风防冻，防止小孩触摸，牛羊乱啃。平时，他无论是外出散步，还是下部队检查工作，只要发现损坏树木的现象和行为，不管是谁，都要进行严厉的批评教育。看见小兔啃树皮，他也要跟随小兔查出主人，对主人进行批评。时至今日，基地的官兵换了一茬又一茬，仍然传颂着不少张司令当年爱树如命的故事。

如今，航天城绿树成荫，鲜花竞放，戈壁深处出现了一片宜人的绿洲，这不是神话，是现实。这里的环境美了，气候变了，张贻祥和基地的众多干部战士和科研人员，在这里以自己的血汗浇灌出丰硕的国防科技成果，推动了我国航天事业的起飞和发展：

1960 年 9 月 10 日，我国第一枚近程导弹发射成功；

1966 年 10 月 27 日，导弹核武器"两弹"结合试验，在我国本土取得成功，举世瞩目；

1970 年 4 月 24 日，第一颗"东方红"人造地球卫星飞向太空，开启了我国航天事业的新纪元；

1975 年 11 月 26 日，第一颗返回式卫星试验成功，并准确返回预定回收区；

……

每一次试验，每一次成功，每一次欢腾，无不凝结着张贻祥和基地官兵的心血。

20 世纪 60 年代中期到 70 年代初，随着我国国防科技事业的发展和国际形势的变化，张贻祥的足迹又踏遍了大半个中国，勘察选定了几种型号导弹、卫星发射试验场区。

1983 年，张贻祥老将军离休了，但他仍然时刻挂念着祖国国防科技和航天事业的发展，并笔耕不辍写下了不少总结部队建设经验的文字和心得，提供给第一线的领导同志参考。1999 年 5 月 22 日，张老将军因病逝世，永远离开了我们。他几十年的革命生涯，却在他身后留下了一条辉煌灿烂的人生轨迹。是的，为了创造新中国，建设新中国艰苦创业和做出贡献的人们——祖国不会忘记他们，中华民族的子子孙孙永远都不会忘记他们！

王铨：从旧中国的火工所长到新中国的军工专家

王星照

王铨（1905—1975），祖籍河北省定州市，1929 年毕业于汉阳兵工专门学校大学部火工品火炸药专业，1938 年毕业于德国柏林工科大学火炸药专业。曾任中国兵工学会副秘书长、第五机械工业部机械科学研究院主任工程师。中国兵器系统先进工作者，第三届中国人民政治协商会议特邀列席代表，第三届全国人民代表大会代表。

少有大志，投身兵工

王铨出生在一个普通农民家庭，年少父母双亡，在粮店做学徒，后靠祖父和哥哥帮助读完小学、中学。因此他了解到外面世界横行的列强和落后的中国，深受科技救国论影响。1925 年考入汉阳兵工专门学校，每个学年都获得奖学金。1929 年由汉阳兵工专门学校大学部火工品火炸药专业毕业。到汉阳兵工厂火药厂实习，实习期满以后，在 1930 年春，被派到上海兵工厂火药厂当技术员。先在棉药安定处理间，后调到理化室作分析化验工作。1931 年 4 月，到汉阳炸药厂工作了两个来月。到当年 10 月，调金陵兵工厂药厂当技术员，担任火工工作。汉阳兵工专门学校由汉阳迁到了南京，受聘兼职教授火工作业和火炸药类危害预防两门课程。

"九一八"事变后，国民政府展开了一系列国防建设。1935 年 3 月，武昌行营设立炮兵整理处，专负整理炮兵之责。抗战初期，中国军队人数并不少，有作战师 180 个（包括归入建制的八路军三个师），但海空军力量悬殊，特别是陆军火炮，更是差一大截。抗战爆发前，全国可用火炮仅 457 门，均为马拽山野炮、榴弹炮部队。有的作战师根本没有炮。而进攻的日军以师团为作战单位，一个甲种师团，下辖 4～9 个步兵联队（团）及 1 个野炮联队，兵力达 2.5 万人，拥有火炮 120 门，包括 54 门 75 毫米野炮，12 门 105 毫米榴弹炮等，且每个步兵联队还有300 余人的炮兵大队，拥有数十门迫击炮和反坦克炮。

1933 年 5 月，德国前国防部长、享有"国防军之父"美誉的塞克特将军来华访问考察。他在给蒋介石的建议书中写道："'九一八'事变后，日本窥伺中国，若无相对炮兵与之抗衡，在未来抗日战争中防御和获胜的可能性将微乎其微，如不加强训练和供应足够的武器配备，将来在战场上势必遭受严重损失甚至溃不成军。"1934 年初，塞克特成为第三任德国军事总顾问，国民政府军政部准备筹建新式重榴炮部队。国外几家军工企业纷纷前来报价，其中有捷克斯科达厂、德国克鲁伯厂、德国莱茵金属厂等。德国克鲁伯大炮声名远扬，呼声最高，但其生产并装备本国陆军的 15 厘米重榴炮，射程为 13 公里，达不到中国方面要求的 15 公里距离。莱茵金属厂则热情地表示可以按照中方条件设计，国民政府最后决定把这批重榴炮交由莱茵金属厂承制。

1934 年春，德国国防部批准莱茵金属厂向中国出售 24 门 15 厘米重榴炮，口径为 150 毫米，炮管身长 32 倍（口径），所以全称是 "32 倍 15 公分重榴弹炮"，简称 "32 倍 15 榴"。最大射程是 15 公里，配备有榴弹和穿甲弹两种炮弹，弹重 42 公斤。当时是以日本作为假想敌人而计划的。全炮重量 6 吨多，用汽车牵引，炮手都坐在牵引车上。这是我国历史上第一批机械化重炮。这种炮当时在国际上也是属于第一流水平的武器。每门炮配有 1000 发炮弹，全套价格折合中国 "法币" 87 万元，总价高达 2088 万元。国民政府当年向德国订购了总价值 3507 万元的军火，这批重榴炮的金额约占 60%。希特勒曾折中表态：武器绝不在 1935 年运交；但保留决定是否应在 1936 年运交之权。莱茵金属厂对希特勒的不置可否有着乐观的期待，到了 5 月就急急地开工造炮了。

当初签订合同时，中方还提了一个条件，组织技术人员到德国驻厂监造并验收。从表面上看，此举是为监督 "32 倍 15 榴" 的质量，以防止偷工减料，更深层的出发点则是想借此良机从中学习造炮技术。验收人员由兵工署组织选派，设计处处长江杓担任团长。团员由兵工署技术司炮兵课技正陆君和、技士沈莘耕、技佐张家骥，设计处技佐王国章、段士珍、施正楷，金陵兵工厂药厂厂长熊梦莘、药厂技术员王铨，巩县兵工厂炮弹厂主任李式白、引信厂主任周佑庭等人组成。验收团人员均系兵工专业技术人员，大部分能熟练掌握德语，个别甚至通晓多国语言，技术含量可见一斑。

王铨成为 15 榴重炮验收团 11 名成员之一后，1935 年 3 月先到德国西部杜赛尔多夫城莱茵金属厂的总厂（火炮厂），后到德国中部索梅达城引信火工厂同张家骥、周佑庭一起负责莱茵 150 火炮的引信和炮弹火药的监制验收。1935 年 5 月，24 门炮全部验收完毕，并随同炮弹及炮用器材、车辆等陆续运回国内，验收团的任务至此结束。火工品工作延至 1936 年完成，其间王铨进入柏林工科大学学习火炸药至 1937 年 6 月。王铨在德国曾先后参观过几个火炸药工厂，还到匈牙利、奥国参观过火炸药工厂、火工工厂、枪厂、钢厂、钟表厂等工厂。在瑞典卜福斯火炸药火工厂实习各种炸药、火药、火工品、工业炸药的生产技术。后因为兵工署炮兵技术处筹办一个小口径炮弹厂，王铨担任小口径炮弹的生产和技术工作，到 1938 年下半年基本完毕，12 月底离开德国回国参加抗战。今天，北京军事博物馆东兵器馆和辽沈战争纪念馆各陈列一门莱茵 150 火炮。

莱茵 150 毫米火炮在抗战中发挥重要作用。1936 年夏秋，炮兵学校接收了 24 门"32 倍 15 榴"后，机械化重炮团成立。全团总计两千余人，拥有载重汽车、观测车、弹药车、吉普车、三轮摩托车、两轮摩托车等各类车辆 480 辆之多，是名副其实的机械化部队。12 月，重炮团改编为炮兵第十团，在八年抗战中发挥了巨大作用。

参加抗战，培养人才

抗战时期，大批兵工厂迁渝，使重庆不仅成为大后方的兵工基地，也成为中国火炮的生产基地。在内迁重庆的 13 家大型兵工厂中，炮厂员工约 1.5 万人，生产的火炮主要有 60 毫米、82 毫米、120 毫米迫击炮和 37 战防炮、75 步榴炮、100 榴弹炮等，重点厂家包括兵工署第十工厂（炮兵技术处、江陵机器厂），第二十一工厂（长安机器厂）和第五十工厂（望江机器厂），三家工厂八年共生产火炮 1.5 万门，炮弹 598 万颗。八年抗战中，重庆生产的火炮，最先立功是在第三次长沙会战中。13 个军参战，中国守军将这些炮放置在岳麓山上，加上炮十团的榴弹炮，给予日军毁灭性打击。会战共消灭日军 5 万余人，这是自太平洋战争开始后盟国的第一次大捷，引起强烈的国际反响，为拯救民族危亡做出了贡献。

1939 年春，王铨在重庆炮兵技术处工厂担任火工部主管技术员。1940 年下半年，该处改称第十工厂，火工部改称火工制造所，王铨担任所长、工厂总工程师室工程师。因研究改进电雷管的结构和研究小口径炮弹火工技术工作，兵工署两次记功。其间再次受兵工学校聘任，兼职教授火工作业和火炸药类危害预防两门课程。

1942 年四五月间，王铨帮助第二工厂清理安装德制无烟火药制造设备，下半年正式调到第二厂，任工程师兼第一制造所所长（无烟药所）、工务处长。1943 年因安装机器设备，工厂成功生产火药，兵工署奖励铜质奖章一枚。抗战胜利后，1946 年 10 月调任南京兵工署新厂建设委员会委员、首任检验处长。

王铨重视科技人才培养，不仅两次兼任过兵工学校老师，还参与了嘉陵中学的建设发展。抗日战争初期，一批兵工厂西迁到重庆，二十五兵工厂 1940 年开办兵工署第二子弟小学。1945 年呈报重庆教育当局批准成立"重庆市私立嘉陵初级中学"。1946 年，二十五厂与二十厂奉命合并，嘉陵中学改由二十厂接办。1947 年秋学校开始增设高中部，成为了一所完全中学。到 1949 年，二十厂厂长陈哲生任董事长兼校长。陈升调兵工署副署长后，派由王铨兼任校长，嘉陵中学目前不仅成为名校，还衍生出重庆市第七中学、重庆工学院等姊妹学校。

历史抉择，走向光明

解放战争爆发后，王铨把中国人打中国人看作是人类的自我摧残，决心脱离国民党反动派，秘密和共产党建立了联系，三次拒绝国民党要去台湾的电令。挚友陈修和（陈毅堂兄、曾任蒋介石侍卫副官）中华人民共和国成立前夕遵照党中央指示，向陈毅、周恩来推荐，安排他前往重庆担任二十兵工厂（原金陵兵工厂）厂长。中华人民共和国成立前夕，在中共地下党领导下，担任护厂队长，组织护厂队保护工厂，迎接解放。中华人民共和国成立后，继续担任厂长，在西南军政委员会工业部万里、段君毅同志领导下工作。在新中国成立初的三年经济恢复时期，他领导工厂全体员工仅用半年时间，就重建了国民党溃逃时炸毁的动力设备，迅速恢复了军品生产，为抗美援朝战争及剿灭国民党残匪，源源不断地输送军品。"一五"伊始，工厂易名为长江电工厂，成为年轻共和国军事工业的中坚力量。

1950 年，中央决定和平解放西藏，我进藏部队第十八军急需装备无后坐力炮，刘伯承和贺龙专程来到五十兵工厂，要求生产 28 门，时任西南工业部高级工程师的王铨，陪同西南军政委员会工业部部长段君毅、副部长万里亲自到厂督战，工厂按时完成任务。这 28 门炮送到进藏部队后，在昌都战役中发挥了重要作用，为解放西藏立了功。

当时，我军还装备着解放战争时期缴获的大批美式大炮，但炮弹十分缺乏。我们一批科技人员急中出乱，把炮弹和炮管间隙计算错了，由于当时直接试验于战场，结果没有达到射程要求，造成了潜伏部队的重大伤亡，出了大事。在设计图纸上签字的人员都负刑事责任进了监狱。在这种情况下王铨临危受命，担任技术领导工作，组织设计替代炮弹获得成功，获得了部队急需的炮弹，荣立了大功。万里、段君毅、魏思文、李大章、陈修和等同志都曾大加赞扬。

献身国防，再立新功

1954 年调京参加兵器工业部门的组建工作。先后担任二机部二局、三机部五局工程师。职称是高级工程师，国家技术二级（原定为一级，后来他主动向组织提出低定为二级，理由是自己的老师火工品专家王道周、1952 年由德国回国的校友、坦克专家王运丰均为二级。这样对于组织、个人开展工作都有利，一至三级均为专家级）。干部管理上，他被列为中组部管理的 53 名国防科工系统人员之一。人事关系先后由国务院科干局、兵器部、解放军总政治部管理。20 世纪 60 年代，在我国试制短程战术火箭过程中，苏联撤退专家带走图纸后，给工作造成很大困难。王铨原来是五机部苏联专家接待组负责人之一，后来又担任火箭组组长。他迎难而上，主持制定了替代方案，研发成功了我国 60～80 公里战术火箭，连续三年被评为先进工作者，国家给予了他崇高荣誉，参加国庆、五一观礼，受到党和国家领导人的多次接见。特邀列席第三届政协会议，当选第三届全国人大代表。

1958 年 8 月，北京某院校工业学院开始研制五〇五探空火箭，目标 100 公里，采用固体火箭燃料。在火箭试制发生爆炸造成重大人身伤亡事故后，曾被要求停止试验。但院长魏思文将军认为：火箭研发本身就是一个新生事物，应该给新一代的科研人员提供机会和用武之地。他提出请一些专家来帮助指导，相信年轻人的创造力会给我们带来奇迹的。中华人民共和国成立初，魏思文将军在重庆时就与王铨相识相知、成为至交，经上级批准，特别邀请王铨参加指导试验，亲临太原、北京南口、宣化、白城靶场、朱日和基地参与发射试验。由于采纳了他提出的建议，终于解决了火箭发动机存在的问题。经过七次试验，于 1960 年 9 月发射成功，射高约 78 公里。北京工业学院特邀王铨为毕业论文答辩评审专家。

1964 年 1 月 9 日，经国务院国防工办批准，五机部成立兵器科学研究院，对外称机械科学研究院。王铨任主任工程师。1964 年 1 月 11 日，王铨等 70 人发出关于成立中国兵工学会的倡议。3 月 30 日，中国兵工学会在北京科学会堂隆重举行成立大会。王铨当选中国兵工学会第一届理事、副秘书长。

1965 年 4 月，根据中央决定，解放军炮兵科学研究院、总后勤部轻武器研究所与兵器科学研究院合并，称为五机部科学研究院。王铨任主任工程师。1967 年 10 月 25 日，中共中央批准《关于加强国防科研的报告》，将五机部科学研究院划归国防科委建制，分组成为解放军第十一（常规兵器）、十二（装甲兵）研究院。1970 年 1 月 1 日，中央军委决定将第十一、十二研究院合并为解放军第二十研究院（常规兵器研究院，后字二三八部队），隶属总后勤部。1975 年 2 月 26 日，国务院、中央军委决定二十研究院由总后勤部移交五机部领导，7 月 7 日完成交接工作（由于王铨在 5 月 25 日去世，成为二十研究院最后一个按照部队丧葬规格待遇的干部）。

1972 年，王铨回到北京，春节期间，还参加了总后勤部张宗逊部长为总后 50 名有突出贡献专家的春节团拜会。6 月 14 日，解放军总后常规兵器研究院在北京八宝山革命公墓礼堂举行追悼王铨同志大会，悼词中特别肯定他不仅为我国国防科研而且为我国国防工业事业做出了贡献。解放军总政治部颁发了革命工作人员病故证明书，明确按照师级以上干部待遇抚恤，由我军安葬，骨灰安放北京八宝山革命公墓第七室。

王铨同志曾入选钱三强主编的《中国科学技术专家传略》，他的档案国家永久保存在位于西安的国家档案馆。1999 年，"两弹一星"的授勋典礼上，中国"导弹之父"钱学森致答词时曾说："没有清华、浙大、兵工学校，中国就没有原子弹和氢弹；没有交大、同济、兵工学校，中国就没有导弹和人造卫星。"兵工学校荣获此等赞誉，作为它第一期毕业学员的王铨定含笑九泉！

李强：难得的军工多面手

———

沈秋农

原外贸部部长、国务院顾问李强是我党一位难得的复合型人才，他集革命家、科学家和经济专家于一身，在长达 70 年的革命生涯中，为新中国的诞生和建设做出了重要的贡献。他在革命战争年代为军工战线付出的艰辛努力与创造的丰功伟业，至今仍为人们所景仰。

在白色恐怖中，研制中共第一部无线电台

1923 年秋，李强入上海南洋路矿学堂大学部就读，由于他天赋灵慧，聪颖好学，无论数学、物理，还是外语的成绩，在班上均名列前茅，在同学中有很强的号召力。1925 年"五卅"惨案发生后，李强勇敢地带领同学们冲上街头，开展反帝大宣传，并被推举为上海市学联执行委员。同年 8 月，李强加入中国共产党，从此走上了一条职业革命家的道路。1927 年"四一二"反革命政变后不久，李强奉命撤往武汉，在中央军委书记周恩来领导下开展工作。同年 9 月，中共中央机关由武

汉迁往上海，当时正值大革命遭到失败，白色恐怖笼罩着全国。为了保证中共中央的安全，在周恩来领导下，中央特科于同年 11 月在上海建立。特科下设四个科，分别负责总务、情报、保卫、通讯等工作。设立通讯科之目的，在于加强党中央同各苏区与工农红军的联系，及时了解各地斗争情况。但当时国民党政府对无线电器材，特别是收发报机控制得非常严格，市面上根本没有成品出售，因此筹建秘密无线电台就成为我党一项艰巨而紧迫的任务。1928 年 10 月的一天，周恩来郑重地将无线电台的研制工作交给了通讯科长李强。与此同时，周恩来又将学习无线报务的任务交给了时任上海法租界地方党支部书记的张沈川，从此，他们俩就成为了中共无线电台的创始人。

李强接受任务后，一方面潜心攻读设法搞到的一套美国大学用的英文版无线电教材；另一方面他以无线电爱好者的名义，同在沪经营美国无线电器材的亚美公司和大华公司的商人交朋友，从他们那里陆续购买了无线电器材、工具及有关书刊，李强凭着扎实的英语和数学、物理基础，边学习边摸索，度过了许多不眠之夜。半年后，李强在 1929 年春末将第一台收发报机试装成功。趁着电台还没开始运转的当口，他就先组装了几台发报机，悄悄拿到上海各码头的大轮船上去卖，既熟练了技术，又赚了些钱，解决了特科经费拮据的燃眉之急。1929 年下半年，中央正式决定建立第一个无线电台，李强、张沈川在沪西极司非尔路（今万航渡路）福康里九号租了一幢三层楼房，作为电台的秘密台址。

夜静更深，李强看着张沈川打开那架自制的收发报机，用业余无线电台的呼号开始呼叫，得到了其他业余电台的回答。为了防止敌人侦听，每次试验时间都只有几分钟，这样连续试验了几个晚上，电台运转顺利。当周恩来得知中央第一个秘密无线电台胜利诞生的喜讯后，亲自编制了第一本密码。无线电台建立后由李强负责机务，张沈川分管报务。

1929 年底，李强带上由自己和张沈川共同培养出来的第一个报务员黄尚英，奉命到香港九龙建立第二个秘密无线电台。次年 1 月，沪港两地通报成功，成为中共自己制造的第一对通报电台。以后随着电台制作经验的日益丰富，收发报机的质量和报务人员的业务水准均有提高。至1932 年，中共中央的声音已能通过秘密电台及时传达到全国各大根据地，对领导各地的革命斗争发挥了重要作用。

延安制造的第一支步枪："无名氏马步枪"

1938 年初春，抗战的号角将远在苏联的李强召回到革命圣地延安，先是担任军工局和无线电局的副局长（局长由中央军委参谋长滕代远兼），主持全面工作，1941 年升任局长，在这里他为人民兵工事业奋斗了九年。虽说延安是黄土高原上的一座名城，但它毕竟经济落后，交通闭塞，不但找不到工业的踪迹，仅有的手工业也是一些不起眼的小作坊。

1938 年的春天，李强是在马背上度过的，他以探宝的目光四处搜寻着发展兵工生产所需的各种资源。他发现：陕北的棉花，是硝化棉的原料；延长县石油沟的石油，是动力资源；黄土岗中的铁矿和煤矿，可以用来炼铁；羊油资源可以用来提炼甘油，是硝化甘油的原料；木材资源可用来烧炭。特别是八路军总部的鼎力支持，则为军工事业的开创与发展提供了重要保证，他们为军工局采购各种设备、仪器、物资、原料并帮助护送到延安。

在李强的领导下，延安的军工事业从无到有，从小到大，从单一到全面，有了快速的发展。先是办起了战争环境下既便于转移，又利于生产的马背工厂，接着又设计制造出了生产枪械的专用机床。面对陕甘宁边区被封锁的形势和前线的迫切需要，李强心急如焚，他多次对各军工企业的领导说："只要你们能生产出机器、武器、弹药和各种需要的产品来，要什么条件我都设法保证。"军工局全体同志响应党中央自力更生、艰苦奋斗的号召，没有技术工人，就设法召集了一批造枪工人；缺少原料，就用铁路上的道轨代替；没有铜，就号召前线战士收集废子弹壳，运到后方，再装上子弹头，称为复装子弹；没有专用设备，就用手工加工。大家齐心协力，克服各种困难，终于在 1939 年 4 月 25 日生产出陕甘宁边区第一支七九步枪，又名"无名氏马步枪"，这也是我军军工史上自己制造的第一支步枪。同年 5 月 1 日，毛泽东等中央领导同志在延安举办的第一届工业展览会上，把兵工厂生产的第一支步枪握在手中掂了又掂、瞄了又瞄，兴奋之情溢于言表。从此，在八路军战士手中开始有了自己生产的步枪。为了表彰茶坊兵工厂做出的突出贡献，中央军委专门授予特等奖。

宝塔山下，走出一群中华民族的优秀人才

作为军工局局长，李强有个优秀的特点是勤于学习、善于学习，尊重人才、培育人才。他并不满足于以往在无线电研究方面取得的成绩，为了使自己早日成为军工战线上的内行，他同其他同志一样如饥似渴地学习。当他获悉伍修权那里有不少俄文版的军事技术书籍时，就借来认真阅读。除了向书本学，李强还十分注重向专业人才学习，尽快丰富自己对军工生产技术知识的了解，提高自己统领全局的才能。当时来自全国各地的知识分子和专门技术人才因为向往革命，相聚在宝塔山下，其中有许多人被安排到军工局，他们中有搞机械的、化学的、炼铁的、烧炭的、印刷的、纺织的……可谓人才荟萃。为了提高工人和技术人员的积极性和责任心，李强十分注意改善和提高职工的生活水平，在每月薪

金报酬上，规定干部是津贴制，工人是工资制。技术干部最高月薪 20
元，技术工人最高月薪 28 元。李强作为军工局的最高领导每月也只拿
20 元，这对工人是一种无言的激励。李强在不同场合反复强调，搞军工
生产除有正确的政治观点外，还必须有正确的技术观点。在他的鼓励和
倡导下，军工企业技术人员和职工们的积极性与创造性得到了极大的提
高和发挥。

1944 年 6 月，李强兼任延安自然科学院（今北京理工大学的前身）
院长，这是由中国共产党创办的第一所理工科综合大学，标志着党领导
高等科技教育的重要开端，充分体现了党中央高度重视对科技知识分子
的培养。学校下设物理、化学、生物、地矿四个系，学制三年，生源是
从各单位抽调的具有中学水平的青年。为了提高学院的教学质量和学生
的实践能力，学院还建立了化学实验室、生物实验室、机械实习厂和化
工实验厂等。学院成立于 1940 年 9 月，李强是继李富春、徐特立、陈
康白后的第四任院长。

李强兼任院长后，大胆提出将学院和工厂结合起来，走科学研究和
生产实践相结合的道路。他经常带领军工局的技术专家给学生上课，结
合斗争实际，先后开设了兵器学、爆破学、炼铁原理、工艺学、金属学
以及制图、炸药及爆炸等课程。为了让同学们将学到的理论知识与实际
工作结合起来，以深化和巩固学到的专业知识，李强有计划地安排同学
们去各军工企业实习。

如机械系的同学来到炼铁高炉旁，一边听老师讲解，使同学们真正
了解高炉、送风机的制造及燃料的烧结原理，并一起参加了炼铁的全过
程。当第一炉质地优良的灰生铁冶炼成功时，同学们欢呼雀跃的激情也
感染了李强，他对同学们说："通过参加高炉冶炼的实践，你们既学习
了知识，又为我们解决了军工急需，这收获不是一点点啊！"同学们听

了兴奋地鼓起掌来。

延安自然科学院在先后不到五年的时间内，培养了 500 多名科技干部，为打败日本侵略者，夺取全国胜利，建设新中国立下了不朽的功勋。新中国成立后，在这些莘莘学子中有的还走上了党和国家领导人的重要岗位，他们中有曾任国务院总理的李鹏、全国政协副主席叶选平。军工局自身也成为一所培养人才的摇篮，据不完全统计，在军工局工作过的人员中，有 39 人在新中国成立后担任过副部级以上的领导职务。

毛泽东挥毫题词：坚持到底

军工局初创伊始，一穷二白，困难重重，除了有着 40 多名工人的修械所及建立于红军时代的被服厂、印刷厂外，基本上没有什么工业基础。这对刚从国外回来的李强来说，无疑是个极大的考验，但李强相信"事在人为"四个字。经过一年时间的艰苦拼搏，延安的军工企业已初具雏形，李强以茶坊兵工厂为基础，成立了军工局一厂、二厂、三厂。其中一厂负责制造机器，二厂负责制造步枪，三厂负责生产手榴弹、复装子弹并负责筹建炸药厂。在一次军工局的大会上，李强坦言：我们边区发展工业的特点是举世所无，第一，工具自己做；第二，原料自己找；第三，房子自己造；第四，技术自己学；第五，没有规定的原材料。在自力更生的口号下，李强紧紧依靠全体干部职工，充分发动大家献计献谋，群策群力，克服了一个又一个困难。至 1944 年，陕甘宁边区已发展到 120 多家工厂，其中军工系统就有八个厂，工人队伍发展到1.2 万多人，为边区的军工生产和民用工业生产奠定了良好的基础。

延安的军工生产有了快速发展，在 1939 年至 1943 年的五年中，李强领导下的军工企业共生产步枪 9758 支、子弹 220 万发、手榴弹 58 万余枚、掷弹筒 1500 门、掷弹筒弹 19.8 万发、八二迫击炮弹 3.8 万发、修枪万支、修炮4门，还为地方民兵生产了地雷上千万枚，为保卫陕甘宁边区，加快推进夺取抗战胜利的进程做出了积极贡献。

1944年5月1日，陕甘宁边区工厂厂长暨职工代表会议在延安召开。在这次大会上，共有五位同志被中央军委授予"边区特等劳动模范"的光荣称号，其中李强是唯一的军委局级领导干部。当李强接过毛泽东赠予的亲笔手书"坚持到底"的题词时，台上台下报以热烈的掌声。这次大会的宣言书还特别提出："要学习军工局长李强同志，他领导、计划、布置、设计并亲自动手，推动和帮助了边区重工业的各种主要发明和创造精神。"这是党中央对李强为军工事业做出积极贡献的充分肯定与高度评价。

两弹元勋王淦昌

———
沈秋农

今年是著名核物理学家、中科院资深院士、九三学社中央名誉主席王淦昌诞生 100 周年，回顾他 91 年的生命旅程，他始终站在科学研究的第一线，为我国原子弹、氢弹的成功研制与和平利用核能源做出了卓越贡献，当之无愧地成为我国核科学的主要奠基人和开拓者，是科学工作者的一代师表。

如痴如醉　爱上物理学

1907 年 5 月 28 日，王淦昌诞生于常熟县支塘镇枫桥湾村一个中医之家，他自幼家境不好，父母早逝，靠外婆和哥哥抚养长大。但他聪慧好学，读书非常刻苦，先是在私塾读了两年，在八岁时就被送到太仓沙溪镇的洋学堂求学，当了寄宿生，每月回家一次。在沙溪小学，王淦昌从一年级读起，课程有国语、算术、美术、体育等。王淦昌对算术特别感兴趣，解算术题成了最喜欢的游戏。小学毕业后，他被送到上海浦东中学读书，用四年时间学完了中学的全部课程。1925 年，王淦昌以优异成绩考取了清华大学。在这里，王淦昌先是迷上了化学，同时对物理学也深感兴趣，由于物理系老师的授课非常生动，善于启迪和鼓励学生的思维能力和动手实验能力，开启学生的智慧之泉，所以进校一年后分系科时，王淦昌毅然选择了物理系。在大学的最后一学期，物理系主任要王淦昌独立完成一项实验工作，以实验报告作为毕业论文，实验的课题是《测量清华园周围氡气的强度与每天的变化》，其目的是要透彻研究北平附近气象因素对大气放射性的影响，实验从 1928 年初冬开始至 1929 年初春结束。王淦昌先是查阅了大量参考资料，接着将一台废弃的静电发生器改造成高压电源，随后就开始数据记录工作。实验既烦琐，又艰苦，除需要敏捷、熟练的技巧，更需要对专业的钻研和恒心。王淦昌不管刮风下雨，每天都一丝不苟地进行测量、记录、分析和整理，经过 4 个月的辛勤努力，他成功地完成了实验工作，写出了毕业论文。这项实验工作不但锻炼和培养了王淦昌动手做实验的技术和耐力，也提高了他对实验结果作综合分析的能力。物理系主任对王淦昌的出色工作和实验结果十分满意，将他留下来任助教，并亲自将他的论文译成英文，发表于《清华大学论文集》第一期，这也是清华大学第一篇用实验报告形式所作的论文。这一年王淦昌才 22 岁。

探寻科学奥秘所带来的无穷乐趣，促使年轻的王淦昌走上了一条漫长的物理学研究的道路，并成长为我国科研工作者的杰出代表。70 年后，忆及当年的学习和选择，王淦昌激情四溢，侃侃而谈，他说：物理学是一门很美的学科，大至宇宙，小至基本粒子，都是它研究的对象。它寻求其中的规律，这是十分有趣味的，是一个很好的专业。

鞠躬尽瘁　献身核科研

1955 年 1 月 15 日，党中央作出重要决策——发展中国核工业。1961 年 4 月，刚从苏联杜布纳联合原子核研究所任职期满回国的王淦昌，接到二机部（后改名核工业部）刘杰部长约见的通知。刚一见面，刘杰部长就开门见山地提出："今天请您来，是想请您参加领导原子弹的研制工作。"面对组织的信任和厚望，誓言从王淦昌心底涌出："我愿以身许国。"次日，他就到二机部九局报到。报到后，彭德怀、陈毅、彭真等党和国家领导人到实验室去看望王淦昌等核科学家，外交部长陈毅紧紧握着他的手，高兴地说："有你们这些科学家撑腰，我这个外交部长也好当了。"

在当年，研制原子弹是国家的最高机密，到二机部系统工作的人，都要经过严格的政治审查，并接受保密教育，而九局更是二机部的核心部门，不仅要求绝对保密，还要求断绝一切海外联系，长期隐姓埋名，这一切王淦昌都答应了，并毅然将自己的名字改为"王京"。从此，他隐姓埋名，中断与外界的联系达 17 年之久，直到 1978 年才恢复原名。

在九局（又称第九研究所，后改名第九研究院）王淦昌先后任副所长、副院长。王淦昌原先是搞实验物理的，对炸药学、爆轰学、爆炸力学不是很熟悉，为了挑起领导实验工作的重担，他挤出时间认真学习，弄懂了就去工地讲课，带领大家一起从事实验工作。从 1961 年 4 月至 1964 年 10 月的三年半时间里，王淦昌带领研究人员不知经过了多少次爆轰实验，逐步掌握了原子弹内爆的规律和实验技术。爆轰物理实验先是在河北省怀来县长城脚下一个工程兵部队的靶场内进行，这里地处风口，严冬风雪交加，寒气刺骨，盛夏骄阳似火，挥汗如雨，一年四季，浑身上下不是沙，就是土。当时正是国家经济困难时期，生活条件十分艰苦，由于营养不良，许多人得了浮肿病，王淦昌也不例外，但他全然不顾，带领几十名试验队员一心扑在实验工作上。1963 年 3 月，从事核试验的工作人员汇聚到青海湖东边的海宴县核试验基地。王淦昌回家与家人告别，只说是要到西安去工作。天苍苍、野茫茫的海晏县平均海拔在 3200 米以上，自然条件非常恶劣，处处荒山秃岭，飞沙走石，不但霜冻期长，年均气温在零下 0.4 度，且高寒缺氧，气压很低，水烧不开，馒头蒸不熟，路走快了要气喘，头晕目眩、心悸厌食等高原反应屡见不鲜。对此，王淦昌从不叫苦，干任何工作都身先士卒，绝不马虎。同时他对身边的年轻人疼爱有加，关心他们的生活，为他们鼓劲加油，他告诫年轻人："搞科学研究的人，不能怕艰苦，不能过多考虑个人生活，对待工作一定要周密细致，严肃认真。对核试验要绝对保证一次成功，万无一失。"在党中央的直接领导和关心下，所有参加核试验的单位都协同作战，严格把关，因此试验工作进行得有条不紊，稳步推进。

　　1964 年 9 月下旬，一列由解放军押运的装有原子弹的专列从青海高原驶出，直奔新疆核武器试验基地，再由直升机运往大漠深处的罗布泊试验现场。1964 年 10 月 16 日下午 3 时，我国第一颗原子弹在戈壁深处成功起爆。随着一道红色的强烈闪光过后，一阵惊天动地的巨响震耳欲聋，稍后，一个巨大的火球从 120 米高的铁塔上升腾而起，扶摇直上，渐渐地形成巨大的蘑菇云。中国人民自行研制的原子弹爆炸成功了！试验现场欢声雷动，王淦昌眼中饱含热泪，禁不住与年轻人一起欢呼跳跃，庆贺这来之不易的胜利。接着，王淦昌又和其他核科研专家一起，根据党中央的指示马不停蹄地投身于氢弹的研制工作，常常忙得席不暇暖，食不甘味。经过两年八个月的艰苦奋斗，1967 年 6 月 17 日，我国第一颗氢弹爆炸成功，成为世界上第四个能够制造氢弹的国家。之后，我国又于 1969 年、1975 年、1976 年成功进行了三次地下核试验。这一切都渗透了王淦昌的无数心血。在他的心目中，事业高于一切，国家利益高于一切。正是凭借这一坚定信念，王淦昌经受着来自自然界的、技术上的、生活上的各种困难和挑战，同时他还要努力排除"文革"的种种干扰，坚决顶住造反派对他这个"反动学术权威"的批判与冲击，忍辱负重，从而确保核科研工作顺利推进，万无一失。1978 年 6 月 16 日，国务院任命王淦昌为二机部副部长，7 月 20 日，又任命他兼任原子弹研究所所长。

积极倡导和平利用核能源

十年浩劫给国民经济的发展造成了极大破坏，粉碎"四人帮"后，大力发展经济建设的呼声日益强烈，经济要发展，能源须先行，因此，能源建设的快慢，有着举足轻重的作用。王淦昌以他深厚的科学底蕴对未来能源发展作出判断，认为将来核能必然会成为能源的主要来源，主张一定要把核电站建设起来，让原子能造福人民。为此，他与部里几位专家于 1978 年 10 月 2 日联名写信给国务院副总理邓小平，提出要和平利用核能源，全面规划和发展我国的核电建设。邓小平很快将信批转给有关部门，要求认真听取专家意见。1980 年 1 月，中共中央发出 2 号文件，就核电建设作出规划。同年，中央书记处为了提高中央领导同志的科学技术知识，在中南海开设了"科学技术讲座"，邀请中科院的专家为中央书记处和国务院领导同志讲课。获此信息，王淦昌主动找到中科院有关领导，建议在原定讲课计划中，增加《核能——当代重要能源之一》的内容，说着他拿出一张世界上几个大国核电发展的情况统计表，指着上面的数字说：现在美国核电容量达 5200 万千瓦，苏联达 1150 万千瓦，可我国还是零。我们只有尽快开发利用核电，才能解决能源危机问题，促进社会主义建设的发展。王淦昌的建议很快得到中央书记处的批准，并确定由他主讲。为此，年逾古稀的王淦昌做了充分准备，他不但收集了大量资料，反复修改讲稿，还要求助手将主要讲解内容与图片制成 50 张彩色幻灯片，又铅印了大字号讲义。为保证讲座效果，他作了多次试讲，力求全面准确、清晰透彻。当年 8 月 14 日，由胡耀邦总书记主持的核能讲座在中南海怀仁堂举行，130 多位党中央、国务院及有关部门领导同志参加。满头银丝的王淦昌精神抖擞，他从什么是核能、世界核能发展概况，讲到核电站的安全性与经济性、我国发展核电的必要性与可能性。他指出我国发展核电是解决能源分布不均匀的最好途径，还就如何开发利用核能提了五点建议。课后，胡耀邦语重心长地对王淦昌说：核电站不可怕，我是相信科学的，相信你们这些科学家。所谓能源危机，其实就是科技危机。从历史发展看，总是新能源代替旧能源，关键是科学技术水平，科学家的担子重啊！面对总书记充满期望的目光，王淦昌决心以从事研究原子弹、氢弹的毅力与责任，积极推进核能源工程的建设。

搞核电站建设在我国是个从无到有的重大建设工程，各种疑虑不断提出，有人讲核电投资，经济上是否划得来？也有人认为，只需花钱购买国际成熟技术就行，没有必要搞自力更生，王淦昌力排众议，以各种方式释疑解惑，并在不同场合向中央领导和有关部门领导宣传只有坚持自力更生，才能加快民族经济的发展，他认为我们不能用钱从国外买来一个现代化，而必须艰苦奋斗，才能自己创造出来，"百鸟在林，不如一鸟在手"。1983 年、1986 年、1990 年，王淦昌又与其他核科学家联名写信给中央领导，提出和平利用核能是我国发展核工业的根本方针，发展核电一定要有战略决心和长远打算，应及早制订我国核电发展中长期规划等建议。这些建议得到了中央领导的高度重视和充分肯定。其间，王淦昌与王大珩、陈芳允、杨嘉墀四位科学家经过反复研究和论证，于

1986 年 3 月 2 日联名向党中央提出《关于跟踪研究外国战略性高技术发展的建议》，三天后，邓小平就作出了重要批示："这个建议十分重要……此事宜速作决断，不可拖延！"同年 11 月，中共中央、国务院批准了由国家科委制定的《高技术研究发展计划纲要》，这一计划纲要简称为"863"计划。如今"863"计划和它的倡导人——王淦昌等四位科学家的姓名已被镌刻在我国科学技术发展史的巍巍丰碑之上，载于青史，传于万代。

我所了解的航天专家卢庆骏

———

顾希强

　　卢庆骏教授是一位有名望的数学家、数学教育家和导弹与航天技术专家。1965—1971 年，我作为他的助手，曾与他在七机部第一研究院共同奋战了五年，在动荡的岁月里一起经历了无数的风风雨雨。

　　卢庆骏 1913 年 3 月 5 日生于江苏镇江。1995 年 7 月 6 日在北京病逝。生前曾任浙江大学、哈尔滨军事工程学院教授，航天工业部第一研究院副院长，第三届全国人大代表，第二、三、五、六、七届全国政协委员，第五届北京市政协常委，全国数学学会理事，全国第一届科协理事，宇航学会理事，系统工程学会理事，国务院学位委员会第一届学科评议委员等职。

家学渊源与勤奋治学

　　卢庆骏的父亲卢镇澜前清考入水师学堂，后又公费留学日本，研读法律，一生在法学界工作。父亲为人刚直，不喜逢迎，母亲勤俭持家，这些都影响了卢庆骏的思想作风与生活。他兄弟六人，幼年生活极为艰难，但学习刻苦。在中学读书时，受数学教师谢先生的影响，投考了浙江大学数学系。他尊老师为父辈，对同学同事视如手足。毕业一年后，1937 年他返回母校任教，于 1946 年被选送赴美留学。

卢庆骏聪明过人，记忆力极强，在大学讲授函数论、概率论、数理统计及其应用。讲课时经常不用讲稿。在浙大执教期间，他连上两堂不同的课，每堂课都不带讲稿，讲课却有条不紊，逻辑性、启发性很强。其他各系同龄老师慕名前去听他讲课，他仍能不带讲稿讲得有声有色。在繁重的课务之外，他还刻苦研究并撰写论文。其中，他解决了名家哈代、李特尔伍德以及 Z. ZaLewaser 等人提出的悬而未决的问题，并深入研究了有关 Fourier 级数强性求和等方面的论述，有十几篇论文登载在国内外知名的杂志上。这些学术论文为他以后出国深造并获得美国博士学位打下了坚实的基础。

卢庆骏在出国前已经在三角级数方面发表了八篇文章，并对 A. 赞格蒙的《三角级数》专著有了深入钻研，因而当他在 1946 年秋到美国芝加哥大学跟随 A. 赞格蒙攻读博士学位时，只用了两年时间便获得了博士学位。

周恩来总理亲自点名调动

1949 年 5 月 2 日，卢庆骏怀着一颗赤子之心回到了祖国，任浙大数学系主任。

1952 年冬，中国人民解放军军事工程学院（简称哈军工）点名要调卢庆骏去任教，时任浙大教务长的苏步青坚决不放。直到哈军工派教育长徐力行专程到上海拜访苏步青，使他弄清了哈军工的性质、任务之后，苏步青才同意卢庆骏调离浙大。1953 年 3 月，卢庆骏去哈军工任教，任哈军工高等数学教授会主任。1958 年被聘兼任黑龙江大学数学系教授兼系主任。

1956 年 2 月，被美国人誉为中国导弹之父的钱学森回国后，向国务院呈报了建立我国国防工业意见书。不久，中央军委成立了国防部第五研究院（简称国防部五院，后改名七机部、航天部、航天工业总公司）。

该院派人去哈军工指名要卢庆骏，哈军工不同意。后经国防部五院副院长钱学森推荐，周恩来总理亲自主持的中央专委第十三次会议决定调卢庆骏到国防部五院，创办质量控制研究所（七〇五所）。但哈军工仍坚持不放，改以两边兼搞协作为名，不做正式调动。卢庆骏是在这种情况下到北京工作的。直到 1965 年 3 月才正式调动，任七机部第一研究院（中国运载火箭技术研究院）副院长兼质量控制研究所所长。

老教授遇到了新问题

在学术界卢庆骏是一个很有名望的大数学家，在大学是资深教授。"半路出家"改行从事具有高风险、高难度特点的高科技航天工程，对他来说很多事情得重新学起，将会面临无数意想不到的困难。但是为了发展我国的航天事业，他告别了工作过几十年的大学校园欣然前往北京赴任，时年 49 岁。这是他人生的一大转折。他开始从事导弹与航天型号的试验、预测与评估及精度分析等研究工作。

我国自行设计研制的第一个地对地战略导弹，在研制定型飞行试验和导弹、原子弹结合（简称两弹结合）试验成功之后，该型号导弹转入批量生产。卢庆骏分工负责此项任务。任何产品研制取得成功容易，但保持批量生产的一致性即保证产品质量很难，这是从必然到自由的一个规律。更何况两批导弹生于"文革"的乱世之中，"先天不足"。此时，老教授遇到了新问题。

由于受"文革"的干扰、破坏，七机部派性严重，科研生产处于瘫痪或半瘫痪状态，以致该型号导弹带批次性的质量隐患频频发生。1967—1968 年两年间，用于批次性抽检的三发导弹飞行试验均以失败而告终。从三发导弹坠落的现象分析，两批导弹存在着严重的带批次性的质量隐患，第二炮兵拒收。事故分析长达两年，未有结果。其原因：该导弹技术队伍转入新型号的研究，留下的守摊人员寥寥，技术力量不足；战斗弹未装遥测设备。导弹坠毁后无遥测数据可供分析，事故分析工作十分困难。一时出现了"失败不可知"、"只好下马"等言论，守摊的人员完全失掉了信心，该导弹出现了危机。

由于该导弹是具有核威慑力的战略武器，此问题引起了周恩来总理的极大关注，这才使事态出现了转机。

1968 年 1 月 6 日，当时主持七机部科研生产的副部长钱学森向院军管会主任、卢庆骏副院长和助理顾希强传达周总理指示：产品定型和两弹结合飞行试验都成功了，为什么现在又不行了？古人说"行百里者半九十"，这句话很有哲理。不能像熊瞎子掰棒子那样掰一个掉一个，一定要认真查清原因，一定要认真吸取教训！

为了认真贯彻落实周总理指示，1968 年 1 月 7 日，张镰斧、卢庆骏、屠守锷、任新民、马应涛等院领导和机关领导于龙淮开会研究决定：为分析提供数据，将两发战斗弹改装成送测弹；对已生产出来的产品普遍进行质量复查；尽快组织再一次的飞行试验。

山重水复疑无路，柳暗花明又一村。在采取以上措施之后，由时任十二研究所副所长（中科院院士）的梁思礼牵头组成的事故分析小组经过反复分析、试验之后确认：这三发弹坠落都是由于水平陀螺在装配时，其固定修正电刷的螺钉少拧了一圈半所致。梁思礼临危受命，负责牵头并卓有成效地进行事故分析，解决了该型号导弹继续研发、批次生产的问题。

迎难排险经受考验

三发导弹飞行失败的原因虽然查清楚了，但被连续受挫耽误了两年时间，原定三年的保险期只剩下一年，第二炮兵仍然拒收"○三"批产品。于是解决保险期问题又变成突出的矛盾。在卢庆骏的组织领导下，各分系统做了大量艰苦细致的工作，在取得充分的试验数据并进行认真的分析之后，一院上报了关于延长该型号导弹保险期的报告。经中央军委批准：将保险期从三年延长到八年，保险期问题由此得到了妥善解决。

延寿工作成功，使该型号"○二"批导弹成为我国首批装备部队的战略核武器。但一波未平，一波又起。继"○二"批导弹出现批次性的严重质量隐患之后，"○三"批又连续出现了两起重大质量事故。卢庆骏组织有关人员夜以继日地进行事故分析和试验。最终确认，这两起事故是发动机液氧泵和发动机导管均有批次性质量问题引起的。要想排除故障必须进行全弹大分解，更换液氧泵和导管之后，对导弹进行再安装并测试才行，如此会造成很大的工作量，且困难很多。

在正常情况下，部队存放的导弹应返回总装厂，在清洁度要求很高的密封厂房进行返修。卢庆骏在经过综合考虑及缜密分析了总装厂房面积、运输安全、返修经费和返修周期等问题之后，毅然作出决定：由顾希强组织工作队到厂房条件简陋、清洁度差的第二炮兵某作战基地现场去完成该批产品的检修任务。

在工作队领导的精心组织、部队的大力协同和工作队全体成员的积极努力下，经过了将近三个月的日夜奋战，确保了导弹的质量和安全，圆满地完成了检修任务。最后，顾希强全权代表导弹的研制生产单位，在每发导弹出厂开具的履历书（合格证）上作出"该导弹检修合格，可交付部队作战使用"的结论，并签字以示负责。这是中国运载火箭技术研究院历史上前所未有的重大检修工程。

在克服了重重困难、突破了技术难关、彻底解决了两批导弹的批次性质量问题之后，该型号导弹的质量在第二炮兵历次的战训发射任务中，"发发成功，无一失败"，经受了严格的考验。该型号导弹虽然早已退役，但作为参加导弹、原子弹"两弹结合"的导弹，它在历史上的作用功不可没。

又一新的严峻考验

长征三号运载火箭因成功地首次发射卫星（亚洲一号通信卫星）而闻名于世，它使中国成为世界上第四个具有地球同步卫星发射能力的国家。

20 世纪 70 年代，从确定长征三号火箭三子级采用液氢液氧方案后，十一研究所全力以赴加大研制氢氧发动机的力度。卢庆骏是主管氢氧发动机研制的院领导。这对他来说又是一个新的课题。他愉快地接受了这一任务，并认真负责地抓好这项工作。从氢氧发动机开始预研到交付使用，长达十多年。他深入科研、生产、试验第一线，和设计、生产、试验人员在一起，排除故障，攻克难关，做了大量的技术组织和指导性工作。

氢氧发动机性能准确性问题是这种发动机能否投入使用的条件之一。为了保证氢氧发动机性能的准确性，他组织了发动机性能鉴定工作。要保证发动机性能准确性，首先必须提高和鉴定各种参数测量系统的测量精度，尤其是液氢质量流量的测量精度。这是一个世界性的难题。在他坚持不懈、精心组织和严格要求下，突破了液氢、液氧两种推进剂，各三种质量流量测量系统（称重法、液面计加密度计和涡轮流量计加密度计）的研制和精度鉴定工作，达到了预期的测量精度，获得了准确的发动机试车性能。氢氧发动机在交付总装使用时，系统性能参数全部达到精度指标。卢庆骏为氢氧发动机的研制成功做出了突出贡献，因此，1985 年，作为项目的主要完成人员之一，他获得了国家科学技术进步一等奖。

生活艰难无怨言

卢庆骏性格温和，待人热情，处事历来低调，谦逊无私。原航天部副部长张镰斧曾对我说：我很佩服两个人，一是屠守锷刚直不阿，二是卢庆骏淡泊名利。

由于从哈军工到七机部这一调动是以校协作之名，加之后期受"文革"的影响，卢老的家属迟迟没有调来，身边无人照顾且住房条件很差。16 平方米的宿舍，吃饭、睡觉、学习都在里面。室内乱糟糟的，书籍很多，罐头盒也不少。卢老的牙不好，食堂买饭回来需在煤油炉上煮软了再吃。衣服脏了要自己洗，有时遇到了缝衣扣之类的小针线活儿也得自己干。这种苦行僧的生活一过就是七八年。

卢庆骏不会骑自行车，为了工作经常步行 5 公里往返于院部和总装车间之间，有时一天两次。某夜，总装车间电告，导弹在测试中出了故障，急需卢庆骏去处理问题。那天，他到总装车间工作了一天已经疲惫不堪，当时他已经是五十七八岁的人了，晚上再步行到车间，我感到于心不忍，于是，我骑自行车带他到车间。当年他虽然肩负着国防重任，却是在如此艰苦的条件下工作。

对助手的照顾与关爱

卢庆骏和蔼可亲，平易近人，虽是领导，却很有人情味，也特别会关心人。1968 年，在酒泉发射基地，我偶染小疾，当时"红卫兵"串联，列车上拥挤不堪，为我的健康着想，他让我提前乘钱学森同志的专机回京。事隔多年，他还没有把我忘记，在我生病住院时，他亲自到病房去探视；我调三线工作，临行前他让夫人张复生（曾任第三届全国人大代表，第五、六届全国政协委员）代表他到我家来送别。在我申报享受国务院政府特殊津贴时，他在我的报告上写道："顾希强同志在工作中认真负责，功劳卓著。此报告所述均属实情。特予以证明。"对我真是关爱有加。

如今卢庆骏教授驾鹤西去已经 11 年了，然而他坦荡的胸怀、渊博的学识以及淡泊名利的品德，至今仍深深地在我脑海里挥之不去。他在后半生中，任劳任怨，不遗余力地为发展我国的航空航天事业倾注了全部的心血。1991 年他曾被评选为航空航天部有突出贡献的专家。我们应该永远记住卢庆骏这批老航天人为我国航天事业所做出的巨大贡献。

名医施今墨二三事

———

行 之

我国中医巨星施今墨先生，原为全国政协委员，已于 1969 年伤于
"四人帮"之毒手，谢世迄今已有 16 个春秋了。

今墨先生祖籍浙江萧山，其祖父在清末任云南曲靖知府，途经贵州
时今墨出生，故乳名曰黔，稍长分为今墨两字，遂以行世。今墨自幼聪
颖过人，读书过目不忘。虽为世家子弟，但能居安思危，善于处理艰难
危险之事务。例如燕京之距滇池，相去何止万里，其间崇山峻岭，江河
湖泊，不可胜数，而今墨能长途跋涉，不辞辛劳，可谓有胆有识。

今墨先生从医前，曾一度追随黄兴奔走革命。民国初年，亦曾短期
从政。熊希龄任北洋政府国务总理时期，曾将永定河工程巨款据为己
有，并在北京香山兴办幼稚院，聘今墨任院长。但熊妻骄横跋扈，令工
作人员称呼其为"督办太太"，今墨不屑，一怒之下，拂袖而去。今墨
终因宦海浮沉，弃政从医。

今墨兄弟二人本不习医，适其舅李可亭先生以医为业，常以医书授
之今墨并谆谆告之曰："甥等他日，当以仕途出身，但学一点医药常识，

亦有益无损。良田千亩，不若薄技在身也。"此话反复多次，对今墨影响极大。于是，每当课余遂随舅习医，弱冠已能通晓中医理论而正式开业。

今墨于民国初年即提倡中西医相结合。他认为中医积累千余年之经验，如与西洋医学相结合，必能探明真理，总结规律，将中医的临床经验上升为理论之精华，再用之于指导临床实践，必能造福于人类。今墨的这些论述受到有识之士的一致好评。

今墨不但医德高尚，而且事父极孝，每日晨昏必躬亲奉养。自己生活俭朴，但常备车供乃父出游。

今墨对人十分谦和，即便对于一般服务人员亦非常客气，和颜悦色，待之如宾，因而更受到人们的尊敬。

旧社会的某些中医，往往在开方之后，多不问其疗效如何，以求进一步之改进。今墨开方犹如文章的初稿，再三斟酌，反复推敲，甚至亲临病家探询疗效如何，以求进一步之改善。因而使患者感激涕零，不可名状。

少数旧社会的庸医以赚钱为目的，而不顾病家之财力甚至生命，往往极简极轻之病，一帖药可了，必延至三四次。如伤寒、肺病等则必延至数月，每次仅易一二味无关痛痒之药，以欺病家，使病家经济受到极大之损失，甚至贻误病人之生命。此种恶习，为今墨所深恶痛绝。今墨针对病情开方，尽量使其一剂治愈。如遇贫困病家，则酌情减免诊费。这种高尚的医德，当然使病家感激不已。

1925 年中山先生扶病入京，而事与愿违，段祺瑞事事拂其意，因之病情日趋恶化。侍卫人员谋之今墨，今墨竭力反对动手术，主张用汤药治疗，或可延缓数年，结果侍卫人员不听劝告，终因手术无效病故。现由北京图书馆保存的《孙中山先生辞世记》一书中尚有今墨所开的处方。

今墨先生医术高明，但从不自满。他 64 岁时，突患胸膜炎，西医每日抽去几百 CC 水，亦无效。今墨自度必死，已备后事，但在弥留中突然想到在某一古医书中有甜瓜子及西瓜子可去此病之句，遂命家人以此冲服，不数日，果然病除，不悉何故，亦从未复发。从此，今墨常告诫其学生要"温故知新"，要经常认真总结临床经验，并且要抓紧整理古籍，以求古为今用。

施今墨大夫热爱中医事业，但国民党政府曾一度拟议废止中医，施今墨大夫曾联络各省名医向国民党政府请愿，并为此到处奔走呼吁，深得全国人民的同情与支持，终于迫使国民党当局放弃这一与民心相悖的措施。之后，国民党又多方对中医实行限制，不许中医培养人才，但施今墨为了使中医事业后继有人，不惜以自己的门诊收入开办一所"华北国医学院"，惨淡经营，直至新中国成立，已培养出六七百位优秀的中医。

施大夫长于治疗肠胃病及妇科各症，晚年又精心研究冠心病，其处方、丸药深受人民喜爱。如施今墨气管炎丸、高血压速降丸、强心丸等疗效显著，流传甚广。施大夫对治疗糖尿病尤有独到之处。

施大夫一生对中医事业贡献巨大，尤其可贵的是他勇于革新的精神。他曾一度深入民间，到北京的千芝堂、明德堂、万全堂应诊，开中医坐堂应诊的范例。新中国成立后，他曾受到毛主席、周总理的接见并被特邀为全国政协委员，受到广大人民群众极大的尊敬。他的遗著《祝选施今墨医案》及《施今墨临床经验集》两书在医学上均有极高的价值。临终前，他还嘱咐将遗体解剖，贡献给医学事业。他将永远为人民所怀念。

在"四人帮"倒行逆施的十年动乱中，施大夫被诬蔑为"反动学术权威"而被迫害致死，使医学界遭受无可弥补的损失。党的十一届三中全会以后，才把强加在施大夫身上的种种诬蔑不实之词推倒。今天，中医事业欣欣向荣，受到党和政府的高度重视。施大夫留给我们的宝贵医学遗产必将更加发扬光大，并将永远为人民造福！

誉满京华的名医施今墨

祝肇刚

20 年前的 8 月 22 日，一颗中医界的巨星陨落了，施今墨先生安息了。他那双诊治过无数患者的手，手指微微弯曲，像还在为患者诊脉；那双洞人肺腑的眼睛，轻轻闭着，像还在思考着疑难的症结；那额上的皱纹，记录着一代名医创业的艰辛。为了缅怀施今墨先生，我们特请施今墨先生的外孙祝肇刚医生撰写了一篇回忆施老高尚医德的文章，刊登于此，以之纪念。

历经坎坷　终入杏林

我的外公施今墨先生生于 1881 年 3 月 28 日，祖籍浙江萧山县，原名施毓黔，因其祖父在云南和贵州做过官，施今墨出生在贵州，故起名"黔"。他年幼时，其母多病，遂立志学医，他的舅父、河南安阳名医李可亭因为看其聪颖，从 13 岁即教他学习中医，并常对他说："良田千亩，不如薄技在身。"所以施今墨学医刻苦，20 岁左右已经通晓中医理论，可以独立行医了。他的父亲认为仕途才是正道，就送他进了山西大学堂。在那里他由于受进步思潮影响从而萌生了民主与革新思想，后因反对山西大学堂西斋主持人、传教士李提摩太的专制，被校方开除，转入山西法政学堂，因成绩优秀被保送至京师法政学堂。这时经人介绍认识了黄兴，并由黄兴介绍加入了同盟会，从此开始了革命生涯。他以医疗为掩护，随黄兴奔走革命，至 1911 年辛亥革命成功，推翻了清封建王朝。施今墨作为山西代表，在南京参加了孙中山先生就职大总统的典礼，并以客卿身份协助陆军总长黄兴制定陆军法典。在《陆军刑法》《陆军惩罚令》《陆军审判章程》中都有施今墨先生的手笔。后来袁世凯篡权，孙中山出走，黄兴病故，施今墨应湖南督军谭延闿之邀，出任湖南教育厅厅长。但那时军阀正忙于混战根本无人过问教育，施今墨壮志难酬，不久又应顺直水利督办熊希龄的邀请，出任北京香山慈幼院副院长之职。当时他想在香山慈幼院创造一个与世隔绝的理想境地，让孤儿们自食其力，在自己开办的工厂、农场中从事各种工作，让这里充满自由、平等、博爱。但社会的腐败、官场的倾轧、某些官太太的骄横，使施今墨的理想难以实现，他因此愤而辞职，决心弃政从医。1921 年，他自己更名"今墨"，取义有三：其一，纪念诞生之地，"今墨"同"黔"；其二，崇习墨子，行兼爱之道，治病不论贵与贱，施爱不分富与贫；其三，要在医术上勇于革新，要成为当代医学绳墨（今之墨准之意）。施今墨在法政学堂以及后来在参加同盟会革命从政时，都经常为人诊病并小有名气，此时一旦专心医业，精研医术，立刻医名大噪，誉满京师，门前经常摩肩接踵，车水马龙。

1925 年，孙中山在京卧病，施今墨先生亦应邀参加会诊，提出中肯建议；1930 年，出诊西安，为杨虎城将军诊治，药到病除，载誉而归；1935 年，国民党政府颁布中医条例，规定了考核办法及立案手续，北京第一次考核时，当局挑选医术精湛、民众信誉好的医生负责，施今墨和肖龙友、孔伯华、汪逢春被举为主考官，负责出试题及阅卷，嗣后即有"北京四大名医"之说。

为民请命　挽救中医

1927 年后，由于帝国主义的文化侵略，西医之势渐旺。1928 年，国民党政府扬言要取消中医，1929 年，余云岫首先发难，提出取消中医议案，国民党政府拟正式决议……中医生存，岌岌可危。消息传出，举国大哗，施今墨先生奔走南北，团结同业，成立中医工会，组织华北中医请愿团，数次赴南京请愿，以求力挽狂澜。当时国民党少壮派汪精卫只相信西医，又主持行政院工作，大有非取消中医不可之势。适值汪精卫的岳母患痢，遍请西医，未见少效，行将不起，有人建议请施今墨先生诊治，汪精卫无奈，同意试试。施公平脉，每言必中，使汪精卫的岳母心服口服，频频点头称是。处方时施老说："安心服药，一诊可愈，不必复诊。"病危至此，一诊可愈？众人皆疑。一张处方仅服数剂，果如施公之言。汪精卫这才相信中医之神验，题字送匾"美意延年"（庄子语），自此再不提取消中医之辞了。后来在全国舆论压力下，国民党政府只得收回成命，批准成立中央国医馆，任命施今墨为副馆长，中医终于以妙手回春的实际疗效，赢得了生存的权利。

兴医办学　结合中西

许多人问施今墨先生的医术为什么这么神？其实施老不神，除了自身聪明隽智之外，尤其善采百家之长，总结经验，以不断充实自己。他听说上海名医丁甘仁医学造诣很深，曾乔装病人，多次前往求医，仔细观察了诊病过程，很得启发，认为丁甘仁的理、法、方、药运用规范，临床医案经过整理后，颇有参考价值。为利于学生学习，他在自己兴办的华北国医学院以丁甘仁医案为教材，亲自讲授。施老还盛赞上海名医王仲奇说："经方盛行北方，在江南能运用经方而出名，甚为难能可贵。"施老在临床上，不分中医西医，不别经方时方，只要对病人有利，随手拈来。为了振兴中医，他开过医院，办过药厂，虽最终都失败了，但施先生最后认识到：振兴中医在于人，要有高质量的中医人才，必须办学，使自己的学术思想为更多的中医所掌握，中医事业就会有长足的发展。1931 年，施老筹办了华北国医学院。他对学生讲："我以为中医的改进方法，舍借用西医的生理、病理以互相佐证，实无别途。"所以在课程设置上以中医理论为主，设《内经》《伤寒》《金匮》《难经》《温病条辨》等。以西医理论为辅，设置了生理、病理、解剖、药理等课程。施老注重实践，在带学生实习时，吸收了西医的检查和化验手段，并经常和西医专家姜泗长等，共蹉医疗方法，所以施今墨先生的学生思路都比较宽。他曾对学生说："全面精察、苦心探索、灵活运用、谨密掌握、选方准病、选药准方，不可执一方以论病，不可执一药以论方，不可循一家之好而有失，不可肆一派之专而致误，其有厌学图便者，只敦用少数之成方、单方以统治万病，非吾之徒也。"学生对经方、时方无门户之见，能灵活运用，在临床上都有较好的疗效。华北国医学院学生的毕业论文也具有较高水平，获得中医界赞许。在施老先生办学的十几年中，共办 16 期，毕业学生 600 余人，现分布在全国都是中医的骨干。

我曾亲见施老诊病，坐在八仙桌一侧，病人坐在另一侧，他用手抚着病人的脉，认真地听病人诉说，不时问几句，有时也简单回答几句，脸上的表情始终是慈祥的、平静的，令人信赖。然后取毛笔在处方笺上开方，交给病人时再嘱咐几句，像对家人一样亲切，病人总是捧着药方，千恩万谢地告辞出来。我的父亲（祝谌予先生）曾对我说："当年我和李介鸣先生一起随你外公学医时，一上午挂100个号，你外公一直看到过午，然后在汽车上边匆匆吃午饭边赶去人家出诊，一下午总有七八家呢。有时施老自己病了躺在床上，还对我们说：不要将远来的病人拒之门外，实在病重领进来我给看看。你外公对病人真是有着特殊的感情啊。"施老对病人的这种感情凝练着医生的责任、品德、良知和对病人的爱心！

殷勤师徒　对药层出

我学医时父亲常给我讲：施先生说过，看一个医生的医术高低，不是看他会背多少经典，而是看他理论与临床疗效是否相符，临床治疗才是检验医生理论的依据。施老曾请著名的周介人老先生为学生们讲解《内经》《难经》《伤寒》《金匮》等，周老先生讲书极好，许多学生都深受其益，打下坚实的中医理论基础。施今墨先生读书极多，可说是学富五车，博古通今，但他不是读死书，而是善解其意，融会贯通，纵横联系，师古而不泥古。讲起医理，皆是古人精华而又具有自己的新意。比如流传于世的"施今墨药对"是父亲祝谌予在随施老学医时，发现其在处方时往往双药并书，"白茅根、白苇根"、"桑叶、菊花"、"车前草、旱莲草"……于是就留心收集，整理了100多对药，请教于施先生。施先生讲自己在阅读古方书时，发现古方中有许多起关键作用的药物，往往成对出现，或一寒一热，或一升一降，或一气一血，或一散一收，非常符合中医理论"阴平阳秘"、"以平为期"的原则，起到正反双向调节的作用。写者无心，读者有意，施先生就自己默默记下来，验之于临床，发现确实药少而效著，于是就一对对积累起来，形成自己的用药特点。而祝谌予发现了老师的用药特点，又刻意收集整理成为"施今墨药对"，这使老师对这个学生大为满意，认为那么多学生中唯独这个学生肯于钻研，可以继承自己的学术思想，以后就纳为门婿。父亲也确未辜负施老厚望，在任北京中医学院教务长时，向同学们介绍了"施今墨药对"，同学们纷纷传抄。学生吕景山毕业后将"施今墨药对"又加工整理，1985年出版了《施今墨药对临床经验集》，作为对施先生的纪念。

巧思治病　妙手回春

我学医后，开始阅读施老医案，常为施老临症的巧思而惊叹。1928年初春，施先生曾应邀至天津出诊。患者50余岁，住张园附近。患者已高烧十余日，西医诊为肠伤寒，中医诊为湿温。施老诊视时，见患者口唇枯裂，面目黧黑，神志昏蒙，时醒时迷，大便秽溏，污染裤褥，呼吸促急，脉细如丝，生命垂危。施先生索前医所诊方剂视之，清解、调和、芳香透络、消炎、泻热、通利二便，各种必用之法无不遍施；所用药味，桑菊、银翘、三黄、石膏、安宫、紫雪、至宝各种必需之药，无不遍选。考虑不算不周，处理未为不当，而病势日重，其原因何在？施先生经过反复考虑，又从头详尽辨析，终于发现前医施治药虽对症，但祛邪与扶正的关系处理不当。攻邪怕伤正，结果攻邪不力反留邪；扶正怕助邪，结果扶正不力反助邪，屡成助邪伤正之势，反复如此，恶性循环，导致正气衰微。施先生决定祛邪扶正同时并进，充分祛邪，大力扶正，集中优势，方见柳暗花明。于是嘱用大枝西洋参三钱（约10克）浓煎，送服局方至宝丹一丸，好似于灰烬中利用星点火头，吹火燃薪，气大亦灭，气小亦会灭。施先生凭自己数十年功力，遣方用药，到底使死灰复燃，患者仅存微弱阳气，经他的救治，复发勃勃生机。当西洋参累计用过三两、局方至宝丹服过 10 丸时，患者烧退眠安，神志已清，饮食恢复，大便成形。原方再用一周后，加入饮食调养，月旬遂告痊愈。祝谌予为之解析：局方至宝丹与安宫牛黄丸、紫雪丹并称中医三宝，紫雪长于解热通便，安宫长于退热止痉，而局方至宝丹长于化痰醒脑退热。施先生于临床体会：局方至宝丹还兼有解外邪之功。西洋参扶正而滋阴，药性和缓用于久虚伤阴之人甚当。此人此病选此药此量，症药相对，药量适当，可谓丝丝入扣，故能起死回生。

妙用人参　巧治"猪仔"

我父亲祝谌予还讲过：施先生在用参、认参方面，堪称专家，一枝人参在手，掂掂分量，嗅嗅气味，看看色泽，即可说出这参的产地、品级、药效等。父亲还给我讲了外公用参的往事。

那是在民国年间，曹锟贿选总统，他玩弄权术，捞取选票，收买傀儡议员，故人称议员为"猪仔议员"。有一广东议员，因在议会上与人争执，笔砚横飞，大打出手而致暴怒吐血，回至金台旅馆延医诊治，服药后不但吐血未止，复加便血，遂延请施先生出诊。施先生到西河沿金台旅馆，其家人引至病人房中，待施老进屋后，其家人将门从外反锁，告诉施先生：此人救活则放你出来，治死则要你同葬（蛮横至极）！施先生先是气愤，后想还是先看病人。进到里间，见床、帐、被、褥尽是血渍，病人仰卧，头歪向一旁，面无血色，双目紧闭，气息奄奄，呼之不应，口边仍有血沫随呼吸漾出，抚脉细如游丝，似有似无。家人言，前时上喷血下便血故床帐、被褥、衣裤皆染血迹。施老思忖：血自上出宜降，血自下出宜升，现在上下皆出血，升、降都不适宜，只有固守中州，而固中州唯有人参最良。遂命其家人，急取老山参一枝（约 30 克）浓煎频频灌服。一时许，病人不再吐血，脉复出，又嘱再取一枝老山参合入前枝中再炖，再频频灌服。此次服完，病人已有呻吟，眼可微睁，颔首示谢，已复生机。其家人表示歉意并要重谢，施先生拂袖而出，登车自去。事后谈起，他告诉学生：人参中以野（老）山参最佳，别植参次之，高丽参多为别植参，至于红参、白参，为人工炮制，有燥性，不甚好用。西洋参亦名花旗参，性柔润不伤阴，补而不燥，以美国产者为上品。施老自己在诊务繁累时经常一天吃一两，有时出诊在车上也嚼服，所以尽管辛劳，但是他的气色很好，充满活力。

施老讲过这样一个医案："曾于天津治一妇人血崩，血出不止，在医院里止血药、止血针无济于事，将其倒悬，堵塞血亦渗出，人皆束手求治于我。中医理论：'气为血帅，血随气行，急当固气。故我亦用老山参浓煎频灌，终得血止人活。有人以为人参可以止血，就把人参当止血药用，再遇崩漏，必用人参，结果不但不止血，反生他症而不自知。所以人参用之得当可以'起死回生'，用之不当亦可伤生。当与不当，在于辨症。"施老认症准，也为病人着想，开处方时在保证疗效的前提下，尽量选价廉的药物，以减轻患者负担，甚至对穷人还免费看病或赠药。所以施今墨先生的医德乃有口皆碑。

清解适度　创制新药

西医治病，讲究定位、定性，用药定时、定量，有的中医认为太机械、太死板，施先生却认为有可取之处。清末河北名医张锡纯的"阿司匹林加石膏汤"，有人认为荒诞不经，但施老却注意它确有临床疗效。在治外感上，中医传统认识是分为外感风寒、风热、风湿。施先生认为："余意不论其为外感风寒或温热，不论其为传染性或非传染性，必须外因、内因结合起来看。六淫、疫疠之邪皆为外因，若单纯外因亦不均能致病，例如流行性感冒病毒，其传染性颇强，传播最为广泛，然而流行区域亦非百分之百均染是病，又如夏日酷暑，温热蕴郁但中暑者究竟不是多数，'邪之所凑，其气必虚'，外因通过内因始生作用，确为至理名言"；又说："外感热性病，多属内有蓄热，外感风邪，治疗时应既解表寒又清里热，用药时表里比重必须恰当。"于是施先生创出"按比例清解表里之说"，寓西医之定量、定性，寓张锡纯之清热、解表于其中，谓之"七解三清（解表药味与清里药味之比例为7：3，余以此类推）、六解四清、五解五清、四解六清、三解七清"。在临床中示明表里关系，非常实用。用施老"没有里热不能致外邪"这个理论，就可以解释治温病初起的"银翘散"中一派清凉药为什么独加一味性温的芥穗，其作用就是加强解表力量。以后施今墨先生创制了"感冒丹"（由于是施先生献给国家的秘方，恕我不便公开它的药物组成），在临床中有很好的疗效。国内人不以感冒为事，而在国外，尤其西方，却视感冒为洪水猛兽，谈虎色变。所以施今墨的"感冒丹"行销东南亚乃至西欧，疗效显著，为广大华侨所喜爱。因"感冒丹"的作用在于调摄阴阳，增强人体抵御疾病能力，不因感冒病毒的变异而减低效力。运用施老的这个理论遣方用药，对于单纯感冒发烧，往往两三剂药，应手而愈。

单方小药　矢矢中的

"感冒丹"方中，用药数十种。平时施先生诊治的多为疑难怪症或久治不愈的顽症，所以为加强药力，照顾全面，他的处方往往药味较多。这样有人就说：施今墨用药是"韩信用兵——多多益善"，又说是"漫天撒网——这头不着，那头着"。其实施老不但认症准确，而且善于组方，精于配伍。他曾说："临症如临阵，用药如用兵，必须明辨症候，详慎组方，灵活用药。不知医理即难辨症，辨症不明无从立法，遂致堆砌药味，杂乱无章。"施老讲究无论病轻与重，用药多与少，必须要有法度。这在他的临床中，每每得以体现。施先生曾治清代一蒙王族妇人，患关节痛发热，前医屡进"羌活胜湿汤""独活寄生汤"，越服疼痛愈甚，以至日夜号叫痛苦万分，发热也一直不退。施先生出诊时见其面色红赤，唇舌焦裂，目睛血丝，脉象洪数，痛不安卧，于床上辗转反侧凄声哀号。施先生诊后便断为热痹，知是前医不识热痹之理，屡进辛燥祛风之药，致使火势日燔，血气沸腾。于是施老处方：紫雪散一钱（3克）顿服。服后须臾疼痛少止，稍能安卧，施老遂处方：每日二次，每服紫雪散一钱。二日后病人号叫渐歇，发热亦见退降。此时有一医生言：痹症为风、寒、湿三气杂合而致病，紫雪散为寒药，再服下去，必将转重，而且寒药服多令人痴。患者家人害怕，停服紫雪散，请此医改处他方。不料服其方后疼痛再重，发热又起，只好再请施今墨先生诊视。施老仍处方：紫雪散一钱，日服二次，以后每次增加一钱。随服药量增多，病痛锐减。数日间共服紫雪散达二两之多，发热、疼痛均愈，神色恢复常态，以后改处活血理气之药调养善后。施老说：胆愈大，心愈细。经云：有故无殒，亦无殒也。如果仅知痹从风、寒、湿来，不知其化热之理，此病鲜能治愈？再则所用"紫雪散"中含有麝香，其通窜之力最雄，血气因火热煎熬凝涩不通而致痛，以麝香之力行之通则不痛，故能治愈。从以上可以看出，人参治血，紫雪通痹，施老不仅善用大方攻除顽疾，而且善用小方治疗重症，关键在认症准确，用药精当。忆昔有人患风湿性心脏病，经常发作心悸、气短，求医于施老，他并未处方，嘱其购松子一麻袋，每日三次，每次一捧（约一两许），取松子仁细嚼咽下，待一袋松子食完，其心悸、气短未再发作。

还有一青年患腰椎骨质增生，腰痛如折，行动困难，屡经中西医治疗未效，经施老诊治四次，定为肾虚所致，即命其回家，每日服枸杞子一两，一个月后腰痛大减，行动自如，两个月后，健如常人。十数年后再遇，言腰痛再未复发，盛赞施老医术高明。施先生自己说："唯认症准，用药中的耳。"

谦和待人　君子之风

施老对同道非常敬重宽厚，从不贬谪他人。有患者拿前医处方请其评论，施老则说："方开得不错，各人有各人路数，你也可以服我的药试一试……"

天津曾传闻施今墨巧改药方的事：1944 年，施老到天津出诊，遇金姓富商来邀请至其家。观其人面白体丰但乏神采，闻其声气短言低，望其舌淡而少苔，切其脉细缓无力，询其症"乏力身倦，食不甘味，便下稀溏"。又言"前时服天津名医陈方舟处方三帖，无大效，故改请施先生处方"。施老索陈先生方阅之，乃"四君子汤"（人参、茯苓、白术、甘草），正合己意，金氏之症是为气虚，用"四君子汤"补之可谓药症相合，但因其久虚，需长服方可，不会短期取效。施老说：此方切中贵恙，照服数剂可愈。但金氏认为已服过无大效，执意要施先生重新处方，施老只好让其取来笔砚，即处一方：鬼益三钱、杨枹三钱、松腴五钱、国老三钱，嘱连服两周。金氏见药方已改，遂安心服药，两周后病体果愈，金甚喜，派人带礼物来京酬谢，施老推却道：不应谢我，应谢陈方舟先生，我不过是为他抄方而已。原来人参又名鬼益，白术又名杨枹，茯苓又名松腴，甘草又名国老，施先生所写，仍是"四君子汤"原方。实际施老用药习惯，不会单用此四味药，可能传闻不确，不过从此也可看出他的谦恭待人之一斑。施老常对学生们说："人家说我是名医，其实我这一辈子还是没见过的病多，看不好的病多。"还说："我的经验都是从为病人治病中得来的，我要还给病人才对得起他们，才觉心安。"如此医德，令人钦佩！

良相名医　人民公仆

施老热爱周总理，总理敬重施老，他们有着深厚的情谊。1949 年，施今墨先生拒绝国民党政府赴台亡命的"敦请"，和其他 30 几位国民党立法委员在《人民日报》上毅然发表声明"虔诚接受中共领导"。当他从南京回到北京时，周总理派傅连暲同志前去看望，代表总理问候施老，并表示希望提出对发展祖国医学事业的建议。1953 年 4 月，总理又在中南海接见了施今墨先生，对他说："施老先生，我想请您当老师，谈谈祖国医学事业的发展问题，这是当务之急啊！"施老说："总理您太客气了，今墨不过一介草药医生。"总理说："您是专家，搞事业不听专家意见，不懂装懂，独断专行那是要吃亏的，我今天是虚心求教，请千万不要过谦。"施老被总理的真诚深深打动了，向总理倾吐了久郁心中的愿望：建议成立中医科学研究院、中医医院、中医医学院，开展中西医结合事业，建议提高中医地位……总理认真地听完说："在新中国，中医一定会有一个新的发展、新的变化，我们不但要让中医在国内占有重要地位，而且要把它介绍到国外去，让西方懂得，中医是人类医学宝库的重要财富！"总理的信任，使施老激动不已。在以后的一次中医中药展览会上，施今墨先生献出了治胃溃疡、十二指肠溃疡、高血压、神经衰弱、肝硬变、肝脾肿大、气管炎等十大验方。总理得知后非常高兴地说："好！中医打开门户之见，团结合作，才更有希望！"后来十大验方中的"高血压速降丸"、"神经衰弱丸"、"感冒丹"、"气管炎丸"，被制作成药，畅销海内外。"文革"期间，药盒上印的"名医施今墨处方"被当作"四旧""破"掉了，结果外商不买了，说是假药，虽经工作人员一再解释也无济于事。最后还是经补印，外商方才认购。由于施老的贡献和他的名望，被举为全国政协委员，在政协会上受到毛主席接见。毛主席对施老说："我青年时就熟知你的名字，你是南北驰名的名医，希望你对祖国医学事业多做贡献。"后来，施老又献出上百个验方，都为国家所收藏。总理多次请施老看病，每次都要问候他的身体、工作、生活等情况，很关心中医、中药方面的问题。1964 年总理出访亚非14 国时，还嘱咐邓大姐前去看望施先生。

"文革"的风暴，也冲击到东绒线胡同路南的宁静小院，小院失去了往日的安宁。80 多岁的施老禁不起折腾，病倒了。在这危在旦夕之际，施老的二女儿给总理办公室拍了市内电报，诉说了降临的灾难。总理立刻派人把施老全家搬到建国门外灵通观的一幢高楼上保护起来，并安排解决医疗费、生活费等问题。施老感动得热泪横流，对孩子们说："你们小啊，不懂，他太忙了，麻烦他，不应该啊！太不应该啊！"1969年施老病重时写给周总理和邓颖超同志一首五言律诗：

> 大恩不言报，大德不可忘；
>
> 取信两君子，生死有余光。
>
> 余恨生亦早，未能随井冈；
>
> 路歧错努力，谁与诉衷肠。

同年 8 月施老病危，总理日理万机脱不开身，就派人来看望，8 月22 日下午 4 时，施今墨先生与世长辞。他去世后，总理对施今墨先生临床医案的整理出版十分关心，曾指示有关部门"要大力支持"。

施氏医术 后继有人

我初学医时，于临诊时遇有患者的病症与施老医案记载相似，就按施老原方抄录给患者，结果效如桴鼓一如医案所载，令人心服口服。

曾有一位唐山医生特地来京向施今墨先生道谢。他说自己原在药房拉药斗，有时也看些小病，后来得到一本《祝选施今墨医案》（1940 年祝谌予为施今墨整理出版），在遇到疑难病症自己束手无策时，就翻阅《祝选施今墨医案》，按其中病情相似的处方一诊、二诊、三诊顺序抄录给患者，而患者竟和医案记载一样，一步步好起来，随之医名日起，所以前来感谢。

我由此体会，学医初起父亲要求我们学习施老先要"形似"后再"神似"确实精当。父亲要我先学施老现成套路，即施老对于每种疾病自己拟的首选方、次选方、特殊方等，他对各种疾病都有独到见解，特殊处方。比如治疗糖尿病，施老认为"以虚症、热症为多，尤以虚热之症最为常见"，强调"糖尿病人，大多具有气短神疲、不耐劳累、虚胖无力等正气虚弱的征象"，就选用两组对药"黄芪、山药"和"苍术、元参"。糖尿病患者多饮、多食、多尿、消瘦，属于伤阴症，苍术性燥，用于伤阴之症，无异于火上浇油，雪上加霜，所以历来没人敢用苍术治疗糖尿病。施老从古医书中见到明代周慎斋用药体会：脾阴不足，重用山药，宋代杨士瀛所言"苍术敛脾精不禁，治小便漏浊不止"，便以生黄芪补脾气配山药补脾阴、苍术敛脾精配元参以润制燥，形成独特风格，取得良好疗效。通过现代药理研究，这两个药对都有降血尿糖的作用，足见施老用药的准确。

我随父亲参加整理《施今墨临床经验集》的工作，使我更好地体会到施老用药特点。1962 年父亲已将施老自新中国成立后所诊治的数万病历整理挑选出数百例，按系统编印成册，分发给各专家审阅，但经历了"文革"的大劫难，原来收集的资料，散失殆尽，1970 年时我们手头仅存六七万字的初稿，于是从各处寻借残存初稿，抄录、核对最后才复原成 30 万字、13 章的初稿，几经修改最后才由祝谌予、翟济生、施小墨

（施今墨之子）、施如瑜（施今墨之女）定稿，交人民卫生出版社，于
1982 年出版了《施今墨临床经验集》。1969 年施老在病榻上曾说："我
虽今后不能再看病，而我的这些经验，对人民是有用的，一定要整理出
来，让它继续为人民服务。"从此亦可看出施先生的襟怀。

施老离开我们 20 年了。他临终时说："十年后就不会有人再记起施
今墨是谁了。"当时有人说："您有功于人民，人民不会忘记您，我们大
家不会忘记您！"时值"文革"时期，是非颠倒使施老寒心了。他当时
没想到会有万木复苏的一天，现在施今墨的名字，随着他留给人们的
"气管炎丸"而名扬海外，随着他留给人们的"抗老延年丸"、"防衰益
寿丸"而家喻户晓。1987 年，以祝谌予、翟济生、李介鸣、施如瑜、
施小墨及其他学生发起组织的"施今墨医药学术研究中心"成立了，将
开发施先生的验方、秘方，弘扬施今墨的学术思想，实现他的"死后仍
为人民服务"的愿望。

施今墨医术传人

——记著名中医教授祝谌予

———

强　兄

发愤学医

祝谌予，字慎余，1914 年生于北京。祝氏家族原为米商，为京中望族，阖族百余口，居于前门外打磨厂板井胡同一号，家实殷富却无一人业医。祝谌予 19 岁那年，母亲不幸卧床，壮热神昏，狂躁谵语，痛苦万状。遍延北京中西名医，屡治无效，唯请施今墨先生诊治，病有起色，后适施先生去南京出诊，再延他医，每药愈重，直至不治。病危时曾请某大夫出诊，其诊后双手一摊说："没药可救。快给出诊费，我还要去别处。"祝谌予兄弟几人跪求于地，挽留施治，那位大夫只是伸手要钱，收了钱旋即登车而去。此事使祝谌予大为震撼，古人云：为人父子者，不可以不知医。遂笃志医学，开始了杏林生涯。祝谌予看到，在为母亲治病中，有的医生态度傲慢，诊费昂贵，而治疗乏术；有的医生弟子前呼后拥，诊断分析极为明细，而服药无效。只有施今墨先生仪态谦和，诊查细心，服施先生药有效，且施今墨为北京四大名医之一，强记博闻，医术精湛，为京城所称誉。即拜于施今墨门下，学习中医。

施先生医德高尚，临诊不问贵贱贫富，皆竭力救治，每日门庭若市，求诊者摩肩接踵，日诊百余人次。祝谌予与师兄弟李介鸣、张遂初、张宗毅上午侍诊施先生于华北国医学院，下午随施先生外出诊病，晚间听周介人老师讲解《黄帝内经》《难经》《伤寒论》《金匮要略》等，日复一日，风雨寒暑，家中多了个读书人，兄弟姐妹间少了一个玩将。一年365天，只有春节前后，因有"过年不吃药，吃药吃一年"之忌施先生处停诊外，祝谌予总是白天兢兢业业侍诊于侧，晚间秉烛夜读，直至深夜。姐妹们曾见他每晚于房里口中喃喃，俯仰闭目，背诵医经如入魔之状。在施先生指导下，祝谌予遍览《张氏医通》《赤水玄珠》《千金要方》《千金翼方》《外台秘要》《肘后方》《医贯》《医林改错》等历代名著。由于夜以继日，学艺至切，祝谌予有时如醉如痴，以致施先生出面要禁止他再这样读书，怕他用功太甚，留下病患。其发愤苦学，可见一斑。

祝谌予在随施先生侍诊中，发现施先生总习双药并书，细详之，每对药或一气药一血药，或一升药一降药，或一藏药一腑药，或一散药一收药……于是留心收集，数年中集成百数十对，取名"施氏药对"。深研之，对药皆古方之精华，如"桂枝、白芍"取自"桂枝汤"，"黄芩、半夏"取自"小柴胡汤"，"桑叶、菊花"取自"桑菊饮"等。施先生博览群方，广为采撷，悉心体会，化为己用，此正是施先生得意之作，只是在临床习用，尚未加以总结，祝谌予经过细心观察，耐心收集，精心整理，总结出的"施氏药对"深得施先生赏识，遂生留婿之心。

东渡留学

施今墨先生早年随舅父、南阳名医李可亭先生习医，以后接受革新思想追随黄兴奔走革命。中华民国成立后即退出政界，潜心医学，但矢志革新的思想，贯彻始终。他认为：中医宜亟以科学方法阐明之，讲通之，整理而辑述之。他说：中医改进方法，舍借用西学之生理、病理以互相佐证，实无别途。曾有诗云：光电声波同位素，也应采取入医经。祝谌予作为施先生的高徒和门婿，受革新思想益深。1937 年七七事变后，祝谌予随施先生至天津，独立开业应诊。由于熟悉施先生套路，运用得心应手，故疗效颇佳，来诊者日众。但祝谌予感到，尽管有效也只是知其然而不知其所以然，意欲深究其理，于是 1939 年东渡日本，入金泽医科大学医学专门部，学习西医。

到日本后，与中国留学生同住逾月，一直未过语言关，祝谌予于是毅然租借日人家屋，住于日人家中，言语不通，诸多不便，但祝谌予勤奋好学，仅三个月，即可听懂日本教授讲课，可用日文做笔记，顺利渡过语言关。日本的西医，源于德国，教学制度极为严谨，祝谌予求知若渴，诸多课程，严格教学，反使之如鱼得水，收获甚丰。有人学习西医后，数典忘祖，而祝氏学习西医，是为更好地革新中医。那时正值日本侵华，留学生于日本常受歧视，使人有亡国奴之感，为争民族之气，祝谌予的学业常居榜首。一次海滨游泳，遇日人谩骂欺侮，祝谌予与同学奋起抗争，大打出手，使日人不敢小视。

1943 年祝谌予毕业，冈本教授挽留继续进修，三年后授以博士学位，留日本工作。当时日本侵华气焰嚣张，国内甚不安定，但祝谌予仍旧毅然回国，他说：我的祖国是中国。

悬壶开业

回国后，祝谌予即在北京北池子文书馆悬壶开诊。届时战事频繁，生灵涂炭，民不聊生，延诊者甚少。那时祝氏已和施今墨长女越华结婚，常得施先生介绍病人及接济，祝氏临诊，采用西医检查手段及诊断，参以中医辨证施治，疗效甚好。国民党政府交通部公路总局第八区公路局局长罗英之子，患有骨结核病，求治多医无效，前来求诊。祝谌予借助西医诊断，中西医方法结合进行治疗，始得痊愈，罗英举家欢喜，罗英之子罗镜藻，至今仍然健在。后罗英调任昆明，任交通部公路总局第四区公路局局长，特邀祝谌予前往主持公路局医务室工作。1948年，祝谌予携妻带子举家迁往昆明，任第四区公路局医务室主任。昆明解放前物价飞涨，生活维艰，祝氏只好在下班之后，在家中开业诊病，得取收入好养家糊口维持生计。昆明解放前夕有人劝祝谌予出国或去台湾，祝谌予坚决不去，终于迎来了昆明和平解放。解放后祝氏任第三公路工程局医务室主任。工程局受命修筑昆（明）（打）洛公路，祝谌予率队随筑路大军前往。沿途多为原始森林，遮天蔽日，其间又有山岗瘴气，毒虫猛兽，公路时时延伸，医院频频迁址，为保证筑路民工的身体健康，祝谌予和各诊疗所的同志们历尽艰辛，艰苦的生活，对于出身京门望族的"公子哥"，不啻是一极大的考验。就拿吃饭来说，有时带医疗队下工地，没有地方吃食堂，只好天天吃白水煮面条；有时过傣族村寨，人家盛情欢迎，献上当地土著食品，食之不敢，却之不能，窘态可掬；有时山洪暴发，冲断道路，副食送不上来，只好盐巴就米饭。祝谌予并没退缩，始终与同志们同甘共苦，直到昆洛公路顺利通车才回到昆明。

教学生涯

1956 年国务院要组建北京中医学院，需要既会中医又会西医的人选，周总理向施今墨先生问询，施今墨先生推荐祝谌予。周总理下了三次调令，才将祝谌予调回北京。祝谌予回京后，先在北京西苑主办全国第一期西医学习中医班，为培养中西医结合人才奠定基础。1957 年，祝谌予出任北京中医学院第一任教务长。当时北京中医学院所请教师，均为原开业中医，只有带徒经验而无办医学院经验，那时所授课程为中医四部经典，即《黄帝内经》《伤寒论》《金匮要略》《神农本草经》。教师既无教学大纲，又不懂课程设置，没组织过课堂教学，也不知事先备课写教案。祝谌予教务长看到这种不符合教学规律的情况，遂反映到卫生部，在卫生部副部长郭子化的主持下，会同上海中医学院、广州中医学院、成都中医学院三个学院的教务长，来京共商教学计划、教学大纲、课程设置等问题，制定出一套前所未有的中医教学体系，为系统培养中医人才打下基础。

毛主席、周总理曾指示：中医也要学习西医基础课程，以开拓知识。祝谌予坚决贯彻这个指示，主张中医学院学生应当以学习中医为主，在学习中医基础理论和临床课程之外，西医基础也一定要学，目的是培养既能掌握中医药理论，同时又具有一定现代医学知识的中医人才，这个主张经多年的实践证明是正确的。为将北京中医学院办成全国第一流的中医学院，祝谌予家虽在广安门内，自己却吃住在（东直门）中医学院的教务处内。那时他的大孩子肇刚考上男二中，和他同住在教务处内，两张行军床并排放置，可孩子十天半个月也见不到父亲面，因为晚上孩子做完作业睡着以后父亲才回来睡觉，而第二天一早孩子醒来，父亲早已起身奔波去了。

祝谌予身为教务长，又兼金匮教研室主任，无论行政工作，教学工作，事必躬亲。还带同学们到门头沟煤矿区实习，与同学们同吃同住，同学们觉得祝教务长讲课清楚，是良师；生活上关怀，是益友。在教学中，他将自己总结的《施氏药对》传授给同学们，引起很大反响，同学们广泛传抄，后来六二届同学吕景山将其整理补充，编辑成书，名曰《施今墨临床经验对药集》。祝教务长在讲授《金匮要略》时，本着古为今用的原则，从临床实践出发去讲授，教给同学以证测方和以方测证的方法，并以书中方剂在临床上的重复率，说明张仲景认证之准、选药之精、组方之巧、构思之严，然后结合现代临床见症，扩大古方使用范围，使同学们亲眼看到祖国医学的神奇效用，产生学习中医的浓厚兴趣，坚定发扬祖国医学的信心，献身于中医事业。现在，这些早期毕业的同学，在全国各地均为中医骨干，为发扬祖国医学起到良好作用。

潜心科研

1975年祝谌予调到首都医院（现北京协和医院）任中医科主任，主要从事临床科研工作。其时祝老已六十有二，但仍然精神矍铄。他看到糖尿病是常见病、多发病（我国糖尿病城市普查发病率在1%），对人民健康危害很大，许多患者终身依赖胰岛素，有的人甚至丧失工作能力，中央卫生部已将糖尿病列为重点疾病之一。祝老选择了"中医药治疗糖尿病"为科研课题，并开设中医治疗糖尿病专科门诊，在继承施今墨先生治疗糖尿病经验的基础上，祝老又进行了新的探索。自古以来都认为糖尿病是以阴虚为主，从上、中、下三消分治。祝老经过临床的系统观察，发现有气虚见症者达到90%以上，有血瘀见症者达到70%以上，阴虚见症者亦占相当比例，所以祝老总结出：气阴两伤、脾肾虚损，气虚血瘀是糖尿病的基本病理。祝老将西医确诊的糖尿病通过中医辨证分型为：气阴两虚型、阴虚火旺型、阴阳两虚型、气虚血瘀型。通过实验室试验和采用血液流变学理论，祝老发现糖尿病甲皱微循环、血液黏稠度都高于正常人，于是创立活血化瘀法治疗糖尿病。这种方法，在历代中医文献上未见有先例，部分患者（有血瘀见症者）经活血化瘀法治疗后，取得很好疗效，也使部分久用胰岛素的患者，胰岛素减量以至停用。通过临床实践证明，糖尿病再不是"不治之症"了。

施今墨先生擅长妇科疾病的治疗，祝老深得其传，对妇女痛经、不孕症、功能性子宫出血均有独到见解。祝老亦开设妇科专科门诊，以中医辨证施治为主，以西医的妇科检查、化验指标来作为参考用药和改进治疗的佐证，提高了治疗的准确性。由于采用了中西医结合的方法，对门诊痛经患者治疗进行观察，总有效率达94%。

"来者不拒"

1964 年，祝老曾作为第四届全国政协列席代表参加政协会议。一次，祝谌予在大会发言之后和几位中西医大夫在休息厅闲谈，只见周总理和陈老总走来。大家迎上去向总理和陈老总问好，总理和大家一起谈笑风生。其间，总理说：希望你们做医生的，能做到来者不拒就不错了（当时是在三年自然灾害后的恢复期，有些医生不管候诊病人多少，下班铃一响立即离去，所以总理所言是有所指，也是批评我们有些医生的服务态度）。这句话深深印在祝老的头脑中，此后祝老家中增加了义务诊病的一席之地，除在"文革"期间中断数年外，从 1970 年恢复至今，仍业余诊病不辍。大概算来，已有 2 万余人次，而且完全是义务诊病，分文不取。长子肇刚，承袭父业后也继承了义诊的门风，祝老家风已有传人。

祝老对"来者不拒"是身体力行。在协和看门诊，一上午最多看到

120 人次，直看到下午 1 点多钟，吃饭去食堂早已关门，只好经常面包就茶水当午餐。有时外出开会，火车上有人认出，于是车厢变成了门诊，一直看到目的地。1974 年祝老患病，住院做手术，有的患者利用探视前往求诊，祝老卧床诊脉，倚枕处方。消息传出，探视求治者络绎不绝，直至住院大夫出面干预，才使祝老得以养息。

全国政协组织为委员服务，农工民主党组织义诊，祝老总是积极参加。在燕山石油化工厂，在武警部队驻地，在中山公园，在顺义农村，在王府井百货大楼前……都有祝老参加义诊的身影。"来者不拒"成为祝老的座右铭。

不断进取

有些热爱中医的同志，觉得中医今不如古，主张"复古"；有的同志认为要保持中医特色，必须纯而又纯；有些对中医有成见的同志，又认为中医不科学，只是经验而已。祝老认为：中医要发展，必行中西医结合，才能创造出新的医学理论体系，中医是否科学，实践乃检验真理唯一标准。中医药经历了数千年临床实践的考验，发展至今而不为时代所淘汰，正说明其包含着丰富的科学内容，只是中医理论比较抽象，未及时用现代科学技术阐明发扬，所以不易被人们所理解。祝老常说，时代在发展，医学在发展，怎么会今不如古呢？比如青霉素过敏，比如艾滋病，古人就没见过。祝老曾治一肺泡蛋白沉着症，全国才见报道过七八例，如何解决肺泡蛋白沉着，古人没有先例，祝老按中医辨证论治，采用张锡纯的"升陷汤"加味，再配合西医的雾化吸入法，将患者治愈。再如传统中医治病是辨证论治，有症即能辨证，而糖尿病、肝炎、肾炎通过治疗，症状已经消除，但化验的客观指标并未降至正常，消除症状并不能算临床治愈，只有既消除症状又纠正客观化验指标，才算临床痊愈。祝老探索辨证辨病的新途径，使许多无症状疾病（如隐性糖尿病患者）都能得到治疗。经药理研究"过敏煎"对于抗过敏反应作用可靠，临床治疗过敏性支气管哮喘、荨麻疹等，常以此为主方。"冠心Ⅱ号"经药理实验证明有扩张冠脉，改善血运，促使心肌再生作用，验之临床，亦有很好的疗效。药理研究"抗免疫方"确有抗免疫不良反应的功效，在治疗硬皮病、红斑狼疮、慢性肾小球肾炎时，亦常选用，这些都是从方剂角度发展了中医。还有的人认为，中医不能治急症。祝老却不这么看。在协和医院病房住一17岁青年，患乙脑高烧一周，遍用西医方法后高烧仍不退，又用中药制剂"清开灵"（相当牛黄安宫丸）仍不退烧。请祝老会诊时，患者已整日昏睡，祝老见其四肢厥冷，面赤气微，高热畏寒，是为阳气欲绝，急拟"四逆汤"频灌，一剂烧退，二剂清醒，三剂体温正常，以后改用善后调理出院。在协和医院急诊室，一老妇人患尿毒症昏迷，头、身、四肢颤动不已，在急诊室用西药无效，请祝老会诊。祝老辨为血虚风动，依中医理论"治风先治血"，选"当归芍药散"加味，一剂头颤止，二剂身及四肢颤止，三剂清醒，以后改方调理出院。事实胜于雄辩。祝老说：只要真正掌握中医理论，融会贯通，进行中西医结合，中医是能治急症、怪症的。

施今墨先生精于用药，曾说：临证如临阵，用药如用兵。祝老在施先生的基础上加以发扬，提倡"古方今用"。如用"桂枝汤"治愈肺结核患者久患感冒者；用"桂枝加芍药汤"治愈结核性腹膜炎腹痛者；用"小建中汤"治愈下肢溃疡等。"脑软化"一般认为是不可逆的，但祝老经辨证用"补阳还五汤"加味，使一例患脑软化的干部，由发病初记忆力丧失，命名性失语，到逐渐恢复正常工作，甚至连作两小时报告都无不适，复查CT，对比可见脑部有明显改善。港、澳地区经常有人千里迢迢专程到北京找祝老诊治，都能得到满意的结果。

壮心不已

祝老现已 74 岁高龄，作为北京协和医院中医教授，仍坚持每周两个半天门诊。他又是第七届全国政协委员和提案工作委员会委员。最近又被选为第七届北京市政协副主席，农工民主党北京市委会主任委员，百事烦冗。但他总利用一切机会为中医事业大声疾呼，仍然抽空在家义务诊病，并发起成立了"施今墨医药学术研究中心"，浑身好像有使不完的精力。我问祝老，您为什么有这么大的工作热情？祝老说，因为我愿为中医事业的发展，为实现共产主义理想，奋斗终生！

良 医

——记著名心脏内科专家陶寿淇

张 沪

死神在他面前也要让步

咚——嗒！咚——嗒！这是生命的节奏，快了，不行。慢了，也不行。一旦停止，生命也就终止了。

咚——嗒！咚——嗒！声音越来越微弱，一位清瘦的白衣人在倾耳细听。他的手按着一个钟形的听诊器，这比扁圆形的那一种听得更清楚。他在探听死神的动向，准备与死神搏斗。别小看那双瘦削的手腕，它们曾经从死亡的边缘夺回多少生命呵！

现在又是一个垂死的病人躺在他的面前。咚——嗒，咚——嗒，那个拳头大小的器官——心脏，仿佛在用疲弱的声音呼唤："不行了——不行了——快救——快——"

危险的信号发出了，要赶快抢救，可是怎样着手呢？能用的措施都用了。这是个 62 岁的老妇人，送到急诊室的时候，已经人事不知。病历上写着"急性肺炎，高烧"。现在倒是不发烧了，但手脚冰冷，血压已测不出。

"你们用了什么药？"值班大夫问。

"抗菌素和去甲肾上腺素。"护送病人转院的人回答。

没有错，对于这种血压测不出的病人就应该用去甲肾上腺素等收缩血管的药。问者心里暗想，换了我也得这么处理。可是这个病人是怎么回事呢？越用收缩血管药越糟。值班大夫束手无策了。

病人家属用祈求的眼光看着大夫。这里是上海第一医学院附属中山医院啊！是上海有名的几个医院之一。这里不能救，那就完了。至少应该用些药吧？怎么能让宝贵的时光一分一秒地消逝呢？

用药还是只能用去甲肾上腺素。药滴到病人的血管里，好像已经关上的水龙头又拧紧几分。病人的脸色更苍白了，手脚的末端已出现青紫色……

"不要用去甲肾上腺素了……"清瘦的白衣人抬起头来，他就是著名的心脏内科专家陶寿淇。这时（1964 年），他是这个医院的内科主任。只要有重病人，他一定亲自来抢救。

"纠正酸中毒！"陶寿淇急遽地吩咐。

碳酸氢钠溶液开始滴入病人的静脉，情况还是不见好转。现在重要的是血压，只要血压回升，病人就有救了。怎样才能使血压回升呢？病人的血管已极度收缩，恐怕已经收缩到连血液都通不过了。水管里没有水，还谈得到提高水压吗？血压也是一样，应该走另一条路……陶寿淇在飞快地思索。

"用异丙肾！"他决定了。

轻轻的一句话在沉静得如一池静水的急诊室里不啻投下了一块

石子。

"能行吗?"有人用眼神表示疑问,有人干脆说出声来。异丙肾就是异丙基去甲肾上腺素。它对血管的作用与去甲肾上腺素恰恰相反,是扩张血管的。用这种药来升压是创举啊!有人屈于陶寿淇的声望,有人抱着"试一试"的想法,取来了异丙肾。

说来也怪,随着药液的滴入,病人的血压回升了,手脚温暖了。脸上的那层死色去除了。陶寿淇又从死神手里夺回一条生命。

这是什么原因?难道是个例外吗?也许这是个老年妇女?但是一个又一个急性肺炎转心力衰竭的患者用这一打破常规的做法救活了。瞧!这里又是一个典型:

……1965 年,常州向上海中山医院发来急电,请陶寿淇速来会诊。又有了危急的病人。陶寿淇赶紧放下手里的工作,坐上快车火速赶去……

病人是个 20 多岁的日本青年男子,病情和那位老妇一样——急性中毒性肺炎,高烧过后处于休克状态,看来是到中国旅游,见了江南秀丽的风景,流连忘返,疲劳过度所致。起因很简单,病势却极凶险,血压已测不出,四肢厥冷,已至弥留状态。同来的旅伴和我国的接待人员都吓坏了:生龙活虎般的一个小伙子难道要葬身异国吗?出国旅游发生这样的事真是大煞风景。

陶寿淇来到后,沉静地检查了病人,开了药方:纠正酸中毒;滴注扩张血管药异丙基去甲肾上腺素;……

红润很快回到这个日本青年的脸颊上,生命回来了。没有多久,他恢复健康,回到日本。

是的,只有洞察人体的一切规律,才能制服死神。陶寿淇这一打破常规的做法是他多年临床观察的结果。他把这一新的抢救措施整理成文，加以推广，使肺炎休克的病死率由 28% 降至 5%。

肺炎休克患者虽然血压测不出，心脏还在跳动。有些危急的重病人往往心脏猝停。抢救这样的病人，并使他长期存活，这才叫真功夫。1964 年以前，一般说来，心脏情况较好，胸外心脏按摩后能很快自动恢复心跳的病人，活下来的可能性较大；不能自动恢复心跳，患有其他疾病的病人则较难挽救。

陶寿淇考虑：如果用药物辅助胸外心脏按摩，结果会怎样呢？他领导中山医院内科教研组的医务人员动手试验。世上的事是只要干就会有成绩的。一年多后，他们抢救复苏的心脏停跳者就有八人。其中有急性心肌炎伴发房室传导阻滞，反复昏厥的；有严重风湿性心脏病人；有患有严重溃疡性结肠炎、肠梗阻、肠造瘘的；还有严重冠心病、肺心病人。这些人发病以前就长期卧床，有的反复呕吐四天，水米不进。不仅是心脏情况不好，全身都很衰弱，但在胸外按摩加上药物治疗后都活了下来。

在抢救病人的日日夜夜，大夫、护士的那份辛苦是无法形容的，分秒必争在这里仿佛都嫌慢了一点，无论是万籁俱寂的深夜，还是晨曦初起的黎明。陶寿淇带着他的"部下"像守护神一样睁着警觉的眼睛，注意病人的动静。一旦那微弱的"咚——嗒"声停止，他们就立刻开始按摩心脏，点滴药物。最多的要按摩 1 小时 45 分钟。有一次抢救一个重病人，陶寿淇几乎站了三天三夜，脚都站肿了。

1966 年，抢救急性循环停顿病人的经验和不用血管收缩药治疗肺炎休克的经验整理成文，选录在第一届全国内科学术会议的资料汇编中。30 多年来，陶寿淇曾就心血管领域的课题，撰写了 60 多篇这样的论文和《实用内科学》一书的循环部分及《实用心脏病学》的心电图心律失常、冠心病等章节。这些著作为内科医生指破迷津，解决临床中遇到的疑难。尤其是《实用内科学》和《实用心脏病学》，已成为当前内科医生的必备书籍。不但这些，陶寿淇研究妊娠中毒症引起的心脏病，及妊娠期间各种心脏病的特点和防治经验的论文，被许多妇产科大夫作为重要临床参考资料，救治了大批孕妇、产妇。他在我国是推广和提高心电图技术的先驱者，也是第一个应用同步直流电转复疗法的人。运用这两种医疗机械，他研究治疗了各种不同的心律失常症状。如今，陶寿淇是中国医学科学院阜外医院的院长和心血管病研究所所长，还是中国医学科学院第一届学术委员会委员，世界卫生组织心血管病专家顾问，我国卫生部医学科学委员会委员及心血管病专题委员会主任委员。

医学界人士一提起陶寿淇都满怀敬意。有人说："陶老的眼睛简直神了，能透过胸腔看到 X 光机透视不到的病变！"

他们并没有夸大，不久以前，阜外医院收了一个重病人，患的是亚急性细菌性心内膜炎，他的心脏二尖瓣和主动脉瓣都被细菌吃掉了。研究病因的时候，有人提出，在急速的血流冲击下，细菌是不能在正常的瓣膜上停留的，一定是病人患有风湿性心脏病，侵蚀了这两个瓣膜，才使细菌有了藏身之处。可是病人从未感觉自己的心脏有病，得病初期还以为是感冒发烧，没什么了不起，结果才把病给耽误得没法救治了。问题提到陶寿淇面前，他仔细地检查了病人以后，判断："不是风湿性心脏病，是先天性主动脉瓣缺损。"

后来病人因病情恶化死亡，病理解剖证实陶寿淇的诊断是正确的。原来某些先天性心脏病者平时不一定感到自己有病，但一旦发病便不可收拾。

虽然这个病人由于他自己的耽误而死亡了，但陶寿淇料事如神的医道却给同行们留下深刻的印象。

对什么人都一视同仁

一个新来的小医生在老院长的手腕上发现了一块式样别致的金表，扁圆的表壳比普通表大一圈，表面上花花绿绿地画了好些花纹，好像还有个人头像。她好奇地问道："陶院长，您干吗要戴这块旧表，又笨又怪。"

陶院长听了，不以为然地说："嗳！这块表可贵重啦！是北也门国王送的纪念品。"

小医生连忙要过表来细看：表面上的那些花纹是绘的红海沿岸的地图，在北也门的方位上绘着一个头缠白巾的半身像。细细辨认，可以看出这个黄豆大的头像便是北也门巴德尔王朝的最末一代国王。作为一位皇上是不轻易把自己的头像送人的，何况这块表的外壳和其他部件都是金制的。北也门国王为什么把这件珍贵的礼物送给陶寿淇呢？原来他也是陶寿淇的病人。

1958 年，巴德尔王子访华，向周总理提起他父亲患病，苏联、意大利、法国的名医都来看过，没有一个治得好，他为之十分烦恼。乐于助人的周总理听了，立刻派三位名医随同中国代表来到北也门，陶寿淇便是其中之一。

这时正好一位苏联医生治了一个多月无效，告辞回国了。国王听说中国派来名医，立刻传下话来：先见医生，后见中国代表。经过检查，他们发现这位 60 多岁的国王患有多种疾病，心、肾、胃都不好。三位名医为国王治疗了一个多月，他就痊愈了。通体舒泰的国王立刻召见中国代表，交换了国书。北也门的报纸以特大的版面报道了陶寿淇等中国医生。国王要求他们留下，许以优厚的报酬，甚至说："不可能全留下，留一位也行！"但是三位热爱祖国的名医都不愿留下，最后，国王只得送了一笔厚礼。其他贵重的物品，陶寿淇都上交了，只有这块表，卫生部领导要他留下作为纪念。

来自国外的纪念品不止这一块金表。在陶寿淇的书橱里，还珍藏着他与越南共产党的领袖胡志明的合影，他抢救胡志明同志获得的勋章和奖状。他还曾经当过中央领导人的保健大夫，日日夜夜守护在中南海；他也曾经不止一次地抢救过垂危的高级干部。1958 年，广东省副省长、中共中央委员冯白驹上庐山开会。火车刚到南昌，他突然心肌梗死发作，当地医生抢救无效，只好用飞机把陶寿淇接来。经过一昼夜的抢救，冯白驹同志痊愈了。

可别以为陶寿淇的病人只限于国家领导人、外国国家元首、高级干部，其实更多的是普通的工人、农民。在陶寿淇的眼里，他们都一律平等，都需要他竭尽全力地抢救。

……60 年代杭州曾经发生一件大事：急救车凄厉地叫着，送来一个又一个垂死的工人。某化工厂的氯气筒爆炸了，当场死去好几个人。有个重伤号肺部被氯气严重侵袭，心力衰竭，血压波动，神志不清，呼吸似有似无……还能救活吗？人们正在焦急的时候，从上海医学院赶来了陶寿淇。两个星期后，病人奇迹般地活了下来。

……70 年代的北京阜外医院又流传着一件事：陶寿淇用一句话保住了一个小伙子的腿。

这是个年轻的庄稼人，因心包积液住进阜外医院，过了几天，正好遇上陶寿淇查房。

"你觉得好一点吗？"陶寿淇一面给他检查，一面问他。

"胸口倒是不憋闷了，就是腿疼！"小伙子愁眉苦脸地说。

阜外医院是心脏病专科医院，要是一位不负责任的大夫很可能不予理睬。"铁路警察各管一段嘛！给你治好心包积液，你就出院，腿疼上骨科医院去！"可是陶寿淇没这样做。他仔细检查了小伙子的腿，怎么一条腿粗，一条腿细呢？再检查白血球，没有增高，有的大夫说：白血球不高就没事，陶寿淇说："那可不一定！"他坚持进一步检查，最后确诊是化脓性骨髓炎，赶紧吃药打针。由于治疗及时，这条腿保住了，要是转院的话，这条腿很可能因耽误而锯掉。

小伙子出院了，他精神抖擞、千恩万谢地走出阜外医院。他还不知道这位白发苍苍的老大夫是这家大医院的院长呢。

陶寿淇确实没有一点院长的架子，每逢病房里出现紧急抢救，只要他在医院，人们不止一次地看见这位清瘦的老院长，披上白大褂急匆匆地奔下楼去。年轻的大夫们心疼地说："您慢点走，别摔着！"

"不能慢！慢一分钟就不得了！"他回答。

这几个简单的字里包含着多么强烈的责任感，他已具有这样一种条件反射，只要有急诊病人，天大的事也要放下赶去抢救。不久前，一位病人严重心力衰竭。虽然这人不是陶寿淇负责治疗的，但他还是和值班大夫一起抢救到深夜。最后，病人缓过来了，值班大夫请他去吃那顿迟了的晚饭，他才突然想起："哎呀！我不能在这儿吃饭了，家里人还在等着我呢！"

原来那天他的儿子结婚，新郎新娘和全体亲友都在等这位主婚人。不过这对新人对父亲带来的"结婚礼物"非常满意，那就是："又救活了一个人！"

从高徒到严师

最近医学界流传这段佳话：即将出版的大百科全书医学分册的心血管部分，记载了陶寿淇的老师董承琅、陶寿淇本人，和他曾经指导过的陈灏珠。师生三代同上大百科全书，这是不多见的。董承琅与陈灏珠之间的纽带是陶寿淇，陶寿淇既是高徒又是严师。

翻开陶寿淇的履历表：原籍浙江绍兴，1918 年 3 月 31 日出生于上海，1940 年毕业于上海医学院，在成都中央大学医学院预防医学研究所当了一年研究生后便回母校实习医院工作。1947 年初，经上海医学院选拔，授予罗氏基金会的奖学金，去美国波士顿哈佛大学医学院附属医院麻省总医院，和密西根大学医学院附属医院进修心脏内科和心电图学。一年零两个月后回国，继续在上海医学院任教。1974 年调到北京阜外医院。……

在这简单的经历中，包含着多少汗水心血，那是数十年如一日的水磨功夫，而非一曝十寒的拼几个夜车所能得到的。陶寿淇从中学时代开始就是一名十分勤奋的学生，这种高才生，每个学校都有几个，他们学什么专业都能学得很出色，陶寿淇也是如此，他本来是准备考工科的，可是后来，他却变了主意。

那是 1934 年的夏天，灼热的阳光把柏油马路都晒化了，洁白的栀子花在浓荫中散发着幽香，正是莘莘学子准备过五关的日子。在上海医学院学习的表哥来到陶家，看到陶寿淇在同辈人手忙脚乱，焦头烂额之际，却显得十分从容不迫，他心里暗暗纳罕。试问了几个问题以后，发现年轻的表弟肚里的知识相当扎实，他忍不住问陶寿淇："你打算报考哪个大学？"

"想考交通大学的工科，还不知行不行哩！"陶寿淇谦虚地回答。交大的工科是全国有名的，南方的中学毕业生大半都希望考交大，这个目标不算小了。谁知表哥一听便叫起来："那就可惜了！像你这样优秀的成绩，应该报考医科，考上海医学院罢！"

表哥一心想为母校争得一名好学生，以各个方面来劝说陶寿淇。优厚的报酬，受人尊敬的地位……都没有使陶寿淇下决心，最后提到了

"救人"，"有志青年不为良相，便为良医"，这才打动了陶寿淇。1934年秋，他成了上海医学院的学生。

如今，许多被陶寿淇救活的人们都该感谢那位表哥，亏了他的劝说，我们才有了这样一位医道高超的名医。

无论是在学校里，或者是在工作岗位上，陶寿淇重视两大方面：第一是读书，他在什么地方，什么条件下都能读书，而且都能学以致用。就是在抗战时期，他在大西南的农村仍然坚持学习。那时，图书资料极端匮乏，物质条件又差。忙了一天的陶寿淇，晚上依然在一根灯草的桐油灯下读书。如果把他读过的书集中起来，他都可以开一个专科图书馆。书是人类智慧的结晶，吸收了前人的智慧，就能在高一级的基础上起步，更可以少走弯路。

第二是临床。读书只是间接的经验，临床才是实际的感受。陶寿淇为了多得一些临床经验，在中央大学医学院预防医学研究所当研究生的时候，他只学了一年，便放弃了优裕的工作条件，又回到上海医学院当住院医生。虽然工作很累，没日没夜地顶班，但是他接触到不少疑难病例，许多论文的材料都是那时就开始积累的。

读书加上观察和实践，使陶寿淇进步极快，不到三年，他就达到了主治医师的水平。这位勤奋好学而又刻苦钻研的年轻医师很快引起了老教授的注意。1946年中国红十字会第一医院（现华山医院，也是上海医学院附属医院）内科主任林兆耆教授决定发展内科各系统疾病的专业，便请陶寿淇担任心脏内科工作。在上海医学院兼课的著名心脏病学专家董承琅教授极力鼓励和帮助陶寿淇，使他的专业水平大大提高。第二年春天，医学院便选拔陶寿淇去美国进修。美国的老师对陶寿淇也同样非常喜欢。麻省总医院的心脏病学专家怀特教授和密西根大学医院心脏科主任威尔逊教授都悉心把自己的学识教给这位异国弟子。陶寿淇在一年零二个月的时间内便掌握了心脏内科和心电图学的奥秘，水平大大提高了。

从 1948 年至今，陶寿淇教过的学生，带过的实习医生数以百计。对自己要求严格的陶寿淇，对学生的要求也极严格。他决不容许学生或实习医生马马虎虎，更不容忍"大概"、"可能"这种模棱两可的词儿。

1976 年，陶寿淇在阜外医院领导一个小组，试用一种抗心律失常的新药。这种药多用一点就会使血压下降。他布置好每分钟的药量以后，要求值班大夫计算每小时用药。第二天，他来检查，发现用药量不对。便问值班大夫：

"滴进去多少药呢？"

"大概 100 微克！"

"怎么能大概呢？这 100 微克的根据是什么？每分钟滴多少滴药，你数过吗？"

"大概是 20 滴！"

"你数数看。"

值班大夫一数，果然粗细滴管所滴药数多时相差十滴，确实不能用"大概"来计算。她们认识到陶院长是正确的。

年轻的医生们逐渐发现，如果自己不细心观察，常常会被这位老专家问得张口结舌。

……"这个病人好转了，你用了几种药？是哪一种药起的作用？"

"几点几分用的什么药？病人是几点几分缓解过来的？"……

陶寿淇提这些问题，不是为了难为他们，而是为了彻底掌握病情。值班大夫答不出，他就去问护士，甚至去问病人。实在问不出来，他就亲自守一班。

学生们都知道，如果请陶老师审阅论文，那就可以放心了。他从内容到文句、数字，逐字逐句地进行校核。

……"你这个表格横加是对的，竖加怎么差一例？"

"你的文章写给谁看？是给内科大夫看，还是给同位素科的大夫看？既是给内科大夫看，为什么不把用同位素检查这部分写清楚？"

……诸如此类的问题，他都会一一为你把关。尽管当一个院长工作很忙，兼职极多，但只要他收下这篇论文，无论多忙，他都抽空审阅。实在太忙了，他就利用吃饭时间，一边吃，一边看稿。作为一个医生，他知道这是不卫生的。可是向死神作战，一定要有一支强大的队伍，陶寿淇是在培养接班人啊。

严肃、认真、彻底、细致，陶寿淇的老师如此，陶寿淇的学生也是如此，好作风是代代传的。

咚——嗒，咚——嗒，65 岁的陶寿淇又在倾听病人的心音了。病房里一片静谧，却在进行着一场默默的生死搏斗。看！病人的神志恢复了，看！血色又回到苍白的脸颊上……又一个生命从死亡的边缘回到人间。

在陶寿淇的脸上，也泛出喜悦的神色。

镜湖上的天使

——记全国政协委员、澳门镜湖医院院长梁秀珍

———

张　健

提起澳门镜湖医院，关心中国现代历史的人也许不会不知道它同孙中山先生之间的渊源。1892 年 9 月，孙中山先生曾在镜湖医院免费为病人治病，以医术作为"入世之媒"。几十年后，这家有着百余年历史的医院又成就了一位伟大女性，她就是第八届全国政协委员、澳门镜湖医院慈善会秘书长、镜湖医院院长梁秀珍女士。

高尚职业

梁秀珍十多岁就开始在"镜湖"学习与工作，从事慈善、医疗等公益事业。在那些曾经受到过"镜湖"爱心沐浴的民众眼里，她就代表着镜湖医院，而镜湖医院也离不开她，她和这家医院已经完全融为一体。

梁秀珍生于澳门，1939 年入读镜湖护士学校，在护校读书期间，正是抗日战争时期，虽然澳门免遭战火，但逃难来此的国内、香港同胞绵

绵不绝。那时镜湖医院所担负的救济工作变得非常沉重，救济难民、收养难童，还要抢救抗日战士伤病员，经济、物资、人力都严重短缺，困难重重。那时的梁秀珍虽然小小年纪，但却怀着同胞之情，爱国之心，在学习与工作中积极负责，不畏劳苦。毕业后她留在镜湖医院做护士工作，1946 年 7 月担任镜湖医院护士长。1959 年，梁秀珍被派往广州中山医学院医疗系学习，1964 年毕业后回到镜湖医院当儿科医生，三年后担任儿科副主任，一干就是 12 年。1979 年梁秀珍从一名医生转入医院的行政工作，开始接手管理医院。在这期间，她积极推动医院的各项工作，例如对退休人员的工资制度进行了改革，解决了医院沉重的负担；大力支持并积极改善医院的医疗环境；设法购置新的医疗设备……1988 年她被医院董事会聘为镜湖医院慈善会秘书处秘书长兼镜湖医院院长，算起来，她在镜湖医院工作已将近 50 年。

梁秀珍院长从事了一辈子的医护工作，当问及她当初为何会做出这样的选择时，她微笑着回忆起少年时的一段经历：她出生、成长在一个有着优越环境的家庭，但是一次偶然，因为家人生病住院才使她同医院结下了不解之缘。那时的医院跟现在比条件非常艰苦，环境也很恶劣，但是她发现也正是这些工作在艰苦环境中的医生和护士，才能真正为病人解除痛苦。医护工作从此成为她心中高尚的职业。

自从梁秀珍有了这样的想法，她便马上开始为实现自己的这份理想而努力。家人和亲友们当时都认为她不会在医院那样艰苦的环境里待得很久，但出乎意料的是，梁秀珍把镜湖医院当作了自己的家，这位可敬的长者之所以一直没有成立自己的小家，就是因为她把全部生命激情都投入到这个大"家"中来了。

"镜湖"史话

镜湖医院有着 133 年的悠久历史。1871 年 10 月 28 日，华人沈旺、曹有、德丰、王六等四人在澳葡公物会办理了院址立契手续，并于同年确立院名，并把赠医施药、修路、救灾、排难解纷、兴学育才等慈善工作作为医院的创建宗旨。1892 年，孙中山先生以"最优异"的成绩在香港雅严士西医书院（即今香港大学医学院前身）毕业，曾到镜湖医院担任义务医生，成为澳门第一位华人西医。

韶光易逝，弹指一挥进入民国。1942 年 10 月经当地政府立案，镜湖医院更名为镜湖医院慈善会。时局不稳，再加上天灾人祸，各地难民都将处于中立地位的澳门作为安全地带，纷纷逃难而来。镜湖医院属于慈善机构，对难民的医疗救济责无旁贷，各种工作与日俱增，非常繁重，达到了医院创建以来的最高纪录。据记载，1943 年到镜湖医院就医的人数达到 74590 人，会诊人数达到 89238 人。1943 年至 1944 年，医院还收容难童 380 多人。

1946 年 2 月 17 日，镜湖医院慈善会召集第一次代表大会，通过修正章程，投票选出第一届正、副主席及董事共 19 人组成了董事会，医院也改为院长制，实现医院专业化、科学化，医院的行政组织也比过去完备了许多。

镜湖医院第一届董事会就职那天，医院聘请柯麟医师为院长。柯院长上任后，组建院务会议，集思广益。为方便病人入院治疗，对办公楼进行了改建。扩大医务范围，积极改进医院的医务工作，提高医疗效果，为镜湖医院日后的发展奠定了坚实的基础。

经过一番改制革新，镜湖医院的医务工作逐步得到加强，日渐完善，这其间，已故董事会主席林炳炎先生及其家属的捐赠、投资，充实了医院手术室的设备，并且将原来的镜湖义学修建为产科院。已故主席何贤先生也继续捐资，为医院添置医疗器械，兴建院舍，并兴建了澄溪纪念堂（即护士助产学校）。何善衡先生捐献了望厦地段，兴建了一座镜湖平民联合小学。1960 年罗保博士又捐资 10 万元兴建了一座两层高的精神病医院。

新中国成立后，澳门同胞及镜湖医院所有医护人员在有利条件的影响下，信心百倍，力求进一步提高医务水平，改善就医环境，使镜湖医院成为澳门同胞的福利机构。梁秀珍则在镜湖医院的发展过程中，发挥了重要作用。

仁德善道

抗战胜利后，梁秀珍院长曾担任过一段时间的护理部主任，她在积极搞好护理方面工作的同时还兼管药房、药仓及总务工作。她本着克己奉公的精神，对每一分钱每一粒药都精打细算，节约一切有限资源，把它们用在最需要的地方。她爱惜物资，顾全院务，敬业之风得到当时领导的一致赞许。

1950 年初期，梁秀珍提出医院要建立仓库，并制定严格的规章制度，进出仓库的物品要有依据，以便日后核查。1950 年后期她又建立医疗供应室、被服供应室，并制定了领取、报销的规章制度。为了切实做好医院的后勤工作，还设立了消毒中心，以便控制病菌传播。

祖国改革开放以来，镜湖医院慈善会于 1983 年 12 月重新成立了秘书处，聘请梁秀珍院长担任秘书长。她接任后，首先清理慈善会多年积存的各项问题，对二三房东不合理转租的现象逐一进行清查、调整，清理后年租收入数倍增加。此外，她积极改建医院残旧房屋，改善员工居住环境，增加员工收入，为医院增加经费。梁秀珍对电脑化方面也非常重视，大力促进各部门使用电脑……各项举措使医院赶上时代的步伐。

在医护工作方面，梁院长非常重视培训人才和输入人才，并对医院的医护人员、管理人员和各工种的职工，逐步进行全面培训，凡有关院务、医务工作的科目，基本上重点加以培训。从 1967 年至 1995 年，医院医护及工作人员，到国内外及在本地接受培训学习的总人数就达到了300 人。

镜湖医院的护理人员一般是中专文化程度，为了提高员工的专业水平，1994 年梁秀珍决定与香港理工大学合作，开办为期两年的护理文凭课程，使护理人员提高至大学水平。此外，在引进人才方面，医院还聘请内地及香港等地专家来医院带教各科医疗技术，1993 年与中国医科大学、暨南大学医学院签订合作协议，使镜湖医院成为该两院校的教学医院。

梁秀珍认为现代化医院不仅是单纯治疗各种疾病，而且还需要扩大预防工作，于是她走出医院大门，面向社会开展初级保健服务。梁院长还积极发展高科技，1992 年建立心血管防治中心，1993 年建立眼科中心，1994 年建立导管室，扩建血液透析室，扩建中央灭菌物品供应中心，同年又选派该中心负责人前往葡萄牙里斯本学习为期一年的医院感染课程。梁院长为了医院的发展四处奔走筹集购置先进仪器的款项，还要求董事们支持医护人员外出学习，提供必要的经费。她忘我的精神，深得董事们的支持，她半个世纪的勤劳善业也得到了广大民众的赞许。

延续与发展

"艰难困苦，玉汝于成。"今天，镜湖医院在梁秀珍和她的同事的努力下，已经成为具有相当规模的综合性医院之一。特别是在国家卫生部的支持与内地大型医院的协作下，在与内地的交流与合作中，"镜湖"

得到了更大的发展。

1993 年 4 月，梁院长应中央卫生部邀请，随同澳门卫生暨社事务政务司安娜彼莉丝、卫生司长林汉邦、澳门新华分社外事办公室代主任李万山等参观北京、上海、广州等地卫生部门、医疗机构及医科大学，了解各方面先进模式，从而进一步推动澳门医疗事业的发展。

1994 年全国政协第八届十次常务会议通过增补梁秀珍院长为全国政协委员。当她得知自己已经成为全国政协委员后，她觉得自己的责任更大了，自己在很多方面还要向其他委员学习，希望能在医疗卫生方面为澳门同内地之间的交流多做一些工作，争取把镜湖医院建设得更好。

梁秀珍进一步加深了与国内卫生部门的密切联系，积极做好镜湖医院医疗卫生的发展工作，为迎接澳门回归祖国做出应有的贡献。

梁秀珍院长热爱镜湖医院，热爱澳门同胞，50 年来百折不挠、勇往直前、无私奉献的工作精神，是历届前贤和柯麟老院长为慈善事业献身精神的延续，值得我们学习。希望镜湖医院全体医务人员团结一致，共同努力，将镜湖医院的慈善事业发扬光大。

曲绵域：中国运动医学研究的领路人

贾晓明整理

曲绵域，我国著名运动医学专家，毕业于北京大学医学院医疗系。他结合中国实际创建了北京医学院运动医学研究所并担任所长，并历任北京医学院第三附属医院副院长、北京医科大学校长、卫生部医学科学委员会委员、中国体育科学学会副理事长、中国运动医学学会主任委员、国际运动医学联合会副主席等职，是第五、六、七、八届全国政协委员。

"一切服从组织安排"

曲绵域，他的大名和我国运动医学紧紧联系在一起。但从事运动医学研究，并非他最初所愿。1949 年，曲绵域从北京大学医学院医疗系毕业后，在北京医学院第一医院做了一名骨科大夫。1950 年，他以杂技团队医的身份随团出访苏联。访问期间，团员们的大伤小病全由曲绵域负责。归国途中，时逢朝鲜战争爆发，曲绵域接到指示，当即与杂技团奔赴朝鲜，慰问志愿军将士。回国后，经上级批准，曲绵域率领医疗队奔赴东北救治伤员。在东北的日日夜夜，曲绵域积累了大量关于术后康复的经验，为他以后从事运动医学工作打下了坚实的基础。

朝鲜战争结束后，曲绵域"重操旧业"，当起了骨科大夫，并积极投入积水潭医院的筹建工作之中。然而，就在这个时候，领导突然找到了曲绵域，向他宣布："现在打算筹建运动医学所，你是骨科出身，以前也搞过康复，组织上觉得你比较适合，就调出来去搞运动医学吧。"领导的谈话非常简单，时间也仅仅用了十分钟。但就是这十分钟的谈话却让曲绵域整整想了十几天："我是搞骨科的，运动医学是什么，我根本不了解，为什么要让我去？"经过思想斗争，曲绵域决定服从组织的安排，挑起了运动医学的重担。每当回想当时的场景，曲绵域总是感慨地说："这或许就是我们那个年代的人共有的特点，一切服从组织安排。既然给我安排这项工作，我就得把它干好。"

周总理说：运动医学不能取消

1955 年 9 月，卫生部委托北京医学院举办全国医师督导和医疗体育高级师资进修班。接着，北京医学院由第一医院抽调出曲绵域等人，成立北京医学院医师督导、医疗体育教研组及医疗体育科，曲绵域被任命为主任。

虽然我国在 1955 年便仿效苏联建立了医疗体育教研组和医疗体育科，但对于运动医学的总体发展方向还没有摸索出一条适合自己的路。为此，曲绵域于 1958 年出国到莫斯科列席了第十二届国际运动医学会（FIMS）大会，开始了"取经"的旅程。在这次大会上，他第一次得知这个新专业在国际上叫"运动医学"。

回国后，曲绵域开始着手组建我国第一个运动医学研究所。经过努力，我国第一个运动医学研究所于 1959 年 1 月在北京医学院宣告成立，曲绵域任所长。他没有想到，今后的 38 年间（直到 1997 年），研究所成了他的家。

在党和国家领导人的关怀和鼓励下，曲绵域开始了他运动医学研究的历程，并取得了一项又一项的成果。比如，在 20 世纪 60 年代，曲绵域已经通过关节软骨损伤的机理研究，对运动员髌骨软骨病（大量临床分析）、足球踝、投掷肘的临床观察以及动物实验（膝踝磨损实验），证明在运动员中这类伤病的发生均系关节软骨的微细损伤所致。但是，"文革"期间，北医三院运动医学研究被认为是"为少数人服务的医学"，曲绵域的研究也被迫暂时中断。

为推动中美两国间的民间交往，我国决定组织体育代表团到美国访问，这成了曲绵域运动医学研究生涯的一个重大转机。临行前，周恩来总理接见代表团时，向运动员们问道："你们有什么困难吗？"

"我们没有地方看病。"一个运动员回答道。

"不是有曲绵域吗？"周恩来反问道。

"曲绵域被下放烧锅炉去了。"

听到如此报告，周恩来马上做出指示："运动医学不能取消，只能加强不能减弱，要在运动实践中发挥作用。"曲绵域接到指示，重新穿起了白大褂，随代表团奔赴美国，既保障了团员们的健康，又为我国的体育交流事业做出了贡献。

1970 年 7 月，周恩来总理指示说："运动医学不能取消，只能加强不能减弱，要在运动实践中发挥作用。"以此为契机，北医三院运动医学研究所得以恢复，曲绵域也重新挑起了运动医学研究这副重担。

艰辛创业与累累硕果

经过数十年的辛苦创业，曲绵域和他领导的运动医学研究所为中国运动员和我国体育事业的发展都做出了不可胜数的贡献。

关节软骨损伤，是运动员中最常发生的伤病，是曲绵域最为关注的科研课题，也是运动医学所建所以来的中心课题。通过 20 世纪 60 年代以来的不懈努力，到了 20 世纪 80 年代，曲绵域通过进一步的研究，证明关节软骨损伤后，其病理发生、发展过程有胶原自身免疫反应参与，同时，也证明了软骨表面的无形层（在扫描电镜下可以观察到）对自身胶原免疫反应有屏蔽作用。这一结论为关节软骨损伤的防治提供了理论依据，达到国际先进水平。在国际上首次研究证明，硅橡胶固体及胶体可用来修复软骨缺损，并已用于临床。与此同时，证明了软骨异体移植、贮存软骨异体移植三年后均有吸收现象，可能为晚期排斥反应。近年来，对关节软骨损伤时有自身免疫反应的参与、胶原分型、异位化骨机理、骨关节炎软骨的细胞因子不对称表达等研究，均已达到国内外领先水平。

曲绵域几十年来的研究得到了世界的普遍承认与广泛关注。1989 年获由萨马兰奇主席签署的国际奥林匹克委员会授予的"1989 年运动医学贡献奖"，同年又获得国际运动医学联合会"荣誉会员金质奖"（FIMS），1990 年和 1995 年获中国体育科学学会先进工作者奖，1992 年获亚洲运动医学会奠基主席奖和北京医科大学首届"名医奖"，1996 年被授予中国运动医学会"杰出运动医学名人"称号，1999 年荣获由亚奥理事会主席颁发的"法赫德亲王亚洲运动医学奖"，2004 年获国家体育总局颁发的备战雅典奥运个人特殊贡献奖……他在运动医学上无与伦比的贡献，使他成为我国运动医学界公认的领军人物。

挂在嘴边的两个字——"下队"

曲绵域担任领导期间，运动医学研究所也经历了翻天覆地的变化。经过几十年的发展，这个成立之初只有 10 张床位的研究所已成为设有运动创伤、运动营养、医务监督和运动康复四个专业，集医疗、教学、科研及下队服务为一体的综合性运动医学研究所。袁伟民、蔡振华、张蓉芳、李玲蔚、邓亚萍、姚明、李楠、李小双、郭晶晶、赵宏博、陈中、冼东妹等我国优秀运动员、奥运冠军在这里摆脱了病痛的折磨，重新走上赛场，并取得了优异成绩。北京奥运会召开前夕，包括曲绵域在内所里的 10 名医生被国家体育总局聘任为备战 2008 年北京奥运会国家队医疗专家。"科研工作不怕慢，就怕停。细水长流，坚持下来就是胜者，否则就完蛋。"就像他自己说的那样，如今，已年逾八旬的曲绵域并没有停止在科研道路上的思考和探索，他又把研究重点投向了运动外伤的训练适应课题。

1983 年，曲绵域担任了北京医科大学校长。他是北医第一位集行政、业务于一身的校长。虽然如此，曲绵域依然坚持每周出一次门诊、查一次房、做一台手术。

"下队"是曲绵域时常挂在嘴边的两个字，也是他经常做的事儿。因为在他看来，运动医学要发展，关键在于下队，只有下队，运动医学才有生命力。在他的言传身教下，40 年来，运动医学研究所的大夫们一直保持着下运动队服务的传统，也受到了国家体委领导、教练员、运动员的广泛欢迎和赞誉。研究所每周五为"下队工作日"，一般是上午在场地看有伤的运动员训练，下午在医务室治疗，并和教练员、运动员一起研究伤后训练计划。下班后，曲绵域从北医三院骑上自行车走上一个多小时到北京城南的训练基地看看、听听。我国体操队、举重队的运动员没有一个不熟悉、不信任他的。著名排球运动员郎平的一句话最能够代表广大运动员的心声："我们扣下的每一个球，都有医生们的一份功劳。"

2002 年，一位著名女子跆拳道运动员在训练时发生后交叉韧带断裂，同时还有二分膑骨及膑骨软骨病及外侧半月板损伤。常人发生这样的情况，手术治疗是首选，但这位运动员一个月后就要参加国际大赛，曲绵域一边通过保守治疗稳定病情，一边通过和教练协商，调整训练方案，最终让这位运动员重新站在了赛场上。2004 年雅典奥运会上，这位运动员又拿到了一枚金牌，这样的例子还有许多许多。一个又一个世界冠军诞生了，一个又一个的世界纪录被创造了，活跃在幕后的曲绵域却说："我们运动医学医生的成功是运动员拼出来的，是他们用血肉甚至冒着生命危险为我们提供了研究实例；如果没有运动员们的支持和配合，我们无经验可拿，也没有他们积累的第一手资料可用，我们是'拿来主义者'，运动员才是真正的胜利者。"

两个心愿

曲绵域说，作为一名教师，他现在有两个心愿，一个是运动医学研究所能够继续存在并得到发展，另一个是高校里能够开设运动医学系，让这个学科后继有人。

早在中学时代，曲绵域就立下了从医志向，并顺利升入当时的北京医学院（现北京大学医学部）就读。太平洋战争爆发后，大批协和的教授转到北医任教，他们实事求是的教学理念和方式给年轻的曲绵域留下了深刻的印象，也给他的一生产生了深远的影响。曲绵域非常喜爱讲课只带薄薄的一本《骨科学》教材，上课就是在黑板上画解剖图，一边画一边讲，图画完了，课也讲完了的孟继懋老师。孟继懋的授课让曲绵域对骨科产生了浓厚兴趣的同时，也对绘图产生了极大的兴趣。经过一番勤学苦练，曲绵域练就了线条简单、清晰明了的手绘图。这项成果后来成为曲绵域教授学生的一门绝活儿。

"文革"期间，曲绵域被停止医疗工作并下放到全国各地进行"生产劳动改造"，曲绵域带着学生到煤矿实习，主要工作是挖煤。"学生要毕业了，可是口袋里没有东西啊！"曲绵域心急如焚。结果想起了自己的"绝活儿"。他亲自动手编写、绘图、刻蜡版印刷了《运动创伤检查》送给各位学生。踝关节、脊柱……油印小册子里的每一幅插图都是曲绵域一笔一画亲手绘制而成，既反映出对学生们无微不至的关怀，又寄托着对学生们的期望。在以后的数十年间，他主持编写的《实用运动医学》《医学百科全书运动医学分卷》等 90 余部著作中，不少配图都是自己亲手所绘。通过清晰明了的解剖示意图，曲绵域毫无保留地与读者们分享自己医学生涯中的每一点体会和成果。

在曲绵域的率领下，运动医学研究所的科研、教育水准与日俱增，1981 年被批准为硕士学位授权点，1984 年为博士学位授权点，1991 年成为博士后流动站，1989 年被国家教委批准为重点学科，1996 年为首批进入全国"211 工程"的重点学科。1999 年成为国家体育总局及中国奥委会指定的运动员伤病诊疗中心——设在北医三院的北京大学运动医学研究所，被公认为全国的运动创伤治疗的中心。

曲绵域常常告诫学生们："医生要诚心诚意向病人（运动员）学习，他们是我们的老师，有些伤病的治疗经验是运动员冒着生命危险创造的。"一位我国著名举重运动员胸腰部有四个椎板骨折，当时大家都认为有此伤者运动生涯已经结束，可这位运动员伤后却顽强训练，接连六次打破举重世界纪录——这无疑给运动医学研究提出了新的方向。自此，举重、体操、足球守门员、羽毛球等患有此伤者都被开了训练和比赛的绿灯，不少还拿到世界冠军。另一位著名举重运动员因意外损伤，造成颈椎第一节脱位达 9 毫米，全身瘫痪。一般情况下，这种损伤必须用手术治疗。曲绵域率领专家组经过反复分析、论证，采用保守治疗的方法，用牵引和石膏固定法，几个疗程下来，这位运动员也奇迹般地康复痊愈了。

为帮助全国其他地区的医生提高运动医学诊断治疗水平，数十年来，曲绵域教授多次组织全国运动医学进修班，并亲自拟定教学计划、编写教学讲义。图文并茂的讲课，临床操作的亲自指导，造就了一批又一批的运动医学专业人才，其中不乏于长隆等我国运动医学的发扬光大者。随着曲绵域培养的学者逐渐走上我国运动医学研究的前沿，有理由相信，我国运动医学研究的未来将会更加美好。

（北医三院党院办宣传组供稿）

银针渡人　精诚大医
——程莘农先生印象

———
左　文①

今年已年逾九旬的程莘农先生是中国工程院院士里面唯一的针灸学家，也是中央文史研究馆馆员中唯一一位医学专家。程先生人生经历，更令人啧啧称奇。

当代奇医　功莫大焉

1921 年 8 月 24 日出生于江苏省淮安。11 岁起开始读中医学书籍，16 岁时其父以 500 光洋作为拜师礼拜温病大家陆慕韩为师，开始系统学习中医，在瘟病、内科、妇科等杂病方面积累了丰富经验。后来陆师傅因病去世，28 岁的程先生便独立接诊，开始了长达半个多世纪的行医生涯。

程先生本来是学内科的，1948 年就获得了民国考试院医师证书。但

——————
① 左文，国务院参事室中央文史馆博士后。

1954 年考入江苏省中医学校（南京中医药大学前身）后，却让他当起了针灸教研组组长。他本人那时根本不相信针灸，甚至非常反对针灸。他为此专程找到负责此事的名医孙晏如老师，没想到孙老师说："你给我两个小时，我给你讲药方和针灸的相通之处，我相信两小时后你不会再说自己不懂针灸。"果然，两小时后程莘农心服口服地接受了孙老的观点，自此开启了不开方子的针灸学研究。

1957 年，北京中医学院刚刚成立，对中医界医术高超的专业人士求才若渴。国家卫生部专门下文，把程莘农调到了北京中医学院担任针灸教研组组长，兼附属医院针灸科主任医师。据说，当时周总理向南京中医药大学要人时，说了六个字："先中央，后地方"，程莘农班上的七人就这样被调来了北京，并且各负责一个领域。

当时，无论是医学界还是普通民众，都将经络学看作玄之又玄的东西，有些人根本不相信人体内还有看不见、摸不着的经络存在。为了让人信服，程莘农把研究重点放在了查证经络上。来北京后不久，程莘农根据中医理论结合病人的临床症状画出了人体经络表。为了验证其准确性，卫生部科教司派出一位专家配合他进行这项研究，程莘农依靠经络表，那位专家则用现代医学仪器为病人检查身体，结果表明：两种检查方法的结论竟然有 80% 以上相吻合。程莘农用实践证实了人体经络的客观存在，这一结论对我国早期经络研究起到了巨大的推动作用。

程先生主攻功能性子宫出血、中风和三叉神经痛等病症的针灸治疗，并完成了"中风偏瘫 64 例观察"等重大课题。主编了《简明针灸学》《针灸挂图》《中国针灸学》等统编教材，对针灸学在国内外的继承和发展起到了强有力的示范和推动作用，其中《中国针灸学》不仅是中国学生的教材，还成为美国针灸医生资格考试的蓝本。他多次主持国家级、部级课题，作为主持人进行的"循经感传和可见经络现象的研

究"，获国家中医药管理局科技进步一等奖，1990 年获世界文化理事会
"阿尔伯特·爱因斯坦世界科学奖"。1994 年当选首批中国工程院院士，
1998 年 9 月 8 日被聘为中央文史研究馆馆员，2000 年任中国中医研究院
名誉院长。程先生的研究成果，得到了国家的高度重视，经他诊治的数
十万患者也将他的医德医术传播到了海内外。而他培养的数十名博士
生、硕士生以及数千名洋弟子，也继承了他的衣钵，将中国的针灸事业
继续发扬光大。

"程式三才" 出神入化

传统针灸的手法有上百种，程先生对自元代流传下来的"三才法"
潜心研究几十年后，经过改进独创了"程式三才"针灸法。这是一种三
下得气的方法，所以得名"三才法"。对此，程先生的解释是："天、
地、人为三才，天就是浅，人就是在中间，地就是深。实际上为患者行
针大多时候只要掌握好浅、中、深三步就够了。""我捏着针，别人根本
拔不走，只要三下就能得气。"针灸大夫指力要求很高，程老持针强调
"手如握虎，伏如横弓"，运针讲究指实腕虚，气随人意。"得气"就是
扎上针后酸麻胀痛的感觉，对于扎针灸来说，必须要有这种感觉才能有
效果。

正是运用"程式三才"，程老扎一针只需一两秒钟，一个病人扎十
针八针，他不到一分钟就可全部完成。因此，在程老每天早晨 6 时至 8
时的两小时"补时"里，17 张床位，他能给 40 多名病人治疗。在针灸
门诊，人们对他的普遍评价是：进针快、穴位准、见效快。

程先生的针灸疗法，不仅速度快，而且效果好，堪称一绝。当他还
是南京中医学校的教师时，送医下乡来到山西稷山县，程老和学生们在
一位老乡家里吃饭，得知这家的孩子得了一种怪病，总是摇头不止。程

先生利用当天吃饭的时间，为小女孩扎了两针，针一拔，头就不摇了。就这样一共扎了三次，小女孩的摇头病就彻底治好了。程先生还为一位印度妇女在 20 天内解决了困扰她 17 年的三叉神经痛。这位妇女本人在印度拥有三家医院，由于自家医院对自己的病束手无策，便慕名来到中国找程老，经程先生针灸治疗后，她的病痛再没复发。神奇的针灸使她大开眼界，两年后她便邀请程老赴印度讲学。

这些被世人视为神奇的故事，在程先生看来却是针灸疗法符合科学原理的证明，他说："针灸既能寒也能热，既能补也能泻，很多病都可以采用针灸治愈。除了腰酸腿疼外，一些内脏病症也可以扎针，甚至像中风、脑出血这样的危重病也行。"

医者仁心　号费一元

像程先生这样医术高明的国宝，在一般人看来，一号难求或者挂号费高得离谱，都必定是司空见惯的事。恰恰相反，数十年来，在中国中医科学院专家门诊部，程先生的挂号费只需花 1 元钱，比一个普通号的价格都低。程先生说这是拜恩师陆老先生所赐，因为无论患者是达官贵人还是贫苦佃户，陆先生一视同仁，对方无论给 10 块大洋还是一个铜子儿，甚至一分不给，都从不计较。医者仁心的崇高品德已经内化成了程先生的精神准则，数十年来莫不循此准则行医做人。

进入耄耋之年后，程先生仍然坚持在一线为病人针灸，直到 2005 年 9 月 10 日。就在这一天，他像往常一样准时来到诊室，快 8 时刚给所有病人扎上针，"我感觉不对劲，自己走到一张空着的病床上，一躺下就没了知觉"。幸好助手及时赶到，对他进行急救才没有出现意外。自此以后，程先生就不再出诊，但并不意味着不给人看病了。一般人要见到他十分容易，因为他每天早晨 6 时会准时来到自己的诊室，30 多年来从不更改。作为 80 多岁的老人，每天的日程表总是排得满满的：上午门诊，下午开会、教学、会客，晚上回家后看报纸和电视新闻、接待访客，夜深人静了还要看书、审稿，几乎每天都要忙到深夜 12 时甚至更晚才能睡下，老当益壮的进取精神在程先生身上表现得尤为明显。

鲜明个性　赤子情怀

《老子》有言曰："含德之厚，比于赤子。"笔者在拜访程先生时，无时无刻不在感受着程先生的鲜明个性，以及这种个性所体现出的赤子情怀。

程先生最引人注目的标志是那一缕飘逸的白胡须，象征着他倔强的个性和坦荡的心怀。原来，"文革"爆发后，脾气耿直的程老由于拒不承认自己的"滔天罪行"，被流放到河北、湖南等地，接受长达 6 年半的劳动改造。"文革"结束后，程老准备再次拿起银针回到病人身边，但就在回北京的第三天，他就发高烧了，得了急性肺炎，只能再次回到家里休息。殊不知一休就是半年。半年没有出门，头发、胡子都长得很长。程先生决定，头发可以剃，胡子必须留——"别人都说我 50 多岁的人留着长胡须像什么话，但我就要留下来……这是'纪念胡'"。

接触过程先生的人大概都有一个共同感觉，那就是老先生爱发脾气，他经常在公开场合与人争论时拍桌子，无论对方是何方神圣。记得他在出席某次重大的纪念活动时，头戴礼帽端坐在观礼台上兴致勃勃地观看节目，坐在前排的据说是一位级别不低的领导可能为了有更好的观看效果，竟然站了起来，挡住了程先生。只见程先生拿起手中拐杖不由分说地打过去，大喝一声"坐下"。那位领导回头一看，只见后面坐着一位长髯飘飘的老者，有凛然不可侵犯之势，一时惊为天人，却不知是何方神圣，只得乖乖坐下。但奇怪的是，爱发火的程先生在向别人介绍自己的养生秘方时，头一条竟然是"不生气"，因为"我向别人拍桌子，那不是真的生气，大喊大叫之后我就忘了"。他笑着说："我说的不对，别人不当场和我辩论，那是他的问题；别人说的不对，我就要当场和他辩论。"

结　语

2012年新春佳节临近时，我陪同领导一起去拜会程老先生时，发现先生只能卧床与我们交谈了。一阵心酸之余，我还感到异常惊讶：一是惊讶于先生所住房屋之简陋狭窄，大概只有60平方米的老旧房子里面堆满了书刊杂志；二是惊讶于先生惊人的记忆力，他对数十年以前的事情依然如数家珍；三是惊讶于先生的本色不改，说到激动处，他仍然语调激昂，中气十足，仍然会情不自禁地拍打着床沿……当我们起身告辞时，程先生执意起床，并且坚决"不要人扶"地送我们到楼梯口。

望着须发全白、颤颤巍巍但依然目光坚毅、头向上昂的程老先生，我恍然发现，岁月的流逝固然可以残酷地催老一个人的躯体，但永远无法让不屈的灵魂低下高贵的头颅。

告辞程先生后，我口占七绝一首，以示景仰：

> 得气手法如有神，
> 程式三才勤度人。
> 安得世间离苦厄，
> 哪惧我针蒙锈尘。

悬壶何为

——与肿瘤生死交锋这些年

赵平口述 潘飞采访整理

伴随现代科技飞跃式的进步，曾经威胁人类健康的疾病一个个被攻破。可是，还有一个疾病幽灵仍在全球各地四处徘徊，这就是癌症。国际权威数据显示，20 世纪 50 年代，癌症的死亡率远低于心血管疾病；到 20 世纪末，由于心血管疾病诊治技术的提高，两者的死亡率已基本拉平。中国第三次全国死因回顾调查的数据表明，2003—2004 年癌症已成为我国城市居民因疾病死亡的首位原因（占城市死亡总数的25.03%），癌症已经成为全社会高度关注的一类重大疾病。

林县经验：癌症可防、可治的一道曙光

河南林县，我国太行山区一个名不见经传的小县，20 世纪 50 年代因"水不通、路不通和食管不通"而受到广泛关注。1957 年，林县县委书记杨贵在全国山区生产座谈会上谈到，林县每三个男人或五个女人

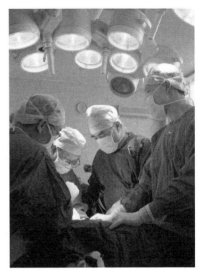

赵平（右二）在手术中

中就有一人死于食管癌，甚至发生同一村几户人家同日出殡的悲惨场景，真可谓"万户萧疏鬼唱歌"。更有甚者，林县蓄养的鸡、羊的食管也长癌。这一情况引起了在场的党和国家领导人的高度重视。

1958 年，国务院总理周恩来批准成立新中国第一家肿瘤专科医院——中国医学科学院日坛医院（后改称中国医学科学院肿瘤医院）。肿瘤医院刚刚挂牌，周总理就要求医院党委书记李冰同志（李克农之女）到林县蹲点，带领肿瘤医院阵容强大的防治专家长期在贫瘠、贫穷的太行山区驻扎。当年，医疗队员和群众一同喝苦井里的水，吃糠窝窝，住在四面透风的破庙中，他们怀着治病救人的赤诚之心在林县开展防癌普查，对可疑的食管癌患者进行拉网式排查和诊断治疗。终于，这批来自北京的医疗专家在十分艰苦的条件下，完成了林县 11 万人口 30 年间（1940—1970）的食管癌死亡调查回顾，查明了导致食管癌的部分诱发因素。

　　根据专家的意见，政府和医务工作者大力改善居民的饮水、厕所卫生，转变人们的不良饮食习惯……随着中国医学科学院肿瘤医院与河南省内的肿瘤专家协同作战，大力推行食管癌筛查和早诊早治，林县食管癌的发病率从20世纪70年代初的180.89人次/10万人下降到2003年的82.80人次/10万人，死亡率从133.07人次/10万人下降到59.60人次/10万人，创造了全世界防治癌症的奇迹，打破了当时癌症不能预防、不能治疗的定论。

　　林县癌症防治的综合治理模式，在中国乃至世界癌症防治史上都留下了宝贵的经验。在长达半个世纪的岁月中，中国医学科学院肿瘤医院的医务人员一批接一批坚守在太行山区开展防治，从未间断。不仅如此，几十年间，他们还努力帮助当地培训医务人员，协助组建"地方武装"，留下了一支"永远不走的医疗队"。林县有个不起眼的小村子——姚村，村里有个不大的卫生院，肿瘤医院的医生手把手地教会了这些乡村医生做食管癌手术。几十年过去，今天的姚村卫生院已经发展成以食管癌诊治为主的中等规模医院。一位外国卫生部部长到此参观后感叹道："这是世界的奇迹，一个乡村医院居然每年可以完成上千例食管癌手术，真不可思议！"确实，每年可以完成这么多例食管癌手术的三甲医院在中国也不多见。在医改不断深化的今天，重温"林县经验"带给我们的启发是：只有重心下沉，中国才能保证13亿人口的基本医疗得以平稳推进。

　　此后，"林县经验"这一癌症高发现场研究和综合防治的杰作，又相继在山西襄垣、江苏启东、云南个旧、河北磁县等许多肿瘤高发地区先后复制并获成功。实践证明，控制癌症采用预防为主，研究引路，防治并重这一策略是切实可行的。中国医科院肿瘤研究所和美国国立癌症研究院在林县合作了30多年，林县食管癌高发区的防治经验已获得国际上的认可：要了解食管癌的防控，请到中国的研究现场去！

三次全国肿瘤大调查：成果与思考

1969 年，全国肿瘤防治研究办公室正式成立，李冰担任主任。1973 年，全国肿瘤防治研究办公室在全国范围内启动了第一次以恶性肿瘤为重点的居民死因调查回顾，覆盖 8 亿人口。当时，研究人员争取到各级党政部门的支持，发动了数十万基层卫生人员和"赤脚医生"参与调查。在这次调查的基础上，1979 年中国第一本《中华人民共和国恶性肿瘤地图集》编辑出版，这是中国肿瘤史上的一项创举。该书还翻译成英文版并对外发行，在中国乃至世界医学史上都留下了浓墨重彩的一笔。20 世纪 90 年代初，又展开了第二次调查。通过这两次调查，基本摸清了肿瘤在国内的流行发病规律和分布特征，为肿瘤防治工作打下了科学基础，对制定我国的肿瘤防控规划起到重要的参考作用，带动中国肿瘤防控事业进入了发展的"黄金时期"。

令人遗憾的是，在接下来的一段时间里，这套业已建立起来的肿瘤防控体系因种种原因未能保持持续发展的态势。以肿瘤登记为例，继前两次大规模调查之后，很多地区在很长一段时间里没有继续进行肿瘤登记工作，即使在少数保留了肿瘤登记工作的地区，登记资料的完整性和准确性也存在不少问题。那些被实践证明有效的科学宣教、危险因素研究、肿瘤筛查和早诊早治等综合措施也没能继续下来。其结果是，大多数患者就诊时已经是中晚期，这就意味着更为高昂的治疗费用、更加痛苦的治疗过程和难以令人满意的治疗效果。

令人欣慰的是，2006 年在时任卫生部副部长王陇德领导下，国家卫生部、科技部联合开展了全国第三次死因回顾抽样调查，我当时担任执行办公室主任。这次调查对于新时期中国的癌症防治意义深远。在第二

20 世纪 60 年代，医疗专家杨大望（右）深入林县一带的田间地头，为农民筛查食管癌

次调查过去后的十多年间，随着经济的发展和居民生活方式的变化，人们的健康状况和疾病模式也发生了巨大改变，再次凸显癌症发病的增多和分布的差异。因此，启动新一次全国性调查是非常必要的。正如当年周总理所说："向癌症开战，首先要知道敌人在哪里，这样才能打赢！"

十年一剑：中国国家癌症中心的创立

2001 年 5 月，我从北京协和医院调任中国医学科学院肿瘤医院任院长、肿瘤研究所所长，同时出任卫生部肿瘤防治研究办公室（以下简称防治办）主任。

防治办在全国各省都有分支机构，但由于经费少、待遇低，人员纷纷流失，当时全国范围内的防治办工作人员也只剩下区区 100 名。我刚进肿瘤医院时，肿瘤研究所的预防研究人员已经寥寥无几了，预防经费

2004 年 9 月，国际肿瘤登记协会第 26 届年会在北京召开，这也是该大型会议首度在中国举行。图为时任中国国家肿瘤登记中心主任赵平（左一）和与会各国代表在一起

更是捉襟见肘。时任卫生部疾病预防控制局副局长孔灵芝描述当时的情况时说，目前维持较好的只占全部的三分之一，处于半瘫痪的也占三分之一，还有三分之一根本无法维持。所以，当时出现了一种令我们十分尴尬又无奈的状况：一方面，肿瘤患者越来越多，医院应接不暇；另一方面，肿瘤防治的队伍溃不成军。

2002 年，卫生部曾一度考虑解散国家肿瘤防治办公室，卫生部疾控局局长齐小秋、副局长孔灵芝曾专门就此事到医院找我商议。我说："有没有防治办这个名号并不重要，重要的是需要有一个机构能够行使预防为主、早诊早治的功能。眼下的情况确实很糟，但肿瘤发病的形势要求我们必须振作起来，加强肿瘤预防功能的建设。"为此我提出，可以考虑借鉴国际经验，筹建国家癌症中心，重新组织、整合中国肿瘤的预防、研究和医疗队伍。齐小秋局长、孔令芝副局长当即表示赞同。从这时起，成立国家癌症中心成为了我们长达十年的奋斗目标。

我们首先认真研究了世界各国国家癌症中心的情况。美国在 1937

年成立了国立癌症研究所，领导美国癌症研究和组织工作；日本于 1962 年组建了国家癌症中心，韩国则在 2001 年成立了国家癌症中心。从国际经验来看，国家癌症中心对引领一国的癌症防控起着非常重要的作用。对于人口众多、幅员辽阔、地区发展很不平衡的中国而言，尤其需要国家癌症中心这样的专业机构来统筹全国的癌症预防与控制工作。

当时我刚到医科院肿瘤医院不久，还没有多少人相信这个"国家癌症中心梦"能够实现。肿瘤研究所有位教授半开玩笑地对我说："这件事几代人想过但都没有做，这次要是真成功了，我给你塑个像。"此后不久，2003 年突如其来的"非典"席卷国内，我带领全院医务人员投入到非典一线，无暇旁顾，筹建国家癌症中心的事也就暂时搁置下来，但这个梦始终萦绕在我的脑海里。

2005 年，抗击"非典"的战斗结束后不久，我在肿瘤医院职代会上提出成立国家癌症中心的设想。经投票批准后，我们又将这一设想上报给主管单位中国医学科学院和国家卫生部。当时，医科院和卫生部负责审批的同志都劝我们不要办这件事，因为国家严格规定不许再建国字号的机构。我说："面对中国严峻的癌症形势，实事求是地说确实需要建立这样一个机构。不管最后结果如何，我们还是要不遗余力去争取。"

2006 年，我向吴仪副总理当面详细汇报筹建国家癌症中心的想法时，特别强调道："根据中国肿瘤防控的形势，目前的防控机构、功能和队伍已经不能适应严峻形势的需要。"吴仪副总理沉思许久后说："我支持你。"随后，在国家卫生部上报"关于筹建国家癌症中心"的申请报告中，温家宝总理、吴仪副总理、华建敏秘书长都签署了明确的意见。接下来，因为筹办过程中的一些具体困难，我还向时任国务院常务副总理李克强写信"求助"。在李克强同志的指示督办下，中央机构编制委员会办公室最终于 2009 年正式批复同意组建国家癌症中心。

2011 年 8 月，卫生部正式下发通知，成立国家癌症中心。十年一剑，想到中心的成立即将对中国癌症的防控事业产生重要积极的作用，我激动不已。有意思的是，获悉中心成立的喜讯后，当年那位教授没有食言，真的给我做了一座雕像。我把这个"小小的我"摆到了书柜里，也作为这条跋涉了十年之路的一个"见证人"吧。

医院改革：让机制发挥潜力

2001 年 5 月，我被任命为中国医学科学院肿瘤医院院长。本来，我对当院长并不感兴趣，但是那位我十分敬重的中国医学科学院的老院长对我说："再好的大夫一生中能救多少病人？如果管好一个医院，能够救治更多的病人。"

常言道：新官上任三把火。尽管我对这种提法并不"感冒"，但这多少反映出人们对一个新上任干部的期待和评价。我到任以后，做的第一件事是"环境治理"。当时，门诊楼看病十分拥挤，而这栋楼的四、五层却住着 200 名本院职工。窗口挂着背心、裤衩，如同"万国旗"，楼道里还有许多煤气罐用来煮饭，墙上贴的报纸满是油污，听说这已经成为困扰历届院领导的老大难问题。不久，我请他们统统搬了出去，有人说这是新院长烧的"第一把火"。其实，通过这件事，我感到医院的"环境治理"已是众望所归。

"第二把火"是改革分配机制。分配机制是医院运行的"变速箱"。2000 年肿瘤医院总收入三亿元，人均年收入还不到三万元。怎么办？很简单——奖勤罚懒，奖金上不封顶。我曾在很多场合对大家说："医生绝不能以赚钱为目标，但医院会努力让薪酬体现出你们的价值。"这样一来，员工的积极性被调动起来，医院软懒散的状态也明显得到改变：医护人员不再天天盯时间等着下班发班车，而是精神饱满、加班加点地为病人服务，医院的工作质量、效率，连同业务收入快速提升。病人满意、员工满意，医院的运行很快进入良性循环状态。10 年间，肿瘤医院的年收入和员工收入都增长了七八倍。当医生护士们不用再天天为柴米油盐而算计时，就会把更多的时间留给病人。

"第三把火"是抗击非典。当年，肆虐大半个中国的非典对肿瘤医院也是一个巨大的考验。为了稳定军心，院领导和大家一同站在最前线迎战非典。整个抗击非典期间，肿瘤医院医护人员的感人事迹比比皆是，院里一位大夫，婚后第二天就进入非典病房投入抗击非典的战斗。我们还组建了两支专家团队为非典中心出谋划策，采用中药和升白血球的药物控制非典病人的症状，取得了意想不到的效果。在抗击非典的战役中，肿瘤医院取得了"三个零"的好成绩：非典病人零死亡、住院肿瘤病人零感染、全体员工零感染。

以制度之"药"对治腐败之"瘤"

现在回想起来，当年我从北京协和医院"空降"到肿瘤医院任院长时，算得上是临危受命。那时，肿瘤医院发生了建院以来医疗卫生系统的一桩"天字号"贪腐案：一个住院处的工作人员贪污了 1000 万元。从我上任伊始，卫生部监察局就密切关注着医院的一举一动。腐败也如同癌症，侵袭和转移无处不在。

要管理好这么重要的一家医院，光有足够的信心是不够的。为此我在赴任前对自己"约法三章"。例如，任院长期间不参与医院福利分房；不将自己的亲属转到肿瘤医院工作；不用院里的配车，仍然开自己的小奥拓上下班；只按看门人的标准拿奖金；进院头三个月内不进手术室，等等。上任前，组织部门曾建议我院长、书记一肩挑，我没有接受，因为担心这样一来党的监督保障作用会名存实亡。

2011 年两会期间，赵平担任全国政协十一届五次会议中外记者招待会的召集人

上梁不正下梁歪，打铁还须自身硬；想反腐，领导班子首先要廉政。为了防止腐败再次上演，我在制度建设中首先向自己这个院长开刀，给自己戴上了防腐的"紧箍咒"。为此，我修改了以往一把手"一支笔"的做法，制定了"决策者不运作，运作者不能决策"的新机制，从制度设计上改变了以往一个人说了算的现象，有效遏制了商业贿赂的发生。

"审计风暴"时，审计署的同志曾问我："为什么你不管基建、不管药品、不管耗材、不管设备？"我说："上述每项具体工作都由两位院级领导具体分管，但是，他们都归我管，我要负法人责任。"实践证明，这套机制对于防止医院内的腐败是行之有效的。例如，医院建筑竞标，我会安排各分管院领导参与，但自己不参加评标；医院基建工作则由分管后勤和医疗的副院长共同负责，我不会直接和对方谈价。但是，如果我发现报价太高，就会让总会计师去询价，一旦发现同等品质有价格更低的，我会责令执行人员给予解释。当年，肿瘤医院新外科大楼的建设采用的就是这一模式。事实证明，新外科大楼的建筑质量提升了档次，但造价仍控制在预算范围内，并得到国家发改委的表扬。这套经验后来也被全国许多医院采用。

一般而言，群众总是敬畏领导，那么如何让有权力的领导不敢腐败？为此我提议：领导班子要接受职工代表面对面的质询。开始，这项提议被院长办公会否定了，担心这样会给医院造成不必要的麻烦。对此我很坚持，因为只有心里有鬼，才会害怕面对群众。经过一年时间做工作，下决心力推，最后大家终于接受了，并且坚持至今。

为了进一步推进科学民主决策，我们还成立了医院行政事务管理委员会，包括院内中层干部、科室主任等 20 多位委员；另外我们还特别邀请了中组部、卫生部、医科院的七位领导担任院外委员。委员会每三个月召开一次会议，对于医院人财物等方面的"大事"进行科学论证和民主商议，最后再上院长办公会做决定。委员会采取自主轮换制，自主选择轮值主席，轮值主席列席院长办公会。医院所有重大事项必须经过委员会论证后提交院长办公会。按规定，医院行政事务管理委员会可以提出弹劾院长，但无权任命院长。事实证明，医院行政事务管理委员会的建立对于减少医院决策失误、预防腐败发挥了积极作用，新华社也曾为此做过专门报道。

医疗工作需要大胆创新

改变住院难问题是中国医改的重要命题。中国癌症发病上升的现状使越来越多的患者向大城市、大医院集聚。由此造成的结果是：患者一床难求，医院不堪重负。2001 年 8 月，我刚进肿瘤医院百天，在《健康报》《北京晚报》和《北京日报》上作出公开承诺：要着力缓解肿瘤患者看病难、住院难和手术难的问题。为此，在上级领导和有关各方的鼓励下，我大胆尝试与民营医院合作，互相取长补短，共同解决肿瘤病人的医疗问题。在这样的思路下办起来的民营三环肿瘤医院，不花政府一分钱，在中国医学科学院肿瘤医院的扶助下每年可以解决一万多名肿瘤患者的住院问题。我院负责保证这些患者的治疗不低于医科院肿瘤医院的水平，治疗费用不超过我院标准。2011 年 7 月 1 日的新华社大参考中，围绕我们的做法详细介绍了公立医院扶植民营医院的成功经验。目前，三环肿瘤医院已经成为全国民营医院的典范。

医改关乎千家万户的切身利益。2008 年，我刚担任全国政协委员后，组织上安排我就新一轮医改问题向习近平同志做汇报。我在汇报中说：前一轮医改并非像有人所言是完全失败的。在当时我国经济非常落后的情况下，通过简政放权，提高效率，大大刺激了中国医疗卫生事业的发展。许多破旧不堪的医院焕然一新，医疗设施也紧跟国际先进水平。这是中国医院重要的发展高峰期，为今天的医改奠定了坚实的基础。当然，与此同时我们也必须正视医疗领域存在的严重问题。例如：医院通过增加医疗收入寻求发展，政府又忽略了正向引导和有效监管，导致医院出现过度追求经济效益的倾向，增加了病人负担，老百姓感觉到看病难、看病贵。所以，医改不仅仅是医疗问题，也是重大的社会课题，是一个伴随国家发展和社会进步而不断完善的过程。

这些年来，作为一名政协委员，我在参加全国政协组织的数十次调研、认真了解全国各地发生的真实情况基础上，多次在全国政协常委会、双周座谈会、专题研讨会上发言，献计献策，提出了不少有针对性的建议。其中，关于中国医改要重心下沉，要注意夯实基层医疗机构的服务能力；要继续加强农村卫生队伍的建设，强化培养村来村去的农村医生教育体系等建议，都已经被陆续采纳并付诸实施。

医患之间要结为"生死之交"

我从医至今已经40多年了。有许多老"病友"已经成为老朋友。记得我还在做实习医生时，一个年轻的病人在我的面前离去，当时我的眼泪夺眶而出，哭得稀里哗啦。从那时起，我发誓要做一个好大夫，无论再难也一定要尽全力拯救病人生命。面对疾病，我的信念是医生要和病人结成生死之交，共同面对。从医生角度来说，不仅要在医术上精益求精去争取治愈，还要把决不放弃的信念自始至终传递给患者，让病人鼓起生存的勇气。

1996 年，我在协和医院接待一位来自葫芦岛的胰腺肿瘤患者。她说当地医院讲治不了，把她给"撵"出来了。当时我的老师也认为手术很难做，但我还是收下这位患者并成功为她切除了肿瘤。13 年后她肿瘤复发，又到肿瘤医院找到我。当时我已经是院长了，复发的胰腺肿瘤手术难度极大，许多人劝我不要冒这个险。有同事说："这年头，手术失败会让你这个院长很难堪。"我在病人生命与个人得失之间反复权衡之后，最终还是鼓起勇气为病人开了刀。病人得救了，现在她每次到北京时总会想着来看看我。

20 多年前，某省省委书记被诊断为胰腺癌送到北京。我接诊后从细微环节中发现是误诊，在他出院前，我又在检查中发现他的肾脏上长了一个瘤子，通过及时治疗使他得到治愈。从此，我们结为忘年之交，他每次到北京都会去医院找我。我想，这种重获生命的心情只有当事者才能真正体会。

我亲历的例子还有很多，许多病友如同朋友联系不断。一个人的健康，除了身体的，还有心理的。从这个角度说，医生不仅开刀用药，还要做病人的知心朋友，爱护病人、尊重病人，给病人以希望。在肿瘤医院外科大楼的墙壁上，你能看到著名的"希波克拉底誓言"，这是我们医务人员对患者的庄严承诺。面对成千上万的患者，无论有钱没钱，无论有权没权，医生的原则必须是：一视同仁，治病救人。

万名医生肿瘤学培训项目

我从院长的位置上退下来后，本想松口气，但是中国癌症基金会（以下简称基金会）又让我扛起秘书长、理事长的担子。

2009 年我接任基金会秘书长后，注重改善基金会的运作模式，争取到慈善机构物资进出口免税资格，为争取国外的药品捐助创造了良好条件。短短几年，基金会接受的物资与资金就由人民币 2000 万元跃升至 43 亿元。这些年来，基金会已经将价值百亿元的药品捐赠给六万名癌症患者，为 300 万农村居民进行免费筛查和早诊早治，向上千名低收入患者提供了数百万元的救治资金。

与此同时，基金会还注重加强能力建设，吸收了多位医院院长、院士和高级专家教授加盟理事会，还引进了不少年富力强的青年才俊充实工作团队。去年，我们得到 2000 万元人民币的捐赠，设立了万名医生肿瘤学培训项目。分级诊疗是医改的战略措施，将大病留在县域医疗，必须紧抓县域医疗的能力建设。癌症是当今诊断与治疗最困难的疾病，无论是诊断错误或者治疗有误，治疗不足或者过度，都将给肿瘤病人造成难以挽回的伤害。为此我们组织全国肿瘤临床专家，在全国 20 多个省市自治区为 1000 个县培训一万名县级医生，提高他们的肿瘤诊治能力，让更多的基层民众获益。目前我们已经完成了 4000 名医生的培训，收到良好效果。

现在，基金会承担的许多工作都是开拓性的，无论是肿瘤预防与控制，还是非公医疗机构的发展，都是崭新的挑战。正所谓：壮心无复在千里，老气尚能横九州。我以这两句诗作为自勉，愿穷尽毕生，行进在这条"抗癌"之路上。

宫乃泉：军事医学科学的奠基人

———

王海印

宫乃泉是我国著名的军事医学家、军事医学教育家、战伤外科专家、华东白求恩医学院的创办人、中国人民解放军军事医学科学院的奠基人、中国人民解放军总医院及军队专科医院的创建者和组建者。1955年被授予少将军衔。他为我国军事医学科学的发展奉献了自己的一生。

少年立志，学医救国

宫乃泉祖籍山东省莱阳市，1910年8月出生于辽宁省营口市，因为是家中的独生子，深得父母的疼爱。父母省吃俭用供他读书，少年聪明的他勤奋好学，1928年以优异的成绩考入了东北奉天医学院（英国教会创办的医科专门学校），学习医术。在学校期间，他除了勤奋学习专业知识和英语外，还利用业余时间，阅读了大量的哲学、文学、自然科学著作和革命书籍、进步刊物。在同学中他是一位思想进步的爱国青年。1931年"九一八"事变，他积极参加了各种形式的反日集会，对日本人侵略东北三省的行径义愤填膺。东北的沦陷，更加激起了他对日本帝国主义的仇恨。如同当年目睹国难家破无能为力只能选择医道救人的孙中山和鲁迅一样，他也希望将来悬壶济世，以救人于倒悬。为此，他更加奋发学习医学知识，并立志将来要投身到革命中去，学医救国。

投身革命，创建新四军军医处

1935 年，宫乃泉以优异的成绩从奉天医学院毕业后，为了实现他"学医救国"的信念，只身到关内寻找革命道路，他首先来到山东省邹平县医院担任外科医生，在工作一段时间后，他发现这里的环境和自己的理想相差太远，于是转而投奔福州协和医院任外科医生。"七七"事变后，他决心到抗日前线去。作为一名倾向革命的青年，他把目光投向了中共中央所在地延安。他写信给在延安工作的成仿吾，希望介绍他来延安参加革命医务工作。延安方面很快回信说，八路军和新四军是一家，而且办事处设在武汉，新四军比较缺少医生，不一定非要到延安从事医务工作。于是，1937 年，他到汉口找到了新四军办事处，叶挺军长亲切接见了他。1938 年 2 月，在江西南昌，他和沈其震一起组建了新四军军医处，沈其震任处长，他任主任。

在当时的情况下，军医处只是一个二三十人的小诊所，后来又有几位正式医学院毕业的大夫和几十名护校毕业的护士参加。沈其震处长经常外出募集药品，因此军医处的工作主要由宫乃泉主持。1938 年春，宫乃泉随军部从江西来到皖南岩寺和云岭，与沈其震一起创办了南堡村前方医院和小河口后方医院，宫乃泉兼任南堡村医院院长。

为了办好医院，宫乃泉因地制宜地制定了一整套严格的医疗、护理等规章制度，例如巡视制度、日夜值班制度、发药护理、消毒灭菌、手术及伤病员的伙食制度，这些制度在今天看来并不算什么，而在当时，能够做到确实也不容易。他身体力行，每天都要去巡视病房，亲自为伤员换药、喂饭，甚至拿便盆。他对护士和学员说："伤员是从前方为了打日本鬼子而伤的，对伤员的病情要认真负责，要一丝不苟地进行治疗和护理，使他们早日康复，以便早日重返前线。"他的病人不仅有军中的战士、首长，还有驻地周围的群众、老乡。他以精湛的医术、高尚的医德治愈了病患，大家都尊称他"宫大夫"。

1938年秋天，著名记者史沫特莱由重庆来到皖南新四军军部作战地新闻采访，政治部安排她在军医处住，由于宫乃泉英语很好，用英语与她沟通、交谈，聊国际形势，并对她的日常生活给予了一些照顾，很快他们便成了最好的朋友。在皖南的日子里，史沫特莱切身感受到了我军的医护工作，她对宫乃泉说，新四军的卫生工作是最好的。她说："我看过许多医院，其中包括国民党的医院，他们的医疗条件很好，医生的数量也多，但他们工作不负责，医院不仅乱而且脏，许多士兵死于非命，而你们的医疗条件虽差，医护人员又少，但是管理和医护工作做得很好，病房也非常整洁干净，伤员在这里得以恢复并很快再到前线去，真是了不起，这是我在中国看到的最好的军医院，我要向全世界宣传你们，呼吁他们来支持你们。"史沫特莱回国以后曾写信给宫乃泉并寄去她的照片作为留念。

重视军医教育，为新四军培养医务人员

1939年9月，党中央为了开辟和发展抗日根据地，坚持敌后斗争，决定成立江北指挥部，总指挥是张云逸，邓子恢任政治部主任，徐海东任副指挥兼四支队司令员。宫乃泉奉命到江北指挥部组建军医处。

由于我军医疗水平低，医务人员少，药品药材也缺少，组建军医处的工作千头万绪。宫乃泉审时度势，从关键处入手。他认为，要解决部

队工作中存在的问题，当务之急是培养一支医疗队伍。他深知人才的重要，尤其当时我军医务人员奇缺，要想从全国吸收医务人员也很困难，他决定开办卫生干部训练班。经过紧张的筹划，11 月训练班就开学了。江北指挥部的领导对宫乃泉的工作非常支持，张云逸亲自参加开学典礼。

卫生训练班学员均由各部队抽调，共分六个班，每期的训练时间为六个月。前来学习的学员虽然学习和革命热情都很高涨，但年龄相差较大且文化水平也比较悬殊的状况，也给在有限的时间内培养出好的卫生人才的目标带来困难。作为二师卫生部部长的宫乃泉，除了每天大量的卫生行政工作以外，还制订教学计划并亲自任教，自编自印讲义。为了使学员对人体解剖有较为清楚的认识和了解，他带领学生到荒野去挖骨头，制作人体模型；在教学中他更注重理论联系实际，注重临床教学，边看病边讲课，边做手术边指导学员，言传身教。经过一段时间的培训，学员的医疗技术都有了很大的提高。

在训练班毕业典礼时，正在新四军的刘少奇（当时化名胡服）对新四军第一支医疗队伍的诞生很重视，他参加了毕业典礼。在分析了国内外的形势后，他指出了抗日必胜的现实。他说："宫主任要我来讲话，讲什么呢？你们的学习要在今后的实践中不断地提高，你们毕业后，要奔赴前线，同敌人作战，救治伤员。战争中会遇到很多困难，我们是共产党人，是为实现共产主义而奋斗的，为了幸福的明天，我们要克服困难，去夺取抗日战争的胜利。"刘少奇的一番话，使宫乃泉进一步认识到自己工作的重要性，也令全体学员备受鼓舞。

此后，宫乃泉随部队走到哪里，卫生干部培训班就办在哪里。1939年至 1943 年，宫乃泉创办六期卫生学校，1943 年还创办了高级医务干部研究班，经过四年的努力，二师卫生工作出现崭新的局面，全师各级医疗机构的人员和医疗水平上了一个新台阶。

据不完全的统计，第三野战军的4万多名医护人员，绝大部分是宫乃泉培养出来的。不管在战火纷飞的解放战争，还是在全国解放以后的和平环境里，这些医护人员都成为我军医学的栋梁之材。

在革命的大熔炉里，宫乃泉在传授技术的同时，自身的思想也在发生着变化。他由原来的一个革命的同情者，逐渐转变成为一个坚定的革命者。在宫乃泉的要求下，1940年10月，经邓子恢、罗炳辉同志介绍，他光荣地加入了共产党。次年，他与湖南长沙仁术医院护校毕业的刘球结婚。这位护校毕业的女研究生不仅是他的人生伴侣，而且也是他医疗工作的得力助手。

1941年发生了"皖南事变"，党中央命令新四军在原有的部队基础上改编为7个师，宫乃泉所在的江北指挥部所属部队改编为第二师，原军医处改编为二师卫生部，宫乃泉任卫生部长。

1941年奥地利医生（泌尿外科专家）罗生特来到淮南，参加我军的医疗救治工作。这位国际友人在淮南的那段日子里，宫乃泉在生活上给予了他特别的照顾，工作中也注意发挥外国专家的技术特长。他们一起战斗、工作，并相互交流医术，结下了很深的友谊。当罗生特要北上时，仍恋恋不舍宫乃泉的医道和友谊，他深情地说："我在这里和宫部长一起工作，他对我的帮助很大，我感到非常愉快，这里的生活很有意义，离开你们我感到无限的留恋。"

创办《医务生活》及医学图书馆

医学技术的发展是无止境的。虽然身处战火纷飞的环境，各种条件都不具备，但宫乃泉对医学技术的发展仍给予高度重视，并千方百计地将自己所得到的新技术、新理论，及时传授给广大医护人员。为了有一个传播渠道，他在淮南根据地的"大柳郢"创办了《医务生活》医刊。该刊旨在交流部队的卫生工作经验，传授新的医疗技术，主要是有关军队的卫生后勤、防病防治、战伤治疗方面等内容。

宫乃泉在繁重的工作之余，坚持每期撰写有关战伤和疾病诊治等实用性极强的文章，他发表的《战伤外科麻醉》《膀胱的战伤》《破伤风的治疗与预防》等文，成为医务人员提高技术水平入门文章。由于该刊实用、指导性强，在当时成为全军提高医学知识和医学业务权威性刊物，也是华东部队医务人员的重要参考资料。

此外，宫乃泉注重医学理论的积累。为了使医护人员能及时了解战伤治疗的经验和最新的医学科学信息，了解中外医学动态，掌握先进的医学知识，他多方搜集有关医学著作，在艰苦的环境下创办医学图书馆。他千方百计地从上海和敌占区购买一些急需的中外文医学书籍，并指派专人保管。经过一段时间的积累，二师卫生部图书馆于1942年夏成立。宫乃泉亲自领导图书馆的工作，他将图书分类、分箱，实行借阅者登记制度，形成了后来我军军事医学图书馆的雏形。

随着图书的积累，图书馆也发挥了极大的作用。当时在二师卫生部工作的医生提高医术以及卫生教材的编写都依靠这些书籍。这些书籍，不仅使广大医务人员提高了医学知识，也使训练班的教学内容得到了充实，对于《医务生活》的办刊提供了科学的依据。

在当年战争环境下，办一个图书馆很不容易，保护图书更不容易。为了应付敌人的"扫荡"，要用最快的速度将这些书转移，这也是图书为什么分箱的原因，有时，就将图书分散到老乡家里或者挖个坑埋起来。就是采用这种方式，才使得图书馆在恶劣的环境中保存下来。

创办白求恩医学院，为我军办高等医学院校积累了宝贵的经验

1942年，宫乃泉与当时的军卫生部部长沈其震一起创办了华中医学院，后因日寇"扫荡"和中央精兵简政的指示，该院决定停办。这所医院虽然开办时间不长，但却为我军创办高等医学院、培养军事医学人才开创了良好的开端。

1944年，宫乃泉调入新四军军部卫生部担任第一副部长，他到军部工作的第一件事就是举办了军卫生干部训练班，共分医训、药训、化训三个班。同时，在此基础上，他积极筹划建立一所正规的军医学院。1945年，在军领导的支持下，他终于创办了华东军医学校（后改为华东白求恩医学院），实现了他多年来想办高等医学教育，培养人民军医的理想。

为了办好学校，宫乃泉动员沈霁春、江上峰、邢其毅等专家教授来学校讲课，组织专家编写符合培养军医要求的医学教材。"平战结合、因师施教、因时制宜、灵活掌握"，是他在军队办校和严谨教学的指导思想。他时刻教育医务人员"医生要有救死扶伤之心，更要有救死扶伤之术"，他言传身教、认真负责，条理清楚，课堂纪律严明。他在工作中善于团结专家教授，在师卫生工作中树立了崇高的威信。在业务上，宫乃泉自己就在教学第一线。他先后编写了《战伤疗法》《腹部战伤》《血管战伤》等著作，作为学校教材。

为了解决解放区医药短缺的状况，宫乃泉多年来一直想筹建一家自己的制药厂，军队领导对他的这一想法也非常支持。抗日战争胜利后，我军挺进东北，宫乃泉得知我军在东北获得了大量的医疗卫生材料后，遂向陈毅军长报告，希望能从东北调拨一部分卫生材料，在华东建立自

己的制药厂。陈毅非常支持，他亲自给罗荣桓同志写下一封亲笔信，要求将解放东北收缴敌人的医药卫生材料支援华东军区一部分。宫乃泉带着亲笔信赴东北，将这部分医药卫生材料押运山东后，主持建立了山东新华制药厂（即现在新华制药厂的前身）。药厂正常运转后，一些常用的药品和器械源源不断地运往军队，在解放战争中发挥了重要的作用。

1947年根据中央整编部署，华东军区成立，军医学校也发展壮大起来，改名为白求恩医学院。宫乃泉任华东军区卫生部副部长兼华东白求恩医学院院长（正部长由崔义田同志担任）。同年，在宫乃泉的支持下，筹建创办了山东第五国际和平医院。和平医院成立后，以它的名义争取了大量的物资，支援了我军，同时还为白求恩医学院临床和教学人员的培养提供了条件。

济南解放后，宫乃泉兼任山东军区卫生部部长。在此期间，他将山东省立医专与白求恩医学院合并，后该院又与齐鲁大学医学院合并，成立山东医学院（现在为山东医科大学），由他兼任该院的第一院长。他动员一批专家和学者来医院工作，使医院的建设起到了重要的作用，在他的积极领导下，组建了山东省卫生厅，并兼任第一任厅长同时兼任省立医院院长。他将医务生活出版社设在济南，此时医务生活刊物才有了固定的出版地点，陆续出版了大量的医学书籍。

随着革命的胜利，1949年9月，宫乃泉调离山东到上海工作。1950年，宫乃泉任华东军政委员会卫生部副部长。在和平环境下，他将军队的医疗建设向正规化发展。在他的主持下，上海医学院改为上海第一医学院（现为上海医科大学），他兼任第一院长；将圣约翰大学医学院、同德医学院、震旦大学医学院合并成立为上海第二医学院，由他兼任院长。在上海工作期间，他更加重视医学人才的培养和教育，并开办农村卫生教学示范区，为新中国培养了一大批优秀的医学人才。

由于上海刚解放，百废待兴，宫乃泉全身心地投入到军队的医疗建设中。面对着医药品严重缺乏，医药市场比较混乱，假冒伪劣药品泛滥的情况，宫乃泉成立了华东区制药公司和华东区医药公司，以解决对药品市场的管理和原材料的供应问题，缓解了当时药品短缺的情形，改善了药品的混乱局面。同时，他在上海成立了华东医务生活出版社，而将设在济南的医务生活出版社改为分社，并出版了他翻译的西格里斯著的《苏联的医学保健》，直到 1953 年该出版社并入人民卫生出版社。

1951 年，中央军委决定成立军事医学科学院（成立之初称为中国人民解放军医学科学院）。筹建军事医学院的目的主要是：一是研究目前我军需要解决的医学技术问题；二是成为军委卫生部的技术参谋；三是担负部队高级卫生干部的进修、教育工作。当时地点确定在上海徐汇区瑞金二路的巴斯德研究院旧址和法租界内的一个卫生所。宫乃泉奉命开始了新中国军事医学最高研究机构的筹建工作。当时，因时间紧迫，条件有限，所需的仪器、药品数量是无法满足的，但是他以不折不挠的精神想方设法来筹建，并从国内外聘请了许多著名的专家来院工作，如著名的有机化学家黄鸣龙、汤腾汉，外科专家沈克菲、生物学家林国镐、生理学家朱壬葆、病理学家吴在东、化学家张其楷、寄生虫学家吴光、药理学家周廷冲、昆虫学家柳支英和陆宝麟、微生物学家谢少之、营养学家侯祥川和王成发、生物学家胡经甫等，并聘请沈克菲教授为副院长，这些专家成为建院初期的业务骨干。后来，在他的申请下，陈毅同志给予了大力支持，并又拨给了太原路 294 号院址，使得医学科学院扩大了院址。经他苦心筹划，成立了一个包括化学、生理、病理、放射、生化、创伤、细菌、寄生虫、药物、流行病等在内的十余个系别。

1951 年 8 月 1 日，军事医学科学院在上海宣告成立。从此，中国人民解放军有了全军军事医学最高研究机构。为了进一步发展医学事业，开展对外医学技术交流，1953 年 8 月，由中央军委任命宫乃泉为总后勤部卫生部副部长，分管军事医学科学研究、医学教育、军事医学书刊出版以及解放军总医院及专科医院的组建工作。他领导组建了中国人民解放军总医院（现为 301 医院）、黑山扈胸科医学院、北京整形外科医院、上海急症外科医院、传染病医院等多家医院。

1956 年 7 月，宫乃泉组织了 40 余名教授，组成中国军医代表团赴苏联参观访问，他任团长。在苏联，他们在莫斯科、列宁格勒等地受到了热烈的欢迎，除了对苏联的军队医院进行参观和了解外，还对地方医院进行了研究。此外，还对苏联的特殊学科教研室，如苏联的蠕虫、疟疾研究所、红军医学院寄生虫教研室、伽马利亚微生物研究所的自然疫原病学系等医疗机构进行了重点访问，并让代表亲自参加到实验操作中去，通过这次对苏联的参观访问，加强了军事医学院的建设，拓展了军事医学的研究领域。

忆军事医疗战线上的优秀战士贺彪

———

杨秀山

　　贺彪同志 1909 年 8 月 31 日出生于湖北省江陵县沙岗镇，1926 年参加革命，1930 年 7 月参加中国工农红军。曾先后担任看护长（护士长）、医生、红三军军医处长、红二军团卫生部长、红二方面军卫生部长。中华人民共和国成立后，曾任国家卫生部副部长、总后勤部副部长等职。他是中央顾问委员会委员。对卫生工作的建设有很大的功劳。

　　贺彪同志参加红军后，按照上级的安排，从事医疗卫生工作。参加短期医训班学习，因情况变化，不能继续学下去，就以师傅带徒弟的方式随一位医术极高的医生学习，他勤奋努力，进步很快。在此之后，贺彪同志学习态度正确，在实践中学，在实践中运用和提高。部队实际需要什么就学什么，内科、外科、耳鼻喉科等，他都学习，没有界限。不论什么人有什么病找他，他都看。经过长期刻苦的锻炼，后来终于成为一位出色的医务工作者和杰出的医疗卫生工作领导者。

　　贺彪同志有相当高的组织和指挥能力，每次战斗战役有那么多的伤员，吃的、住的、伤员需要的各种物品和转移都很困难，加上情况紧急，一切都要迅速处理。红军时期，敌强我弱，物质条件很差，卫生部门的工作尤其艰苦，每次战斗都有伤员，大的战斗和战役，伤员更多，而作战区大多是在白区或很贫困的地区，动员群众抬担架难，医药奇缺，伤员的治疗要手术，不要说没有手术台、照明灯和齐全的手术器械，有时只能用木锯，没有麻醉药，没有药棉、纱布，甚至没有止血药。战斗结束，部队转移，而卫生部门要救护伤员，转移起来很困难，贺彪同志总是处理得井井有条。由于他有很好的医术和领导有方，不知救了多少红军指战员的生命，因此在红军中享有很高的威信，受到普遍的尊敬。他有克服困难的办法，伤员换药没有纱布，他指示将地主家里的蚊帐弄来洗干净当纱布用；战士干部受凉肚子痛，他将没收地主的鸦片烟熬成水当急救药水止痛。他在实践中锻炼出优良的医疗作风，他虽然当了"官"，但没有一点官架子。他是卫生部长，又是亲自动手的医生、看护。经常亲自为伤员打针换药，不怕脏不怕臭。服侍伤病员，非常耐心细致。他背的皮包里装有药品、注射器、针头、酒精和棉球，在许多情况下遇到病号，自己诊断，需要打针吃药，不用找看护，他掏出针就打针，需要吃药就用药，既及时又方便。在战斗中又是贺彪同志最繁忙的时候。他作为卫生部长，既要积极组织医护人员救治伤员，还要解决许多具体问题。比如请老百姓抬担架绑担架抬伤员，有时还亲自为伤员搞饭吃。他把伤病员当成自己的亲兄弟，关心和爱护他们。贺彪同志对许多送到卫生部的伤员都了如指掌。以高度负责的精神和深厚的感情为他们治病疗伤。有时候有的伤员拿出负伤费，买鸡蛋、鸭蛋、猪肉增加营养，贺彪同志就派人为大家去办。经过贺彪同志的精心医治和照顾，伤员们大都恢复了健康，重返前线。

贺彪同志以精湛的医术和高度负责的精神治疗伤员，如在长征途中，他就亲自治愈了许多红军指战员，使他们重返前线。五师师长贺炳炎，在湖南瓦屋堂战斗中被打断了右臂，部队进到晃县，只休息几天，贺彪亲自为贺炳炎截去右臂，很快痊愈，在长征中期，贺炳炎又重返前线，成为著名的独臂师长。贺彪同志做截肢手术不是头一次，如果没有高度的责任心和相当高的技术和勇气，在极端的困难条件下是办不成的，这是奇迹。

我负伤，其中三次是贺彪同志亲自为我治疗，给我留下终身难忘的印象，更加深了我们之间早已存在着的友谊。

1935 年 4 月 12 日，在湖南陈家河战斗中，消灭敌人五十八师一个旅，我是四师十一团政委，负了重伤，子弹从左肩胛骨上面的脖根处打进去，从脖子后面穿出来，因子弹爆炸了，出口像鸡蛋那么大，肉向外翻卷着，鲜血一天多止不住，将身上的内衣和毛衣、外衣的小半边染红了。晚上我被送到红二军团卫生部，看护长周玉梅为我继续止血。第二天早上，卫生部长贺彪同志亲自为我解开绷带检查换药，站在旁边看的医生、看护同志和军部侦察科长肖美臣也在场，惊讶地说："哎呀，这么大的窟窿呀！"贺彪同志也颇有余惊，说："差一点点就打到动脉了，很危险！即使伤好了，左手也要很长时间才能恢复功能。"

贺彪同志为我换了药，并换下了身上的血衣，用几块纱布蘸水擦干净我身上的血迹。听说部队准备向慈利的象耳桥地区行动，那里是白区，物资比较丰富，生活能得到很好的改善，只要生活好，药品有保障，伤口就会早日痊愈。按照规定，军卫生部不能留伤员，伤员都要转到后方医院，那里一切条件都差。于是，我和同时负伤的四师参谋长刘开绪向贺彪同志提出：我们都因任有职务配备了警卫员和乘马，随同卫生部行动，增加不了你们多少麻烦，别的伤员和工作人员有意见，请你向他们解释——我们希望能随同军卫生部一起行动。贺彪同志毫不犹豫地同意了，他并且说："你们不用乘担架了，每天换一次药，有饭吃就行了。"于是，我们每天一起行动，一路有说有笑，有时晚上睡在一间房子里，我们十分愉快，为了给我们补充营养，卫生部还千方百计搞来打土豪没收的腊肉和猪肉给我们吃，使我们的体力迅速得到恢复。贺彪同志还专门派看护长周玉梅一路上为我俩洗伤口换药。当时，缴获敌人的一种药叫雷氟氯，溶解后用细纱布剪成细条，浸湿塞进伤口里，凉丝丝的，感觉非常好，当时这是治疗创伤最有效的药，仅经两个月，我们的伤口便基本痊愈，就回到部队继续工作和战斗了。

贺彪同志第二次为我治伤是 1935 年 8 月，是彭富久他们从无线电截获敌人电报，破译后得悉敌人的行动计划，于是在板栗园伏击歼灭敌人八十五师，击毙敌师长谢彬，取得了重大胜利。在这次战斗中，我们许多干部战士负伤和牺牲，十二团参谋长周竟成同志牺牲了，有四位师团干部负伤，伤比较重，都在军卫生部治疗。战斗接近尾声搜索敌人到了一个山上，敌人一群散兵从侧面树林里向我们射击，我站在一块石头上指挥部队搜索，敌人的子弹打到石头上，弹片和碎石片击中了我的左脚踝，几个窟窿流血，不能走路，晚上被抬到军卫生部，贺彪同志为我察看伤口并换药。第二天他又仔细察看了伤口，夹出来一块大弹片，说：弹片还有，没有办法取出来，关系不大，时间长了可能适应。

后来证明贺彪同志当时的判断是正确的，从那以后 60 多年，由于腿肿，我到解放军总医院，经过 X 光照射检查，果然发现左腿里面有 14 块弹片，有的在肉里，有的嵌在骨头上，天长日久，这些弹片已和我的身体融为一体。

这次负伤，在贺彪同志的关怀和精心治疗下，恢复很快。当部队准备出发去津市、澧州之前，团长到红军学校学习，部队很希望我回去工作，于是，我不等伤完全好，就回原部队了。

我们占领津市后，部队进到石门县白沙度休整。有一天，贺彪同志路过我们团来看我，关心地问我伤怎么样？我说，没事了，可以跑路了，就是伤口里面有几个黑点。贺彪同志安慰我说：那是些弹片，可能没有关系。原来，贺彪同志知道我的伤没有完全好就回部队了，放心不下，今天路过这里，来看看我。贺彪同志总是这样一贯对同志负责到底。所有的伤员，他都挂在心上，若不亲自检查，全力治愈，他是食不甘味的。这种全心全意为伤病员服务的精神，他作为卫生部长如此尽责，令我和所有的同志都发自内心的感动和钦佩。

贺彪同志第三次为我治伤是在 1936 年 9 月。我们红二方面军长征到达甘南，我是十二团政委。在成县城东南白沙镇的五龙山战斗，团长说要二营去，我带领第二营主动出击后，二营部队返回原来阵地，我和营长蔡久同志走在最后，我被敌人的子弹击穿臀部，负了重伤。当晚被抬到成县东关的一间市民家里，贺龙和关向应两位首长也到了这栋房子里，看到我又负伤了，失血太多，脸色苍白，贺龙总指挥特地交代警卫员吴国华："明天天亮后，抬到红川镇，找贺彪去。"

第二天，我被抬到红川镇方面军卫生部，医生、看护们都迎了上来，纷纷说又来啦。贺彪同志挤到我跟前，说："你又负伤啦？"担架两头搁在长凳子上，他蹲下来亲自解开绷带，看到伤势很重，子弹出口带出了被打碎的骨头，与殷红的肉丝连着，他用镊子夹掉几块碎骨头，我痛得实在受不了，就叫喊，贺彪同志只好停止，连声说：不夹了，不夹了。用两团棉球，蘸足碘酒，分别塞进进出口里，重新包扎上了。他和医生、看护们一边操作一边不停地安慰我，为我分忧。

卫生部转移到微县西关休息几天，贺彪同志和我们住在一栋房子里，由于我是臀部贯通伤，只能仰卧，不能翻身，又是睡在硬板铺上，压得我两边臀部疼痛非常厉害，夜里呻吟不止，和我住一个房间的郭鹏也被我吵得无法入睡。一天半夜，正当我痛得难忍难熬时，贺彪同志弃眠来到我的身边，他眼睛都睁不开，满脸疲倦，轻轻地给我翻身，在痛处为我按摩，安慰我，以减轻我一点痛苦。第二天，贺彪同志又搞来一床厚厚的松软的棉絮，给我垫在铺上，臀部不再压得那么痛了。

此时，由于敌情变化，中央军委要求红二方面军加快行动与一方面军会合，部队开始向北转移。一路上敌军紧追，天上敌机骚扰，部队急行军，担架颠簸厉害。因为敌情紧急不能按时换药，我伤口很快恶化、化脓，发出阵阵臭味，伤痛折磨得我实在难受，精神几乎到了崩溃的边缘。

卫生部伤员很多，行动困难，有一天，我的担架又掉队了，远远地落在后面，抬担架的同志很辛苦，我伤口很痛，又饥又渴，正当万分痛苦的时刻，贺彪同志站在路边等我。时值秋季，正是梨子下来的季节，他买来梨削好皮，站在路边等我，深情地说："快吃吧，解解渴。"并催促抬担架的同志快点走，陪我到宿营地。我感动得一句话也说不出来。我接过梨咬了一口，甘甜的梨汁滋润着我干渴的嗓子。这不是一个普普通通的梨，而是蜜似的梨，是亲切的心。那兄弟般的情谊滋润着我的心，给了我极大的安慰。日月如梭，许许多多的事都淡忘了，但是，那感人至深的一幕，随着岁月的流逝，在我脑海里愈加难忘，愈加清晰。

有一天，来到渭河边，后面敌情紧急，渭河涨水，队伍必须赶在大的洪水下来之前徒涉过去。在一处河湾，四个老乡抬着我缓缓地走下河去，突然后面有人高声喊道："慢点慢点！等一等！"这是贺彪同志的声音，他骑着一匹骡子，匆匆赶到我的担架旁，一同下到河里。原来，贺彪同志很细心，他担心我的担架被水冲走，便骑着骡子在我担架的下游紧紧地靠着，掩护我过河，如若担架落水，他可以挡着不被洪水冲走。事情正如贺彪同志所料，就在我们就将要到达上岸时，一个抬担架的民夫脚下一滑，担架的一角浸入水中，这时，紧紧跟在我旁边的贺彪同志手疾眼快，伸手一把抓住担架使劲提了起来，虽然我的右腿和垫的棉絮盖的毯子湿透了，但仍安全地上了对岸。贺彪同志使我免遭落水之险。

"杨秀山，杨秀山。"到了对岸，又一个熟悉而亲切的声音在叫我，那是贺龙首长。他笑眯眯地问我：这是一条什么河呀？我无力地回答说不知道。他说，这是姜子牙钓鱼的渭河，是和红一方面军会合的一道天堑，过了它我们就要和中央红军会合了。原来，贺龙和任弼时、关向应等首长到了北岸后，正在指挥部队过河时，看到了我担架落水的一幕，遂赶过来问情况，安慰我。贺龙首长还向贺彪同志问道："杨秀山的伤怎么样？"贺彪同志回答说："行军急，得不到休息，不能换药，因而伤口化脓了。"任弼时政委立即指示说："过了渭河，甩掉了敌人，好好休息几天，想个办法给他好好治一治。"

过河后，我们终于争取到短暂的时间休整，在休息的几天里，能按时换药，有时贺彪同志也亲自为我换药，他看到我的伤势有好转，很高兴。有空他还来同我们负伤的同志聊天，有时同我们一起吃饭。大家心情愉快，伤势更有好转。我伤势一允许便勉强骑牲口行军，后来又能短距离行军。同一方面军会合后，卫生部转到临夏河莲湾休息。这时上级要调一批干部去红军大学学习，其中有我，我也很愿意。贺彪同志同我商量，说我的伤还没有好利索，去学习恐怕不行。我说到学校不走路，有个安全环境就可以了。就这样我离开了军卫生部和贺彪同志。

有病找贺彪，是许多人共同说的话。就是说他的医德和医疗技术都好，在红二军团，许多人都相信他。病了伤了，喜欢说找贺彪。二军团通过草地，过了葛曲河休息两天，我病了，并且很重，发烧，拉肚子，晚上大便拉在裤子里也不知道，四师政委冼恒汉来看我，说找贺彪来看看。即派人找来了贺彪同志。他是一个人骑着骡子来的，在我的帐篷里坐在草地上为我看病。他从放在草地上的皮包里掏出注射器为我打针，并给了几片药，安慰说吃了就会好的，并说身体太弱，又太疲劳，多休息就会好得快。我听他的话。部队出发时，我的牲口就自己骑，原来是别人骑着收容之用。几天之后，到了有人家的上包座村，我的病就好了。

1936年5月，红二、六军团长征到达云南中甸，部队沿着金沙江逆行而上，一天走到桥头，封建土司头人聚众守在山上，阻止我们前进，四师前卫将敌人打跑了，但师参谋长高福林和十二团参谋长高利国牺牲，一营营长傅传作负伤。子弹打在他的腹部，外面看不到流多少血，血全流在肚子里出不来，肚子胀得像鼓一样很难受，什么办法也没有。他不是在军卫生部，被担架抬着行军，掉队好几天了。贺老总知道了，便叫贺彪同志留下来等，给他治疗。这时贺彪同志用蓖麻油治疗。蓖麻油是泻药，喝了肚子胀得更厉害，以后就拉，拉出来的都是黑血，接着又喝几次，拉了一两天，以后就慢慢好转了。部队走出草地，过了岷山，到了微县，傅传作的伤已基本痊愈，回到十二团当参谋长。我当时是该团的政委，傅传作亲口给我讲了这段故事，他感激地说："贺彪救了我一命，要不然我早就死掉了。"贺彪同志医术高超，像这样救死扶伤，妙手回春，挽救伤病员生命的生动事例很多。

贺彪同志尊重知识，注意向有知识的同志学习。1935年秋，红二、六军团挺进白区，占领湖南津市时，国民党湖南保安第八团少数人带一挺重机枪稍微抵抗后逃跑，四师部队进入津市后，十团在市民家里搜出一个医生潘本善。后来经过动员，潘参加了红军，在红二军团卫生部工作。潘本善毕业于湖南医科大学，当时他是红二军团唯一一个正规大学毕业的医生。贺彪同志为了向他学习医术，在政治和思想上对他格外关心。在帮助潘本善同志进步的同时，贺彪同志虚心向潘本善同志学习，进一步提高了自己的医疗技术。在生活上贺彪同志也对潘本善百般关心照顾，行军时，贺彪同志为了减轻他的负担，将潘本善的被子放到自己的牲口上，潘本善在贺彪同志的直接帮助教育下，进步也很快。长征到陕北，他们仍在一起工作已成为亲近的朋友。抗战期间，潘本善一直在大青山，新中国成立后，他在海军当卫生部长。

1973年我由武汉来到北京，一天在黎北南同志家，贺彪同志挤公共汽车来看我，一见面，四只手紧紧相握，四目相望，老泪纵横，千言万语，不知该说什么……后来，贺彪同志写了江城子一词："南来飞雁北归鸿，笑相逢，惨愁容。黛鬓朱颜，重见几衰翁。别后悠悠君莫问，无限事，不言中……"可见我们的友谊多么深厚。为了大局，让心照不宣的话慢慢忘掉，过了这些年好日子，心身愉快，我们年纪更大了，而贺彪同志被病魔缠身已久，终于不治，于1999年3月31日与世长辞，令我痛心不已。

朝鲜战场上的生命卫士

——记著名军事医学专家吴之理

孙耀声　吴平

一

1950 年 6 月初，东北军区卫生部副部长兼沈阳中心医院院长吴之理接到上级通知，要他带一名助手立即赴香港采购药品。吴之理经过简短的准备，带着助手和这份数量巨大的采购清单，以最短的时间赶到了香港。

吴之理是安徽省泾县人，1915 年出生。1931 年毕业于上海沪江大学附中，同年入圣约翰大学医预科，1932 年转入国立上海医学院。1937年到南京鼓楼医院实习，同年 12 月在汉口参加新四军，后加入中国共产党。在新四军，先后任军医处材料科科长兼外科医生、华中医学院教育长、第三师卫生部部长。解放战争时期，他先任西满军区卫生部部长，后在东北军区卫生部任职。

到香港后，吴之理在这座令人眼花缭乱的繁华都市中，无心流连车水马龙的街景，昼夜兼程地奔波在医药公司、货栈之间，洽谈订货，签署合同。6 月 27 日，吴之理突然通过新闻媒介得知，朝鲜战争爆发了！他立刻意识到，朝鲜战争一打响，东北就成了最前沿阵地，部队的战备任务一定很重。而且自己身负重任，一旦敌特分子发现我采购大批药品的秘密，如被滞留在香港，我们就要遭受重大损失。必须马上回到东北去！当吴之理决定立即返回东北时，药品的订货任务已经基本完成，他抓紧处理了遗留问题，立即踏上归途。

同年 10 月，吴之理得知我中国人民解放军要组建志愿军，跨过鸭绿江，支援兄弟的朝鲜人民抗击美帝国主义的侵略。他的热血沸腾了。这个从旧中国生长起来的青年知识分子，胸中怀有一颗拳拳报国之心，他立刻向东北军区首长递交了请战书，请求带领医务人员加入志愿军的行列，为抗美援朝战争做出贡献。他的请战书迅即得到上级的批准，并要求他立即到安东（现为丹东）找洪学智副司令员受领任务。吴之理带着警卫员，乘一辆吉普车星夜赶赴安东。洪学智副司令员看到吴之理前来十分高兴，他告诉吴之理，先不要慌忙派大批人马，只带一个精干的手术组随志愿军司令部行动就可以了。按照洪学智的意图，吴之理回到沈阳后很快选调了 16 名医护人员，一名警卫员，两名翻译，配嘎斯车、吉普车各一辆，配发了必要的手术器械和药品，做好了一切准备，于 10 月 15 日赶到安东待命。

吴之理迫切要求上前线为保家卫国出力的心情，他妻子章央芬最能理解。这个来自江南水乡的文化女子知道丈夫的爱国之心。她的姐妹中有人劝她，你这么年轻，拉扯两个孩子，有理由让吴之理留下来。章央芬说，这种话现在怎么能提，英雄就要在危难中显本色，他能担当志愿军司令部首长身边的手术组长，我为他感到自豪。

10月19日，吴之理奉命率手术组随志愿军司令部过江。他们跟随部队静悄悄地从长甸河口涉过鸭绿江，吴之理看着前不见头后不见尾的行军队伍，看着一队队年轻的士兵从自己身边走过，他意识到战争就在眼前，只要战斗一打响，伤亡立刻就会发生。他感到心情十分沉重，卫生人员的任务艰巨啊！

过江后的第二天，吴之理的手术队随机关一起到了大榆洞金矿。他们立刻利用隐蔽地形安营扎寨，开展工作。美国人的野马式飞机不停地在头上盘旋，侦察地面行动，并且疯狂地攻击地面目标。一次，吴之理发现有一架敌机正在向他俯冲，他就地一打滚钻进了一条小水沟里。飞机上吐出一串火舌，打得地面土石乱飞。他站起来一看，原来飞机并不是打他，而是把离他200米远的一辆汽车打得起了火。观察了几次，吴之理发现，飞机上的枪管完全由飞行方向控制，有很大的局限性。他巧妙地和敌机周旋，甚至经常隐蔽在敌机的射击盲区拍摄飞机俯冲的镜头。在吴之理的宣传鼓动下，手术组的同志很快打消了惧怕飞机扫射的心理，井然有序地展开了救护工作。

在大榆洞金矿刚刚站稳脚跟，10月25日第一次战役就打响了。我志愿军部队与冒进北犯的李承晚伪军相遇，在彭总的指挥下，我军出其不意给敌人以迎头痛击，首战告捷。两天以后，吴之理接到一个特殊的任务，为一名被俘的美国军官做手术。这名美国军官在与我军的遭遇战中负伤被俘，为了执行战俘政策，体现革命人道主义，要为他治疗战伤。吴之理亲自主刀，从这名美国军官的肩部取出了几块碎骨，包扎后送往后方治疗。

在志愿军司令部，吴之理几乎天天都和彭总、洪副司令在一起，首长们的工作十分紧张，他就利用空闲时间在指挥所里干些力所能及的事。洪副司令把他介绍给彭总时说，这是位秀才，他父亲是个小业主，供他读了大学，现在手中的刀蛮厉害。彭总说，算你找对了地方，是不是好外科医生，战场上最能检验。

第二次战役以后，吴之理的手术队随司令部搬到了君子里。安营扎寨收拾停当，司令部首长立即召集军事会议。吴之理在会上听了第九兵团司令员宋时轮的发言，感到心情十分沉重。宋时轮说，我兵团三个军参战，从国内来到这冰天雪地的地方，对气候很不适应，我们的指挥员又没有在严寒条件下作战的经验，打伏击战就让战士卧在雪地里，有3万多人冻伤，还有冻死的。我们在南方驻守碰到了血吸虫，损失几万人，现在又来个冰冻三尺，真是损失惨重啊。在这个问题上我应该作检讨，我们的士兵没有倒在敌人的枪口下，却因为环境、气候的不适就躺倒这么多，实在令人痛心，我们必须承认太缺乏这方面的常识和经验了。吴之理听着宋司令员讲话，感到脸上一阵阵发烧。他深深地佩服宋司令员的坦率，同时感到自己的责任重大。他想，作为一个受过多年严格医务训练的卫生人员，没有从卫生的角度去指导部队作战，作检讨的应该是我们，是自己。他暗下决心，要在司令部的帮助下，扎扎实实地在部队开展自救互救的训练，以保证我军旺盛的战斗力。

在军事会议期间，彭总对吴之理说：打仗难免死人，我们的将士在前线死千人万人也不能喊痛心，但下来的伤员死一个也不应该。你们搞卫生工作的同志，就要把每一个伤病员都当作自己的亲兄弟才行。你是我军的外科专家，看来你不能只搞技术工作，要把整个志愿军的卫生工作组织起来，从根本上降低伤死率和减少战士的疾病，这样才对作战有利。彭总的一番话说得吴之理心里热乎乎的，彭总对自己抱着多大的期望啊！出国以前的请战书上已经清清楚楚写着，要为抗美援朝战争贡献自己的一切，现在，关键的时刻到了。

二

1951 年 5 月，志愿军前线后勤指挥部改称为志愿军后方勤务司令部，由志愿军副司令员洪学智兼后勤司令员。6 月，志愿军后勤司令部决定，要大力加强后勤工作，以保障志愿军部队长期作战任务的完成。吴之理正是受命于此时，接过了卫生部长的重担。

在后勤前方指挥所随司令部转移到成川后的一段时间里，吴之理曾有机会与部队的卫生部门有了密切的联系，也有机会下部队去察看战士们的健康状况。他深深感到，在战场上武器装备固然很重要，但卫生工作也同样关系着官兵的生命安全，关系着战斗力的强弱。现在部队的卫生条件太差，官兵们太缺乏医护常识，这样下去，战士们就很有可能倒在后方的战壕里，而不是倒在前线的阵地上。吴之理下定决心，要通过努力改变这种状况。他利用紧张工作的间隙，写成了《战伤治疗》《山地战的卫勤工作》《在朝医院工作法》等书，送回国内印刷，然后下发到志愿军部队。

1951 年下半年，战争转入了相持阶段，我志愿军部队抓紧利用作战间隙进行各种建设。吴之理抓住这有利时机，对原有的兵站医院进行统一的改组和配置。他根据志愿军入朝以来战场救治的情况，把三条战线上的医院配置成两头大中间小的"葫芦"形结构，前沿救治和基地医院力量增强，而中转医院则贯彻"治疗性后送，后送性治疗"的方针，维持生命，加快后送。在楠亭里召开的后勤工作会议上，吴之理根据自己的设想，把医院配置方案详细地标在地图上向后勤领导汇报，洪学智司令员听后十分满意，认为符合军事上和后勤交通线上的要求，立即指示按这个方案调整医院部署。

在环境复杂、条件艰苦的战场上，组织卫生救护工作十分困难。吴之理意识到，要保证部队的战斗力不降低，就一定要增加指战员的卫生常识，减少疾病，降低伤死率，对专业医护人员也要进行战救工作的再训练。这一切都要从教育入手，从宣传舆论入手。1951年底，在位于安东的志愿军卫生部留守处设立了教育处，把医护人员的战前训练改在了国内进行，在临出国前突击训练，增强基本功，然后直接补入部队。为了普及卫生常识和交流战场医疗经验，吴之理组织创办了《野战卫勤通讯》和《医学文摘》月刊，利用这两块园地，广泛交流战场自救互救经验，交流防疫卫生经验，传达卫生部对部队的各项要求和指示，使部队不断受到卫生知识的教育。除此之外，吴之理还组织有关部门设计了各种各样的卫生宣传口号，印在战士们的日常用品上。这一个时期，出现了卫生日历、卫生信纸、卫生扑克……卫生宣传工作搞得生动活泼，深受部队的欢迎，收效也十分明显。

三

在瞬息万变的战场，伤员的救治是难度最大的一项任务。志愿军首长要求将重伤员全部送回国内治疗。在东北有93家医院的床位供治疗志愿军伤员使用，因此如何组织好伤员后送就成了至关重要的大问题。

在吴之理的精心组织和亲自领导下，志愿军卫生人员摸索出了许多快速后送伤员的经验。由于前线不通火车，后送伤员全部靠汽车运输。在战争初期，有的司机不愿意带伤员回后方，吴之理得知后，立刻与运输部门领导商定，采用三联单的办法，规定空车回后方必须捎带伤员。伤员被送到一线兵站医院后，各医院首先对伤员进行伤情处理，使他们基本脱离危险，尽量减少医院伤亡和途中伤亡。每天晨曦微露，他们就把伤员转移到山上的密林里，躲避敌机的侦察和轰炸，夜幕降临时再下山登车出发。他们在医院的山坡边垒起了简易登车台，与车厢底板同高度，这样可以顺利平稳地把伤员抬上车。在夜间行进中，他们与敌机"捉迷藏"，在我方防空哨的掩护下，灭灯行驶，走走停停，呼啸而过的飞机就施展不出更好的伎俩。有几次吴之理跟车夜行，他甚至还利用照明弹的光亮给我们的运兵车照相。为了保证伤员在途中的安全，规定车辆时速不超过25公里，并且在车厢内装上沙袋，以减轻颠簸。寒冬季节为防止冻伤，他们把土砖用火烤热，然后裹在伤员的被子里面。就这样，卫生人员历尽艰辛，把伤员一个个运往后方，使他们及时得到治疗。许多官兵伤愈后重新回到部队，继续参加战斗。

战伤的死亡一般都发生在一星期以内，伤员如果能在一星期内不出大的意外，就可以基本脱离危险，抢救的关键就是防止失血过多和抗休克。为了降低伤死率，抢救更多志愿军战士的生命，1951年底，吴之理要求团以上的各级卫生部门成立抗休克小组，及时把伤员从死亡的边缘拉回来。在硝烟纷飞的战场，哪里有输血条件？许多战士因为得不到及时的血液补充而牺牲了生命。吴之理为自己无力回天救活这些战士的生命而感到十分痛心，他下决心改变这种缺乏输血条件的状况。经过他和卫生部同志的努力，在国内各级卫生机构的帮助下，终于在1952年建立了血库和前送机构。这种血库技术，美国在第二次世界大战时才开始采用，当时我国根本不具备这样的条件。在战略腹地建立血库，向前方送血，这在全国是第一次，经验不足，条件有限。吴之理为了完成这些工作，翻阅了大量的资料，进行了十分详尽的论证，亲自动手设计前送方案，才使这套血液前送技术配套起来。为了集中各地捐献的"O"型血，在东北军区沈阳中心医院建立了中心血库，分装成每瓶400毫升的全血，由国内派冷藏车送到基地医院，并且派来了制冰车，为前送鲜血创造了冷藏条件。在基地医院里，吴之理指导医务人员制作了一批小木箱，在木箱内放进冰块，把血瓶置于冰块中，然后在木箱外裹上棉被，用水浇湿，就这样以最快的速度运到兵站医院。兵站医院在附近找一个山洞，洞内的自然恒温条件可使鲜血存放一两天，而送到这里的鲜血一般当天就用完，因此很少发生变质坏死的现象。从东北的中心血库出发，经过途中的周转，经48小时可将鲜血送到兵站医院，途中的损失控制在6%以下。鲜血的聚集和前送，与前线战士的生命息息相关，也紧紧牵动着吴之理的心。每次国内的冷藏车一到，他都亲临现场指挥，组织医护人员迅速把血瓶分装到土冰箱内，分东、西两路送往兵站医院。有时冷藏车半夜里赶到，吴之理带领大家分秒必争地工作，把最好的血液及时送到前方。他对大家说，这些血来得太不容易，国内为筹集这些血，花了多少人力物力，如果我们不能把它用在伤员身上，那就是最大的失职，我们就是豁出性命也要把鲜血送到前方去！在吴之理的带领下，医护人员以高度的责任心和使命感，安全护送3000多瓶鲜血到达前方医院，抢救了成千上万志愿军官兵的生命。

由于采取了抗休克、建立中心血库等措施，加上外科手术水平的不断提高，伤死率明显降低。第一年是6%，第二年减为4%，我们的4%已经低于美国在第二次世界大战中的伤死率水平。美国在抗美援朝战争中的伤死率是2.5%，这是由于他们有直升机运送伤员，一般不超过1小时就能得到及时的手术治疗。而我们的战士负了伤，从一线战场送到师医院就需要12小时以上，因此失去了宝贵的手术机会。在抗美援朝初期的运动战中，我们的战伤手术率只能达到12%，到后期阵地战时上升到50%。

为了提高手术率，减少伤员的死亡，吴之理向上级申请，从国内派来了100多个医疗队。重点加强到师一级的卫生机构，这是距前线最近的有手术条件的医疗机构。采取了这一措施后，伤员得到手术的机会大大增加，挽救了许多战士的生命，使他们能够重返战场。

随着时间的推移，战场情况进一步稳定，后勤供应不断改善，志愿军的卫生机构也逐渐得到配套。在卫生部门的领导下，卫勤保障的总体效益越来越好。在我军实施反攻的最后几次战役中，各级卫生部门做了充分的准备，伤员的收转有条不紊，伤死率降到了最低水平。送到兵站医院的伤员有90%被送回国内养伤。在组织整个卫勤保障中，吴之理随时都贯彻他设定的"治疗性后送和后送性治疗"的原则，在朝鲜境内的卫生机构的首要任务就是保证伤员的存活，然后护送伤员安全回到国内治疗。为了圆满地组织好伤员的后送，卫生部还专门编配了一个处负责这项工作。往国内运送伤员后来改用火车，但火车运送比汽车目标大，极不容易隐蔽，因此白天只能停在山洞里，夜间再行驶。敌机为了袭击我运输列车，经常在俯冲时对准隧道口扔下定时炸弹，有的炸弹顺着铁轨滑进隧道，给伤员们造成了极大的威胁。为了排除定时炸弹，保护伤员的安全，涌现了许多奋勇献身的动人事迹，许多医护人员为掩护伤员安全而立功受奖，甚至献出了自己的生命。

四

战场的卫生工作是极其复杂而艰巨的，组织领导卫生工作更需要有高超的指挥才能。在志愿军部队作战期间，我军的卫生工作除了抢救和护送伤员到后方以外，还有防疫、治疗、卫生宣传、战俘交换等许多复杂的工作。吴之理运用他出色的指挥才能，调动全体卫生人员很好地完成了任务。

志愿军到朝鲜后不久，就在部队发现了虫媒传染病。1951年春季，虫媒病在部队流行很猖獗，主要是传染斑疹伤寒和回归热，许多战士得病躺倒，削弱了部队的战斗力。吴之理迅速组织卫生部机关人员，调整卫生力量，成立了部直防疫队，以后国内又派来一支防疫队，加强了部队的防疫工作。两个防疫队深入部队，大力开展防疫知识的宣传，在部队建立了一套卫生防病的制度，坚持要求官兵多洗澡，消灭虱子。他们用"滴滴涕"药粉撒在战士睡觉的炕上，用"滴滴涕"药粉做成的蜡笔在战士的衬衣上涂抹，收到很好的效果。1953 年，为了保障部队调动，卫生部组织防疫队对平壤到咸兴沿线两侧五公里内的所有村庄进行了大规模的灭虱处理，不但保证部队不被虱媒所扰，朝鲜人民群众也大受裨益。

志愿军部队在朝鲜的生活十分艰苦，给养供应严重不足，经常是一把炒面一把雪。由于长期缺乏新鲜蔬菜供应，部队出现了营养不良的症状。1951 年下半年在部队发现夜盲症，战士们一到天黑就看不清东西，有的甚至整个连队都患夜盲症，总数达到 5%，严重削弱了战斗力。志愿军司令部得到报告后，要求卫生部尽快设法治疗战士的夜盲症，不能再蔓延下去。吴之理一面向国内申请补充药品，一面就地取材为战士治病。他号召连队用松树枝熬汤喝，以补充维生素 A。很快，从国内运来了鱼肝油丸、红辣椒粉和冻猪肝，部队又开展了大种蔬菜活动，使战士的营养得到补充，夜盲症终于被消灭了。

战俘交换的防疫问题也很复杂。停战以后，战俘交换问题很快被提到了议事日程，接收数万名被俘人员的任务落在了卫生人员的肩上。敌方战俘营的生活条件极差，不少人患了传染病，为了保证部队的整体健康，必须对归队战俘进行有效的防疫处理。1953 年 4 月 11 日，根据《日内瓦公约》的规定，朝中方面与敌方签订了《遣返病伤被俘人员协定》，6 月 8 日又签订了《遣返健康战俘协定》。为了顺利完成战俘交接工作，朝中方面组成了接遣战俘委员会，吴之理作为这个委员会的主要负责人，对接遣战俘工作提出了四项具体要求：1. 对归俘严格检疫；2. 对病伤归俘做好医疗工作；3. 对遣返敌俘加强卫生监督；4. 朝中双方组织统一的接收站和卫生通过区，经卫生通过后，朝中归俘分开收容。经过半个月的紧张准备，4 月下旬开始了战俘的交接工作。在板门店的战俘接收站内，交接工作紧张而有秩序。每名战俘都通过接待室、理发室、脱衣室、浴室、更衣室、检疫治疗室、后送分配室的程序接转。由于战俘很多，每天的工作量很大，少则 400 至 500 人，多时每天通过 2000 多人。接收站每天上午工作，下午整理场地，准备衣服、物品。在战俘到来时，有 50 名理发员同时工作，战俘一律剃成光头，然后洗热水淋浴，换上新衣服。经过第一批的交接工作，吴之理发现了问题：由于有外俘，有朝鲜人民军战士，还有志愿军战士，混杂在一起，有的人没有很好地执行交接程序，给防疫工作留下了漏洞。为了克服这个问题，交换第二批战俘时，他组织战俘卫生通过区的负责同志采用彩条区分法，每个战俘手上分别发给不同颜色的彩条，同样颜色的 15 至20 人为一组，派一名工作人员带队。这样凭彩条颜色区分顺利地组织所有战俘经过了防疫处理和诊治。虽然吴之理与志愿军卫生人员一样，都对战俘交接工作没有实践经验，但由于他们在人力、物力上做了周密的准备，充分发挥了防疫技术人员的作用，做到了严密的卫生通过和检疫消毒，使整个交接过程井然有序，既快又好。国际红十字会的代表以及国内派来的卫生代表团和我各野战军的代表参观了他们的战俘交接工作，异口同声地赞扬他们工作效率高、效果好。国际红十字会代表对我方的人道主义精神和严密的组织工作大加赞赏，国内来的代表团还给战俘们带来慰问品，使归来的战俘感受到了祖国大家庭的温暖。

五

1952 年 1 月底，驻守在江原道平康郡的我四十二军发现美军用飞机利用晨雾在空中盘旋。雾散后，巡逻战士在金谷里内山洞一带山坡雪地上发现了大批苍蝇、跳蚤和蜘蛛样昆虫。吴之理接到报告，脑子里立刻闪过一个信号："细菌战！"他分析认为，虽然严冬季节不利于昆虫的繁殖，不易传播疾病，但美军很有可能利用朝鲜战场的特殊地理环境，试验他们细菌武器在寒带的效果。他立即将这一重要情况报告志愿军首长，逐级上报到中央。同时，他迅速组织防疫人员会同人民军防疫实验队前往四十二军驻地调查采样。防疫队派出不久，即证实这些空投下来的苍蝇等还能在容器内产卵，其他昆虫均带有霍乱弧菌、鼠疫杆菌等。事实已经清楚了，吴之理发电要求各部队卫生部门严密监视敌人的细菌战手段。以后纷纷得到驻开城、铁原郡、平康郡、平安南道部队关于敌机空投菌虫、毒物的报告。与此同时，朝鲜方面也发现了这个严重问题。2月22日，朝鲜外相正式发表声明，抗议美国侵略军在朝鲜大规模使用细菌武器。美帝国主义者不但置之不理，甚至变本加厉地将抛撒毒物的范围扩大到我国东北抚顺、新民、安东、临江等地。3月8日，我国外交部长周恩来发表声明，严正抗议美军用飞机在我国境内投撒病菌毒虫。

在敌人投撒病菌毒虫的地区，先后发现了鼠疫和霍乱等病例，这些病例在志愿军和人民军中间原来没有发生过，而且在寒冷季节的正常情况下也不是这些疾病流行的时机，显然这是由细菌武器而引起的。美帝国主义这种灭绝人性的暴行，引起了全世界人民的公愤。1952年3月至7月，国际民主法律工作者调查团、国际科学委员会以及我军派出的美军细菌战罪行调查团分别在朝鲜和我国东北地区进行了调查，看到了大批罪证，证明美军确实在朝鲜战场使用了细菌武器。国际科学委员会的主任英国人里约瑟证明，确实在朝鲜战场发现了细菌武器，他们发表了一份黑皮书。由此，美军的罪行被彻底地揭露在世人面前。

吴之理是个在旧中国成长起来的知识分子，他相信的是科学，他尊重的是事实。在美军使用细菌武器初期，他尚未得到由病菌毒虫而引发疾病的确切报告，因此他还没有认定是美国人进行了细菌战。他在给中央的电报中说，据部队报告发现了不明来源的昆虫，尚未证实这是什么性质的毒虫。美军很有可能使用细菌武器，但目前尚无证据。为此，他受到了彭总的批评。很快总后勤部卫生部的电报称："尚未能从已检三十九军驻地昆虫中得出致病菌的证明，但不能因此产生对敌人使用细菌战表示麻痹与松懈，必须考虑敌人用飞机撒布媒介昆虫在我军阵地与后方，不是无目的的，亦不能因为尚系冬季便认为某些病不易传播就放松了警惕。志愿军司令部卫生部必须以大的警惕性与主动性来处理敌机撒布昆虫的问题。"次日，中央军委又打来电报，要求在朝鲜部队的防疫工作，首先应该统一对敌人进行细菌战的认识，克服各种麻痹、侥幸思想，迅速而坚决地进行防疫工作，不容有任何的迟疑和动摇；否则极易受到损失，陷于被动。彭总的批评和北京来的电报，使吴之理的思想受到很大的震动。他很快认识到中央军委站得高看得远，从战略高度一举识破美帝国主义的阴谋手段。作为一名知识分子，也不能拘泥于条条框框，要多从政治上考虑问题。美军抛撒病菌毒虫事实俱在，不能再等闲视之，防疫工作必须跟上！吴之理这样下定了决心。

1952 年 3 月，又有美军飞机利用雾天在我部队驻地上空盘旋，其中一架战斗机被我军击落。在审问美飞行员时，吴之理和防疫处长两人参加。吴之理用他一口流利的英语直接审问飞行员："你到这里飞过几次？""四次了。""有没有投弹？""投了。""是否击中目标？""有雾看不清，不需要精确投弹。""是不是爆炸物？""不爆炸。""是什么弹？""不知道。"反复审问证实，美军飞行员确实投了东西，投了什么飞行员并不知道。吴之理明白了，美方怕飞行员被俘，在机舱内挂上什么弹连飞行员都不告诉，飞行员的任务是把弹投向目标，投的是什么他并不清楚。看来投细菌弹已经是真相大白了。吴之理根据近一段时期以来美军投撒毒物规律观察和对美军飞行员的审问结果，利用回北京申请防疫药物的机会，通过中央军委办公厅联系，请求当面向周总理汇报前方反细菌战的情况。吴之理的请求立即得到同意，总理办公室通知他第二天上午就去见总理。吴之理的心情十分激动，他知道周总理日理万机，外交斗争十分艰巨，可是对前线的事情，总理时刻挂在心上，以最快的速度答应听他的汇报。第二天清晨，军委办公厅派车把吴之理送到中南海总理办公室，一位秘书把吴之理引到总理的办公桌前。周恩来见吴之理进来，立即站起来与他握手："吴部长，你辛苦了，请这边坐吧。"吴之理向总理行过军礼，在旁边的一张沙发椅上坐下。周恩来接着说："从四十二军发现昆虫已经有几个月了，敌人的阴谋手段完全暴露了，他们的这种违背世界公德的行为已经在全世界受到谴责。你们在第一线，情况更清楚，任务很重啊！"吴之理回答说，这几个月来，我的主要任务就是组织反细菌战的事。前段时间我审了个飞行员，他供认投了不炸弹，装的是什么他不知道，这足以证明美军的狡猾卑鄙。总理说：这是他们的本性决定了的。吴之理接着说，我们从几个月来的统计中看出，美国人投东西有一些规律。他们至今已投过 656 次，我们分析，第一是他们选在严寒季节投撒病菌，可能是测试细菌武器在寒带使用的效果，因为他们的战略计划是以苏联为对象，因此他们选择了与苏联气候条件相近的朝鲜和我国东北。另外严寒季节对肺鼠疫和急性呼吸道传染病的传播有利。第二是美军投撒的媒介物形形色色多种多样，有昆虫有植物，有的带菌有的不带菌，有的投在山头山坡，有的投在河边公路，他们是想让我们真假难辨、草木皆兵，以扰乱人心。第三是大多在夜间或拂晓前投撒，他们往往低空盘旋，也有真炸弹一齐扔下来，利用爆炸声掩护其他非炸弹跟下来。另外早晨和晚上还可避免阳光的杀菌作用，又可不被我军发现。第四是主要应用飞机投撒，他们飞机多，性能也好，投的速度快，面积大，而且可深入我后方，使我防不胜防。吴之理汇报结束后，周总理说："我们已经发表了严正抗议，但不能抱幻想，还是要立足于怎样对付他们的细菌武器，跟他们是很难讲道理的。你们的任务很重，后方会支援你们，你们需要什么药品、器械，报到军委来，全力以赴支持你们。现在国内已经抽了几千人的防疫队伍归你们调动使用，国内的防疫任务也很重。前方后方都要动起来，一定要粉碎美国人的阴谋。"

离开了总理办公室，吴之理感到精神振奋。有中央的支持，有全国人民的支持，我们在前线有什么困难不能克服？吴之理很快回到了朝鲜。为了对付美军的细菌武器，在中央军委和志愿军司令部的领导下，吴之理率领全体卫生人员迅速开展工作。

其一，组织各级防疫委员会。美军采用细菌战后，中央军委给予了高度重视。1952 年 3 月 13 日，政务院和中央军委联合发出了大力进行防疫工作，与美帝细菌战作坚决斗争的指示，决定由周恩来、陈云、郭沫若、李德全、贺诚、彭真、罗瑞卿等 18 人组成中央防疫委员会。志愿军总部成立了由邓华、朴一禹、韩先楚、王政柱、卓明、洪学智、吴之理组成的防疫委员会，吴之理担任副主任委员。同时要求各级成立相应机构，领导防疫工作。很快，从兵团、军、师直到连，都成立了防疫委员会和防疫小组，形成了一张密不透风的防疫网。最基层的连队防疫小组直接负责现场消灭目标，发现不明投掷物，立即处理和消毒，使病菌不得蔓延。

其二，供应大批多种疫苗到前方部队，对我军进行紧急接种，同时也为驻地居民接种。从国内运来大批"五联""四联"疫苗，强行为每一个人接种，起到了很好的免疫效果。

其三，组织专门防疫机构，志愿军司令部卫生部掌握两支机动防疫队，各军、师、分部、兵站都有防疫队，团有防疫小组，分部开设传染病医院，国内还派来了流行病专家和大批防疫人员，组成机动传染医院和检验队等，可以随时出动到现场工作。

其四，对投撒区进行严密观察，对疫区进行封锁。发现鼠疫病例后，经师以上防疫队确认，即报上级军政首长对该地区实行封锁，通常为二道封锁圈，在通行路口设立岗哨，禁止人马车辆出入。封锁圈内加紧治疗和接触者检疫，对居住环境进行彻底消毒，强化各种卫生宣传教育。待疫情解除后撤销封锁。

其五，为了消灭敌投物和防疫使用，组织供应了大批消毒、杀虫药品，国内在运来大批疫苗的同时，送来了上千吨的"滴滴涕"、"六六六"、来苏、清水锭等大量的消毒药品，为了满足前线以及东北地区的需要，华北、东北的许多工厂突击生产这些药物。

其六，大力开展卫生运动，一齐动手灭鼠，消灭媒介昆虫，采用灵活多样、丰富活跃的方式方法对部队进行卫生和防疫常识教育，改进环境卫生和个人卫生，控制了疫情的发生和蔓延。

1952 年，吴之理的全部工作几乎集中于与细菌战做斗争。他频繁地回国，到北京汇报情况，申请药品和物资。在这期间，卫生部的指令最灵，他们向中央提出的各种要求，无一不得到答复和支持，有求必应；他们向部队布置工作，立刻被不折不扣地贯彻到最基层小组单位；他们与朝鲜方面的配合也数这个时期最密切，只要是反细菌战的需要，大家都不讲价钱，全力以赴地去完成。吴之理作为卫生部长，担任着整个工作过程的组织协调任务。吴之理曾陪同国际科学委员会调查团到北京，向毛泽东主席汇报调查的情况和结果。毛主席对调查团说，美国在朝鲜战场试验细菌武器，全世界人民都看得很清楚。旁观者清，你们要把调查结果向舆论界公布。调查团的先生们听后连连点头称是。1954 年，就在吴之理准备回国工作的前夕，志愿军召开了卫生工作经验总结会。在这次会上，颁发了金日成将军授予我军卫生专家的荣誉勋章，吴之理对在抗美援朝中卫生工作所取得的成就感到无比自豪。

1954 年春，吴之理被任命为第二军医大学校长。接到命令，他心潮起伏，思绪万千。三年多来在朝鲜前线的卫生工作，一幕幕地在吴之理的脑海里闪过，现在就要卸任回国了，他真舍不得离开这如火如荼的战场。然而，当他想到自己回国是去军医大学，是去培养更多更优秀的接班人，他毅然决定立即回国到职。

在伟大的抗美援朝战争中，中国人民志愿军的卫生工作者和志愿医疗队、志愿防疫队等人员在一起，在党和上级的领导下，不怕流血牺牲，克服种种困难，取得了现代化战争卫生勤务工作的经验，为发展我国军事医学打下了良好的基础。功劳是属于广大白衣战士的。但是，作为志愿军后勤的卫生部长、卫生工作的带头人——吴之理，为抗美援朝战争所做的贡献，是他人所无法替代的。为了表彰他的功勋，朝鲜政府曾五次向他颁发功勋荣誉章。其中第四枚，是吴之理于 1954 年初回国前夕，金日成将军在平壤亲手给他戴上的，感谢他为反对细菌战而做出的巨大贡献。第五枚是 1990 年吴之理随解放军代表团访问朝鲜，金日成主席再次向他颁发的和平勋章。

图书在版编目（CIP）数据

济世兴邦／刘未鸣，刘剑主编．--北京：中国文
史出版社，2018.7（2022.10 重印）

（纵横精华．第一辑）

ISBN 978－7－5205－0359－4

Ⅰ.①济… Ⅱ.①刘… ②刘… Ⅲ.①科学工作者－
列传－中国 Ⅳ.①K826.1

中国版本图书馆 CIP 数据核字（2022）第 163963 号

责任编辑：金硕　胡福星

出版发行：中国文史出版社

社　　　址：北京市海淀区西八里庄路 69 号　　邮编：100142

电　　　话：010－81136606　81136602　81136603　81136642（发行部）

传　　　真：010－81136655

印　　　装：廊坊市海涛印刷有限公司

经　　　销：全国新华书店

开　　　本：787×1092　1/16

印　　　张：18

字　　　数：223 千字

版　　　次：2018 年 8 月北京第 1 版

印　　　次：2023 年 1 月第 2 次印刷

定　　　价：63.00 元